Sobre el poder civil
Sobre los indios
Sobre el derecho de la guerra

Colección
Clásicos del Pensamiento

fundada por Antonio Truyol y Serra

Director:
Eloy García

Francisco de Vitoria

Sobre el poder civil
Sobre los indios
Sobre el derecho de la guerra

Estudio preliminar, traducción y notas de
LUIS FRAYLE DELGADO

Comentario crítico de
JOSÉ-LEANDRO MARTÍNEZ-CARDÓS RUIZ

SEGUNDA EDICIÓN

Diseño de cubierta:
JV, Diseño gráfico, S. L.

Títulos originales:
De potestae civili (1528)
De indis prior (1538-1539)
De indis posterior seu de iure belli (1539)

1.ª edición, 1998
2.ª edición, 2007
Reimpresión, 2021

Reservados todos los derechos. El contenido de esta obra está protegido por la Ley, que establece penas de prisión y/o multas, además de las correspondientes indemnizacio nes por daños y perjuicios, para quienes reprodujeren, plagiaren, distribuyeren o comunicaren públicamente, en todo o en parte, una obra literaria, artística o científica, o su transformación, interpretación o ejecución artística fijada en cualquier tipo de soporte o comunicada a través de cualquier medio, sin la preceptiva autorización.

© Estudio preliminar y notas, LUIS FRAYLE DELGADO, 1998
© Comentario crítico, JOSÉ- LEANDRO MARÍNEZ-CARDÓS RUIZ, 2007
© EDITORIAL TECNOS (GRUPO ANAYA, S. A.), 2021
Juan Ignacio Luca de Tena, 15 - 28027 Madrid
ISBN: 978-84-309-4519-1
Depósito Legal: M-21.696-2012

Printed in Spain. Impreso en España

ÍNDICE

Estudio preliminar .... *Pag.*	IX
I. Francisco de Vitoria	IX
II. Las relecciones jurídicas	XII
III. La relección *Sobre el poder civil*	XV
IV. La relección *Primera sobre los indios*	XX
V. La relección *Segunda sobre los indios* o *Sobre el derecho de la guerra*	XXVI
Nuestra edición	XXXIII
Comentario crítico	XXXVII
Bibliografía	LXXIX
SOBRE EL PODER CIVIL	1
Sumario	3
Introducción	5
Primera parte	7
Fragmento del Reino de Cristo	27
Segunda parte	41
RELECCIÓN PRIMERA SOBRE LOS INDIOS RECIENTEMENTE DESCUBIERTOS	55
Primera parte	57
Sumario	57

VIII *FRANCISCO DE VITORIA*

Segunda parte	85
Sumario	85
Tercera parte	127
Sumario	127

RELECCIÓN SEGUNDA SOBRE LOS INDIOS O SOBRE EL DERECHO DE LA GUERRA DE LOS ESPAÑOLES SOBRE LOS BÁRBAROS	151
Sumario	153
Introducción	159
Primera cuestión	161
Segunda cuestión	167
Tercera cuestión	173
Cuarta cuestión (primera parte)	177
Cuarta cuestión (segunda parte)	193

ESTUDIO PRELIMINAR
por Luis Frayle Delgado

I. FRANCISCO DE VITORIA

El dominico español Francisco de Vitoria (1483-1546)[1] es un teólogo y jurista que vive y enseña en España en el siglo XVI y hay que enmarcarlo en el humanismo y en el conjunto del Renacimiento hispano. Renueva la teología y es promotor de la nueva escolástica, que estará vigente en los siglos XVI y XVII; a la vez su obra contiene los principios que desde el derecho natural le acreditan como el fundador de la ciencia del Derecho Internacional; el corpus jurídico que constituyen sus obras fue el inspirador y promotor de un sistema justo de colonización de las tierras recién descubiertas en el Nuevo

---

[1] Cf. Ramón Hernández, *Francisco de Vitoria. Vida y pensamiento internacionalista*, BAC, Madrid, 1995, pp. 11 ss.; del mismo autor, *Derechos humanos en Francisco de Vitoria*, Salamanca, 1984, pp. 13 ss.; *Obras de Francisco de Vitoria. Relecciones teológicas*, ed. Teófilo Urdanoz, O.P., BAC, Madrid, 1960, pp. 5-6. En adelante citaremos la ed. de Urdanoz por *Obras*. En estos textos pueden encontrarse los datos de la controversia en torno a la fecha del nacimiento de Vitoria. Aceptamos la que propone Ramón Hernández.

Mundo. Asimismo destaca por sus aportaciones al derecho público interno y por su contribución al derecho público eclesiástico, tan controvertido en aquella época. Maestro respetado, fue seguido por sus discípulos y por las generaciones posteriores de teólogos y juristas que conocemos como la Escuela de Salamanca [2].

Vitoria nació en Burgos [3] e ingresó en el Convento de San Pablo que la Orden dominicana tenía en esta ciudad, donde pasó sus primeros años de formación. De carácter tranquilo y dado a la reflexión y al estudio, fue enviado por sus superiores al convento de Santiago de París probablemente en 1508, para completar sus estudios en Humanidades y en Artes y hacer sus estudios de Teología. En la Universidad de París trabó amistad con los grandes humanistas de la época, especialmente con Luis Vives, y se relacionó con Erasmo, del que conservamos alguna carta que demuestra su gran aprecio por nuestro teólogo. Además del humanismo, Vitoria en París conoció las corrientes dominantes del tomismo y el nominalismo, de las que supo recoger lo mejor para su formación y para alimentar su espíritu renovador. Entre los maestros tomistas que influyeron en él hemos de recordar a Juan Feyner (Fenario) y Pedro Bruselense o Crockaert; y entre los nominalistas, Juan Celaya, Jacobo Almain y Juan Mair, de los que toma la orientación práctica de la teología y el interés por los problemas humanos y los temas morales y jurídicos [4].

---

[2] Cf. *Les principes du droit public chez Francisco de Vitoria. Choix de textes*, Introduction et notes par Antonio Truyol Serra, Ediciones Cultura Hispánica, Madrid, 1946, pp. 9 ss.

[3] Cf. Ramón Hernández, *op. cit.*, pp. 5 ss.; aquí puede verse la historia de la controversia acerca del lugar de nacimiento de Vitoria.

[4] Cf. Ramón Hernández, *op. cit.*, pp. 49 ss.

Conseguido en París el título de Doctor en teología en 1522, al año siguiente estaba ya en el recién fundado Colegio de San Gregorio de Valladolid, donde explica la *Suma* de Santo Tomás, texto que él había seguido en París y que sustituía al comentario tradicional sobre *Las sentencias* de Pedro Lombardo.

Finalmente, habiendo quedado vacante la Cátedra de Prima de la Universidad de Salamanca por el fallecimiento de Pedro de León, en 1526, la orden dominicana presentó a Francisco de Vitoria para dicha Cátedra, que éste ganó y ocupó hasta su muerte. En Salamanca consiguió gran prestigio por la profundidad y nítida exposición de las cuestiones de la *Suma* en sus lecciones ordinarias, y sobre todo por sus relecciones o exposiciones solemnes y públicas. Así se convirtió en el maestro por excelencia de las relecciones. De entre ellas sobresalen las que se refieren al derecho, tanto civil interno y eclesiástico como internacional.

Es sabido que la obra completa del teólogo dominico se compone de dos partes fundamentales y bien diferenciadas en cuanto a la forma: las *lecturas* y las *relecciones*; además de otros escritos de menor importancia, al menos en cuanto a la transmisión de su pensamiento.

Denominamos *lecturas* a las lecciones de clase o explicaciones y comentarios dictados en las aulas a lo largo del curso escolar, que versaban, como hemos indicado, sobre la *Suma Teológica* de Tomás de Aquino, desde que el mismo Vitoria impuso este texto como lectura para los comentarios.

Las *relecciones*, llamadas también *repeticiones*, constituyen la obra principal de Vitoria, por ser tratados sobre temas monográficos más meditados y estructurados. Se denominaron *Relectiones theologicae*; en ellas expone cuestiones de teología moral, y hace aportaciones muy importantes en el campo del Derecho, no sólo internacional, sino también del civil interno.

Dichas relecciones eran exposiciones solemnes que los catedráticos hacían cada año para toda la comunidad universitaria y, según la tradición y costumbre, tenían lugar en días festivos para facilitar la asistencia de todos. Muchas veces se convirtieron en una lección rutinaria. Vitoria, sin embargo, dio a sus relecciones el realce que le correspondía y trató temas de máxima actualidad e importancia en aquel momento histórico. Seguramente redactó en forma definitiva sus relecciones antes de exponerlas pero no las dio a la imprenta. Sus manuscritos directos tampoco han llegado a nosotros; las conservamos en manuscritos posteriores de sus alumnos y en las ediciones que se hicieron después de su muerte.

De las quince pronunciadas por Vitoria se han conservado trece. Las de temas relacionados con el Derecho son las siguientes: *De poetestate civili* (1528), *De potestate Ecclesiae prior* (1532), *De potestate Ecclesiae posterior* (1533), *De potestate Papae et Concilii* (1534), y las dos *De Indis*, *De Indis prior* (1538-1539) y *De Indis posterior seu de iure belli* (1539). La *De iure belli* es la última de las que tratan temas jurídicos; las demás tratan temas morales [5].

II. LAS RELECCIONES JURÍDICAS

Las tres relecciones jurídicas que aquí presentamos y traducimos se enmarcan en un vasto plan que se propuso desarrollar Francisco de Vitoria en las sucesivas conferencias públicas que daba cada año en la Universidad. La base de este proyecto, una visión general de los temas jurídicos candentes en aquel momento, está

---

[5] Cf. Vicente Beltrán de Heredia, *Los manuscritos del Maestro fray Francisco de Vitoria, OP., Estudio crítico e introducción a sus lecturas y relecciones*, Madrid/Valencia, 1928, pp. 144-145.

en el tratado *De potestate civili*, que contiene los principios jurídicos de la sociedad civil. Esta relección está relacionada con las dos sobre la potestad de la Iglesia y con la que trata sobre la potestad del Papa y del Concilio, en un momento en que se planteaban los problemas sobre el poder papal. Asimismo dicha relección sobre el poder civil, un tratado *de republica*, contiene el germen de las otras dos, posteriores en el tiempo y en íntima relación con ella; son las dos *De indis*, la segunda denominada también *De iure belli*. En estas dos Vitoria completa la exposición de su pensamiento jurídico sobre la sociedad con una visión moderna y universalista del derecho de gentes; y propugna la «república de todo el orbe», que debe regirse por el derecho internacional, a la vez que defiende la potestad civil de los príncipes paganos de las tierras del Nuevo Mundo. En esto está la gran aportación de Vitoria al derecho. En palabras de Antonio Truyol: «El mérito histórico de Vitoria ha consistido en saber explotar intelectualmente los nuevos elementos del problema internacional que suscitó la época, en el sentido de un universalismo político y jurídico de alcance planetario. Y con ello dio una pauta a toda la escuela española del derecho de gentes de los siglos XVI y XVII. Desde tal punto de vista cabe considerar su doctrina como uno de los momentos decisivos en la elaboración de una noción de género humano plenamente humana»[6].

Si buscamos el origen doctrinal de estos tratados jurídicos de Vitoria, podemos acudir a las lecciones ordinarias del maestro de Salamanca sobre la *Suma* de Tomás de Aquino, en las que trató también estos temas del dere-

---

[6] Antonio Truyol, «Vitoria en la perspectiva de nuestro tiempo», en *Corpus Hispanorum de Pace*, vol. V, *Francisco de Vitoria, Relectio de Indis*, ed. L. Pereña y J. M. Pérez Prendes, CSIC, Madrid, 1967, p. CXLVI. En adelante citaremos por *CHP*.

cho civil sobre todo en los comentarios a la I, II, q. 90 y siguientes, que es el tratado *Sobre la ley*[7], y de la II, II, donde se trata el tema de la justicia. Explicaba en esos comentarios la doctrina tomista de las leyes civiles y su obligatoriedad, que conecta perfectamente con todas las cuestiones de la potestad legislativa que expone en estas relecciones jurídicas.

Inicia así Vitoria un proyecto que viene a ser una realidad renovadora de la teología y el derecho, que, si bien no puede atribuírsele exclusivamente a él, en él tiene uno de los fundadores: es la denominada «Escuela de Salamanca». A partir de su muerte, las enseñanzas del maestro fueron difundidas por sus discípulos, profesores en Salamanca y en otras Universidades, obispos, cargos públicos relevantes, o fueron la avanzada de la evangelización de América. Todos ellos contribuyeron a que la doctrina vitoriana calara en la sociedad, fuera conocida por los monarcas y por los juristas y tenida en cuenta en la elaboración de las leyes. Si bien la influencia de Vitoria se debe a su labor de profesor que deja la huella de su doctrina que dará frutos en el futuro. Es oportuno citar aquí un texto de Beltrán de Heredia: «la voz de nuestro teólogo no tuvo efecto en la marcha de la política imperial de aquellos años tan enturbiada por el torrente de pasiones desbordadas. Pero contribuyó a fomentar el pacifismo doctrinal y de cátedra, que pronto transcendería a los consejos y cancillerías y, sobre todo, a los tratados doctrinales [...] para formar el alma y quintaesencia del Derecho internacional moderno»[8].

En la Escuela de Salamanca se distinguen tres generaciones. En primer lugar la del mismo Vitoria funda-

---

[7] Cf. Francisco de Vitoria, *La ley*, Estudio preliminar y traducción de Luis Frayle Delgado, Tecnos, Madrid, 1995.
[8] Cf. Beltrán de Heredia, *Francisco de Vitoria*, Barcelona, 1939, p. 110.

dor de la Escuela, con Domingo de Soto y Melchor Cano (1526-1560). La segunda generación, de «expansión cultural», que va de Sotomayor a Medina (1560-1584). Y la última, de «sistematización doctrinal», de Báñez a Suárez (1584-1617). El tratado *De legibus* de Francisco Suárez sería la culminación de la sistematización de la doctrina moral y jurídica de la escuela, que tiene como objetivo la paz. Domingo de Soto y Diego de Covarrubias fueron el cauce más importante para que las tesis de Vitoria sobre la guerra y la intervención de España en América se extendieran por España y Europa [9]. En definitiva, el pensamiento de Vitoria y otros teólogos salmantinos fue de suma importancia para la legislación de las Indias [10].

III. LA RELECCIÓN *SOBRE EL PODER CIVIL*

De potestate civili es la primera de las relecciones de Francisco de Vitoria y constituye con las dos *De indis* una trilogía del derecho ciudadano, tanto del Estado como de la sociedad universal «de todo el orbe»; como hemos indicado, en esta relección pone las bases y principios que desarrollará en las siguientes. Ésta es la correspondiente al segundo curso de su docencia en la Universidad de Salamanca, es decir, el de 1527-1528, y fue pronunciada en torno a la Navidad del año 1528.

Aunque puede ser considerada como obra de juventud, es fundamental para conocer el pensamiento jurídico de Vitoria, ya que en ella se encuentran los princi-

---

[9] Cf. *CHP*, vol. VI, *Francisco de Vitoria. Relectio de uire belli o Paz Dinámica*, ed. L. Pereña, V. Abril, C. Baciero, A. García y F. Maseda, CSIC, Madrid, 1981, pp. 63 ss.

[10] Cf. Jaime Brufau Prats, *La Escuela de Salamanca ante el descubrimiento del Nuevo Mundo*, Salamanda, 1989, pp. 121 ss.

pios básicos de su concepción de la sociedad civil y de los poderes públicos; la relección constituye un tratado sobre el Estado, que tiene sus fundamentos en el mismo derecho natural.

De acuerdo con su plan de exposición unitaria del poder en la sociedad civil, Vitoria pone aquí las bases jurídicas de la sociedad y el poder por el que es regida; en las siguientes relecciones, sobre la Iglesia, el Papa y el Concilio, tratará del poder eclesiástico y de las relaciones existentes entre éste y el civil.

Encontramos las fuentes para este tratado en primer lugar en sus estudios y explicaciones escolares sobre la *Suma* de Tomás de Aquino. Los temas sobre la ética y el derecho, la ley y la justicia fueron explicados por Vitoria con detenimiento. Aunque en algunos casos esas lecciones son posteriores a nuestra relección, no hay ningún inconveniente para admitir que Vitoria partiera de la doctrina tomista de la *Suma*, que venía estudiando desde su juventud en París.

En cuanto a las circunstancias históricas que movieron a Vitoria a la elección de este argumento jurídico para su primera relección, está bien claro que su decisión está determinada por el problema suscitado entonces entre teólogos y canonistas acerca de la potestad civil y la eclesiástica, que el profesor de Salamanca quiere plantear ahora en su Universidad. El problema se había convertido ya en una lucha entre los poderes seculares y el Papado. Consiguientemente, puede considerarse también fuente de este tratado la doctrina de sus maestros parisinos, sobre todo la doctrina conciliarista aplicada a la potestad de la Iglesia por Jacobo Almain, cuyo origen se encuentra a su vez en Guillermo de Ockam[11].

---

[11] Cf. *Obras*, pp. 111-112.

Trata la relección *Sobre el poder civil*, según sus palabras, del «poder público o privado por el que se administra la república secular» [12]. Se contiene aquí, por consiguiente, la concepción vitoriana sobre el poder político, y la constitución de la sociedad civil. Además aparece ya en esta obra la idea de la «unidad de todo el orbe», y sus fundamentos jurídicos [13].

Aunque Vitoria divide la relección en tres conclusiones o partes, en realidad la materia del tratado se distribuye en dos partes o secciones: *a)* el origen y naturaleza de la potestad civil; *b)* la obligatoriedad en conciencia de las leyes que emanan de la potestad secular.

La primera parte, primera y segunda conclusión, trata del origen natural y divino del poder civil. Siguiendo el procedimiento escolástico, se vale de la teoría de la causa final para probar que el poder civil tiene su origen en la naturaleza civil y social del hombre, según la conocida idea de Aristóteles. Prueba la necesidad de la existencia de la naturaleza social, por la necesidad de obtener el fin, en este caso el bien público o bien común. Es decir, la necesidad de que los hombres se reúnan en sociedad surge de la naturaleza, creada por Dios. Dice Vitoria: «Del mismo modo que el cuerpo humano no puede conservarse en su integridad si no hay una fuerza ordenada que organice todos y cada uno de los miembros para la utilidad de los demás, y sobre todo para el provecho de todo el hombre, eso ocurriría, sin lugar a duda, también en la ciudad si cada uno se preocupase sólo de su propio provecho y se despreocupase del bien público» [14]. Esta necesidad natural referida a la existencia de la sociedad se extiende a la institución del poder o autoridad

---

[12] *Sobre el poder civil*, p. 7. (Citamos nuestra edición.)
[13] Ibíd., p. 24.
[14] Ibíd., p. 14.

política, puesto que la sociedad no podrá existir sin una autoridad que la rija. Es, pues, como el principio vital que cohesiona y vivifica los miembros en orden al bien público [15].

En cuanto al origen o causa eficiente, dice Vitoria que el poder público es de origen divino, pero este origen le viene por el derecho natural, ya que Dios es el autor inmediato del derecho natural. Su posición está, pues, contra el positivismo jurídico [16]. Al defender el origen divino del poder, apela a una institución de derecho natural cuya justificación jurídica no es la voluntad de los hombres, sino la «ordenación divina». Dios es autor, no como causa universal sino como autor inmediato de la naturaleza y de sus derechos y facultades.

En cuanto a la potestad regia recoge la tradición de teólogos y canonistas en favor de su origen «divino mediato», ya que la autoridad es conferida por Dios inmediatamente a la comunidad, porque, aunque el rey sea constituido por la misma república (ya que ella crea al rey), no transfiere al rey la potestad, sino la propia autoridad [17]; es, pues, de derecho positivo.

Por consiguiente el «sujeto primario» (o causa material según la escolástica) en que reside la soberanía o potestad, según la tesis de Vitoria, es, por derecho divino y natural, la misma república o sociedad civil.

Con esta teoría del derecho divino natural del poder civil se constituye en el gran teórico del derecho público y de la filosofía del Estado de acuerdo con la trayectoria del pensamiento cristiano, según la cual «la potestad pública es la facultad, autoridad o derecho de gobernar la república civil» [18]. Dicho de otra manera la potestad

---

[15] Cf. ibíd., p. 13.
[16] Cf. ibíd., p. 14.
[17] Cf. ibíd., p. 18.
[18] Cf. ibíd., p. 22.

ESTUDIO PRELIMINAR XIX

o autoridad es la causa formal o principio formal o definitorio de la sociedad, que la cohesiona por vínculos jurídicos que son las leyes.

En la segunda conclusión trata muy brevemente el tema de la institución del poder civil en concreto. La designación del régimen y del titular del gobierno de una sociedad es de derecho humano positivo [19], si bien la comunicación de la potestad civil a los gobernantes que han de ejercerla es un imperativo de derecho natural.

La segunda parte de la relección, tercera conclusión, trata de la obligatoriedad de las leyes civiles. Vitoria considera la potestad civil en cuanto a su función legislativa y a los efectos formales de la legislación. De aquí que, olvidándose de otros posibles y vastos aspectos del análisis de la potestad civil, exponga sus ideas acerca de si las leyes obligan o no en el fuero de la conciencia. Este tema de carácter moral es tratado por el maestro extensamente, pero no hace más que recoger la tradición, comentando a Tomás de Aquino en la I, II, q. 96, a. 4-6, como lo hacía en las lecciones ordinarias [20]. Hay que advertir, sin embargo, que en las lecturas nuestro teólogo rechaza las leyes «meramente penales» (que su compañero Navarro Azpilcueta defiende), pero aquí admite su existencia «cuando es voluntad del legislador no obligar más que a la pena» [21].

El tema de la potestad civil privada o de la sociedad familiar ha sido prácticamente omitido ya que sólo se hace una indicación sobre ella al final de la relección, como última parte de la conclusión tercera.

Introduce Vitoria entre la primera y segunda conclusión el fragmento *De regno Christi*. Este fragmento, de

---

[19] Cf. *Obras*, p. 127.
[20] Cf. *La ley, op. cit.*, pp. 38 ss.
[21] Cf. *Obras*, p. 148.

tema teológico, pertenece a la primera redacción de la relección «para que no parezca más filosófica que teológica»[22]. Pero debido, sin duda, a la disonancia de esta cuestión cristológica con el tema teológico-jurídico del resto de la misma, Vitoria lo suprimió antes de la exposición. Después lo encontramos incorporado en los tres códices en que conservamos la relección. Aquí lo incorporamos para darla completa, siguiendo el criterio de Beltrán de Heredia, que lo incorpora en su edición de los manuscritos.

Para concluir hemos de notar de una manera especial que al tratar Vitoria, ya en esta relección, del principio organicista de la sociedad en su dimensión de comunidad de las naciones cristianas, o «cristiandad», e introducir el concepto de «república de todo el orbe»[23], hace alusión a la *potestas iuris gentium*, que compete a esa comunidad. Este tema lo desarrollará en las relecciones siguientes.

IV. LA RELECCIÓN *PRIMERA SOBRE LOS INDIOS*

Vinculada, como hemos dicho, con la anterior y la siguiente por su temática, en ella se propugna la sociedad universal de «todo el orbe» y se defiende la legitimidad de la potestad de los príncipes paganos del Nuevo Mundo.

La relación íntima entre las dos *Sobre los indios* se percibe no sólo en sus contenidos, sino también en la fecha de exposición de ambas relecciones, donde se ve que el teólogo de Salamanca pretendió retomar en la segunda el tema iniciado en la primera. Estas dos relec-

---

[22] Ibíd., p. 27.
[23] Cf. ibíd., pp. 39-40.

ESTUDIO PRELIMINAR XXI

ciones son trabajos de madurez, y según Beltrán de Heredia se dieron en el curso 1538-1539, ya que, como consta en el registro, en ese curso «repitió la de hogaño y la del año pasado»[24]. La primera, *De indis*, era la correspondiente al curso anterior y tuvo lugar en torno a la Navidad del 1538 o, como muy tarde, en enero de 1539. La segunda, *De indis o de iure belli*, era la correspondiente a ese curso y fue pronunciada al final del mismo, como consta expresamente en el manuscrito de Palencia, el 19 de junio de 1539[25].

El tema fundamental de esta relección es el de los títulos, ilegítimos y legítimos, de los españoles para conquistar a los indios, según el mismo Vitoria expresa en el plan de la relección. Es verdad que el plan completo que enuncia tiene tres partes; además de la cuestión de los títulos, otras dos: la potestad temporal o civil de los Reyes de España sobre los indios, y la potestad en el orden espiritual y religioso de los Reyes y de la Iglesia[26]. Pero en realidad Vitoria sólo trató el primer punto y nunca llegó a completar su amplio proyecto y además se quedó en los aspectos teóricos de la cuestión. Los otros dos puntos que se referían al aspecto práctico, es decir, a la ética y las leyes que habrían de aplicarse al gobierno y administración de las tierras conquistadas, quedaron sin responder; si bien en la relección *De temperantia* (de la que luego hablaremos) trató algunos de estos aspectos prácticos. Los motivos de que Vitoria no sacara las conclusiones prácticas de su propia teoría no están claros; incluso pudo influir una carta del emperador Carlos al prior de San Esteban en noviembre de 1539

---

[24] *Los manuscritos de Francisco de Vitoria, op. cit.*, p. 144.
[25] Cf. *Obras*, pp. 128 y 491. Aquí pueden verse otras opiniones acerca de la fecha de exposición de esta relección.
[26] Cf. *Obras*, p. 493.

(después de la exposición de la relección *De iure belli*), en la que pedía que se recogieran los escritos de los teólogos que disentían en el asunto de su soberanía sobre las Indias [27]. No sabemos hasta qué punto esto afectaría a Vitoria. De todos modos no era difícil sacar las conclusiones prácticas de su teoría, y así como él estuvo influido en sus ideas jurídicas por los misioneros que fueron a América y regresaban al convento de los dominicos, contando los hechos de que habían sido testigos, así también la doctrina que fue elaborando Vitoria y exponiendo en la Universidad de Salamanca influyó en las leyes y en la actuación posterior de los hombres que iban a las tierras descubiertas.

La ocasión y motivo de esta relección y la siguiente están bien patentes. Hacía poco más de cuarenta años que había sido descubierto el Nuevo Mundo y ahora la fase de conquista y colonización estaba en pleno apogeo. Era, pues, el momento histórico muy propicio para que surgieran problemas de todo tipo, y por supuesto los problemas morales y jurídicos de la conquista, que abordará Vitoria. Esos problemas se convertían en acuciantes cuando el fraile dominico escuchaba a sus hermanos de religión la cruda realidad de la colonización, que ellos habían presenciado en sus viajes misioneros, sin omitir el trato inhumano y cruel de los encomenderos para con los indígenas, y su avaricia ante las riquezas de aquellas tierras.

Cuando Vitoria escribió esta relección habían aparecido ya escritos referentes a los problemas de los indios y en su defensa contra los abusos de los colonizadores. Era bien conocida la actividad de Las Casas y su lucha en defensa de los indios y por la abolición de las enco-

---

[27] Cf. *Obras*, p. 495; Ramón Hernández, *Francisco de Vitoria, op. cit.*, pp. 134 ss.

miendas y repartimientos, propugnando un trato humano para aquellas gentes, y su libertad. Aunque el tema se había tratado en las «Juntas de Burgos» (1512, cuando Vitoria estaba estudiando en París)[28] y en diversos escritos, fue Vitoria quien lo estudió y explicó con profundidad, es decir, lo planteó y dio soluciones desde la teología y el derecho y en un foro desde donde se podía oír su voz en toda España, como era la Universidad de Salamanca. Desarrolló una teoría basada en los principios filosóficos del derecho natural y en la teología, de tal manera que puso los fundamentos jurídicos para tratar de conocer la legitimidad o no legitimidad de la conquista, con una visión universalista y moderna del derecho de gentes.

Al abordar estas cuestiones teológicas y jurídicas, Vitoria se sitúa desde el comienzo en una línea innovadora, dejando atrás conceptos medievales, pero su pensamiento se va aclarando y estructurando sobre el tema de los derechos de los indios a medida que se le plantean nuevas cuestiones, originadas por nuevos hechos. Como hemos indicado, en la relección *Sobre el poder civil*, ya hay textos que hablan de la comunidad internacional (pero se refieren a un concepto medieval con limitación a la cristiandad). También en la *Primera sobre la potestad de la Iglesia*, rechaza Vitoria el pretendido poder político del Papa y del Emperador sobre todo el mundo. Además, entre los antecedentes de las teorías expuestas en esta relección podemos señalar que en sus lecciones ordinarias, comentarios a II, II, de la *Suma*, trata de los problemas de los indios, a los que llama «*isti insulani*» o infieles, defiende que no deben ser obligados a recibir el bautismo, dice que el hecho de que no guarden la ley natural no es motivo de guerra justa con-

---

[28] Cf. *Obras*, p. 497.

tra ellos y aborda otras cuestiones, como el pleno dominio que tienen sobre sus tierras [29]. En estas lecciones ordinarias, así como en la relección *Sobre el poder civil,* Vitoria va perfilando su concepto del «derecho de gentes» y sus aplicaciones en el ámbito internacional. Sin duda en esos comentarios a la *Suma* tuvo en cuenta los de Cayetano, que habían sido publicados en 1517, y los cita expresamente en esta relección *Sobre los indios* cuatro veces. Ya Cayetano, aunque no nombra expresamente a los indios, habla de algunos infieles que ni de hecho ni de derecho están sometidos a nuestros príncipes, «como son los paganos que se encuentran habitando tierras en las que nunca sonó el nombre cristiano» [30]. Esos principios los desarrollará Vitoria en esa relección.

Pero el antecedente más inmediato de las dos relecciones sobre los indios lo tenemos en una relección anterior, la *De temperantia,* correspondiente al curso 1537-1538, o, mejor, en un fragmento de esta relección, que el mismo Vitoria separó de ella [31]. En este fragmento que publicó Beltrán de Heredia a propósito de cuestiones marginales como la antropofagia y los sacrificios humanos, Vitoria plantea por primera vez el problema general de la legitimidad de las conquistas de las regiones americanas [32].

---

[29] *Obras,* p. 503.

[30] Cf. *Obras,* p. 502, donde se cita a Cayetano: Coment. II, II, q. 66, a. 8, n. 1.

[31] Cf. *Obras,* p. 503. Aquí podemos ver un comentario sobre las razones que pueden explicar esa separación; V. Beltrán de Heredia, «Ideas del Maestro Francisco de Vitoria anteriores a las relecciones *De indis* acerca de la colonización de América», *Anuario de la Asociación Francisco de Vitoria,* 2 (1929-1930), pp. 53-68; asimismo, *Comentarios de Francisco de Vitoria a la 2 2, t 6,* Salamanca, 1952, pp. 499-511.

[32] Cf. *Obras,* relección *Sobre la temperancia,* pp. 1039-1059.

Esta relección primera *Sobre los indios* se divide en una introducción y dos partes que no son las respuestas a las tres cuestiones planteadas en el plan de la disertación, sino que las tres responden a la primera cuestión. La introducción es la teoría previa al tratamiento de los títulos de conquista y posesión de las Indias. Se detiene sobre la necesidad de resolver las dudas de conciencia en torno a los problemas de gobierno a la luz de la teología, y en la afirmación del derecho de propiedad y de la potestad legítima de los infieles.

Las dos partes están tan claramente diferenciadas que incluso han llegado a ser consideradas como dos relecciones distintas [33]. La primera versa sobre los títulos ilegítimos que se alegan para la conquista del Nuevo Mundo. Son los siguientes: 1) la autoridad universal del Emperador; 2) la autoridad universal del Papa; 3) el derecho de descubrimiento; 4) el derecho de compulsión de los infieles que se resistan a recibir la fe; 5) los pecados contra natura y la autoridad de los príncipes para reprimirlos; 6) la aceptación voluntaria de la soberanía española; 7) la donación especial de Dios.

La segunda parte enumera y explica los títulos legítimos aducidos para la conquista: 1) el derecho de natural sociedad, libre comunicación y derechos primarios de gentes; 2) el derecho de evangelización y subsiguiente tutela a los convertidos; 3) el derecho de intervención en defensa de los convertidos; 4) el poder indirecto del Papa para deponer un gobierno e instaurar otro cristiano; 5) el derecho de intervención humanitaria; 6) por libre elección garantizada; 7) derecho de intervención a petición de aliados; 8) como título probable, la tutela o mandato colonizador sobre pueblos retrasados culturalmente.

---

[33] Cf. L. A. Getino, *El Maestro Fray Francisco de Vitoria*, 2.ª ed., Madrid, 1930, pp. 159-164.

Aunque Vitoria en esta relección haga un tratado teórico acerca de los derechos de los recién descubiertos, basándose en el derecho de gentes, al considerarlos en plano de igualdad con los demás ciudadanos *totius orbis*, abre un camino para la comunidad de todo el género humano. Entiende Vitoria el derecho de gentes «como "derecho común del género humano" (*ius gentium* en el sentido tradicional) y como *ius inter gentes* (en la línea del derecho internacional moderno en cuanto derecho interestatal), que siendo en sus fundamentos derecho natural se convierte en positivo por pacto y convenio (*ex pacto et condicto*) de los hombres»[34]. Deja así abierto el camino para las nuevas conquistas del derecho y la justicia en nuestros tiempos, en los que, dadas las enormes transformaciones que han tenido lugar en todos los órdenes de la vida, el derecho internacional ha de tener un sentido planetario para establecer un orden comunitario a escala mundial, donde impere la justicia social[35].

V. LA RELECCIÓN *SEGUNDA SOBRE LOS INDIOS* O *SOBRE EL DERECHO DE LA GUERRA*

Continuación de la *Primera sobre los indios*, contiene la teoría iniciada en ésta, sobre el derecho de conquista y colonización del Nuevo Mundo, especialmente lo referente a la guerra contra los infieles. Pero el problema de la guerra y su licitud o ilicitud se plantea en un plano general o universal.

Ya hemos indicado que es la relección correspondiente al curso 1538-1539 y fue pronunciada el 18 ó 19 de junio de 1939.

---

[34] A. Truyol Serra, *CHP*, vol. V, p. CXLVII.
[35] Cf. A. Truyol Serra, ibíd., pp. CXXIV-CXLV.

Es un tratado que se considera como uno de los textos fundamentales del derecho internacional. Aun cuando Vitoria lo redactó pensando en la guerra como actualidad presente en su momento histórico, no habrá que insistir en su importancia y actualidad ya que en nuestros días —y siempre, por desgracia— la guerra es un hecho de actualidad. Lo es hoy, unas veces más cerca, otras más lejos. El humanista y el teólogo que era Vitoria habría deseado, como nosotros, que la guerra no existiera. Pero se le imponía la cruda y terrible realidad; el jurista que es también Vitoria trata de humanizarla, es decir, intenta que sea un mal menor. Ojalá que hoy también las naciones apliquen, al menos, los principios de Vitoria para no añadir más horror al horror.

Por este tratado Vitoria ha sido llamado «Maestro de la paz internacional»[36]. En efecto el maestro de Salamanca propugna la paz partiendo de la realidad de su tiempo y de una sociedad en crisis: la desintegración de la Europa cristiana, los graves problemas planteados por el descubrimiento de América, y los mismos profundos desequilibrios internos de la sociedad española.

La situación crítica de Europa se debía a la desintegración de los reinos cristianos, que ponían en peligro su propia subsistencia. Se agrava por el ataque exterior del Imperio otomano; Solimán llegaba ya a las puertas de Viena y por medio de Barbarroja dominaba el Mediterráneo. Los enfrentamientos de los monarcas europeos, Francisco I y el emperador Carlos, eran el mejor apoyo para la invasión musulmana. En estas rivalidades había que contar también a Enrique VIII. Muchos propugnaban el rearme y la unidad de Europa en lo militar y también el rearme moral desde los principios del humanismo cristiano, como lo hacía Erasmo, pero no se llegó

---

[36] Cf. *CHP*, vol. VI, pp. 63-64.

a la unidad. Vitoria aporta su teoría para la solución de esos problemas acentuados por los que se planteaban en las Indias.

Estudia estos problemas sin renunciar a sus raíces teológicas, sobre todo a la doctrina de Tomás de Aquino, pero lo hace con un conocimiento claro de la realidad y con gran visión de futuro. En cuanto a la crisis europea propone la reconciliación de los monarcas, y pretende dar un sentido humano y cristiano a la colonización de América a la vez que justifica el derecho del Emperador a intervenir en las tierras conquistadas, frente a los ataques de Francisco I. Pero va más allá y propone su tesis de la *Communitas totius orbis*, si bien tiene en cuenta que entre la comunidad universal y los Estados está la cristiandad como comunidad de pueblos europeos, a la que deben subordinarse los intereses del Estado particular. Y, dado el hecho inevitable de la guerra en Europa y contra los turcos, su primera y urgente preocupación es la moralización de la misma, es decir, poner las condiciones objetivas a que debe someterse toda guerra para ser justa, sin perder nunca de vista el fin último de la guerra: la paz [37].

Su fuente primera sobre la guerra justa es la doctrina tradicional, la de los Padres desde Agustín y los teólogos escolásticos, sobre todo Santo Tomás de Aquino. Recoge también las definiciones de guerra justa de Graciano [38]. Como fuentes inmediatas se vale de las obras de Silvestre Prierias, Cayetano y Adriano VI. Según la tradición escolástica, con raíces en San Agustín, la guerra justa es la que se hace por una causa justa, es decir, en defensa de la justicia. En Vitoria esta justicia de la guerra se reduce al derecho natural de la legítima defen-

---

[37] Cf. *CHP*, vol. VI, pp. 63 ss.
[38] Cf. *Obras*, p. 730.

sa de sí mismo y de los propios bienes y la define como «*vindicatio pro injuria acepta*», de tal manera que toda guerra justa sería defensiva[39]. Se sitúa entre las dos posiciones extremas, que se dan en su época, la de los pacifistas y la de los belicistas. Los últimos no ponen límite a la guerra que se somete a la «razón de Estado» y, por consiguiente, a la voluntariedad o arbitrariedad del príncipe; los belicistas rechazan la guerra en absoluto, incluso para el caso de evitar la invasión.

Está dividida esta relección en cuatro cuestiones o partes: 1.ª, si es lícito a los cristianos hacer la guerra; 2.ª, quiénes tienen la autoridad de declararla y hacerla; 3.ª, cuáles pueden y deben ser las causas de una guerra justa; 4.ª, con dos partes: qué puede hacerse en una guerra justa y hasta dónde es lícito llegar en la guerra contra los enemigos. Pone además una conclusión con algunas reglas que deben seguirse para hacer una guerra justa, en las que resume sus tesis. En las *cuestiones* expone sus tesis y en las *dudas* resuelve los problemas, según la casuística de la época.

En la primera proposición afirma que «es lícito a los cristianos hacer la guerra», pues la guerra se vuelve lícita y justa si se somete a los principios del derecho y tiene como fin la justicia y asegurar la paz[40].

Así pues, formula los fines que debe perseguir la guerra para que sea justa, partiendo de un principio: que «la guerra sólo se justifica por la necesidad». Esos fines son: 1.º, defenderse y defender nuestros bienes; 2.º, recobrar lo que nos ha sido quitado; 3.º, vengar o castigar una injuria recibida; 4.º, procurar la paz y la seguridad[41].

Sin embargo, advierte que, aunque la guerra no sea

---

[39] Cf. *Obras*, pp. 736 y 739.
[40] *Sobre el derecho de la guerra*, p. 162. *Obras*, p. 746.
[41] Cf. ibíd., pp. 200-201.

intrínsecamente mala, los actos de guerra son casi siempre malos y contrarios a la razón, porque llevan consigo acciones de muerte y destrucción. No obstante, admite que es un instrumento de derecho como defensa de los propios derechos y castigo de la injuria recibida. Su argumento teológico es que no es malo defenderse del agresor, porque eso no va contra el precepto «no matarás», ni contra el de la caridad, porque la guerra se hace en legítima defensa. Pero, puesto que la guerra siempre es un hecho nefasto, Vitoria trata de moralizarla.

Los fines que formula Vitoria se refieren en general a todas las guerras, tanto las defensivas (el primero) como a las ofensivas (los otros tres), que se jutificarían por el último, la paz y seguridad. Defiende sus posiciones Vitoria, siguiendo a Tomás de Aquino, por el principio del poder coercitivo de los Estados, que, así como pueden castigar a sus propios súbditos malhechores y sediciosos, así también pueden tomar las armas contra sus enemigos exteriores, que les amenazan, porque no podría haber paz y seguridad si no se pudiera usar las armas como represalia contra los enemigos exteriores, que amenazan al Estado, para tenerlos a raya. Si bien hay que decir que en la práctica no es fácil separar los dos tipos de guerra, o las dos fases que suele haber en la guerra, la defensiva y la ofensiva [42].

Después hace extensivo el argumento de la justicia de la guerra al orden internacional. La guerra ofensiva puede ser lícita para asegurar la paz a «todo el orbe», pues de lo contrario no se podría tener un Estado feliz y en paz, y se haría insostenible la situación de la comunidad internacional si los tiranos y los agresores pudieran lesionar impunemente los derechos de los demás Estados.

---

[42] Cf. *Obras*, pp. 748-749.

Aduce otro argumento que corresponde al plano del derecho internacional: que los príncipes en virtud de la autoridad de «todo el orbe» tienen autoridad también sobre los ciudadanos de otros Estados para que se abstengan de agresiones. Por consiguiente, el campo propio del derecho de la guerra es el campo jurídico del derecho internacional; dicho de otra manera, el derecho de la guerra pertenece al «derecho de gentes».

En cuanto a la injuria o agresión, afirma Vitoria que debe ser una violación grave de algún derecho, por eso en último término puede decirse que toda guerra justa es una «guerra defensiva». El problema está en determinar el concepto de injuria o violación, lo que hoy llamamos «agresión». Por otra parte, señala Vitoria las causas que él considera insuficientes para justificar la guerra, como la diversidad de religión, la extensión del Imperio, etc.

El sujeto de derecho para declarar la guerra es el Estado legítimamente constituido; se refiere a su momento histórico; pero, en una hipótesis de la evolución de la sociedad y, por consiguiente, del derecho internacional, ese derecho podría pasar a una comunidad supraestatal, internacional, que dispusiera de una fuerza armada [43].

Pasa después al terreno de la casuística. Podemos fijarnos de manera especial en los súbditos, que, dice, no están obligados a examinar las causas de la guerra y pueden ir a ella siguiendo de buena fe a sus superiores [44]. No obstante, si uno tiene la sospecha de que se comete injusticia en la guerra, tiene obligación de hacerse una conciencia clara y obrar en consecuencia. Si no puede hacerse esa conciencia clara, con la duda puede seguir

---

[43] Cf. A. Truyol Serra, *op. cit.*, p. 73; puede verse aquí una alusión a organismos internacionales, como sería hoy la OTAN.
[44] Cf. *Sobre el derecho de la guerra*, p. 183.

al príncipe. Como gran casuista se da cuenta del grave problema que hoy llamamos «objeción de conciencia», y advierte de la dificultad práctica para su época. Pero en el terreno de la casuística han cambiado las cosas y el jurista tendrá que preguntarse si vale hoy el argumento vitoriano. Es sabido que hoy han cambiado las circunstancias y se está dando solución al problema por medio del «servicio social sustitutorio» y vamos camino de una solución definitiva con la creación del «ejército profesional».

Al final incluye Vitoria unas conclusiones, en forma de normas o preceptos que iluminarán a los gobernantes y orientarán a los moralistas. La primera pone en guardia a los príncipes para que no se dejen llevar de la costumbre de hacer la guerra, tanto para favorecer su prestigio como para aumentar sus dominios y riquezas. Pues, aunque el príncipe tenga autoridad para hacer la guerra, no debe buscar ocasión ni pretexto para hacerla, sino que debe vivir en paz con todos los hombres.

Una vez que se haya declarado una guerra, el príncipe no debe hacerla con el fin de destruir a sus enemigos sino para restablecer su propio derecho y, finalmente, la paz y seguridad de su propio Estado.

La tercera es para después de la guerra, y pide al príncipe que, una vez conseguida la victoria, use del triunfo con moderación, pues debe considerarse como juez entre el pueblo vencedor y el vencido, de tal manera que pueda dar sentencia justa para satisfacer al propio Estado pero con el menor daño posible del otro que fuera culpable.

NUESTRA EDICIÓN

De las relecciones, como de toda la obra de Francisco de Vitoria, no conservamos ningún manuscrito autógrafo, como hemos indicado. Poseemos copias de los textos que preparaba para la exposición pública de sus relecciones. Los textos empleados para las copias posteriores serían autógrafos, según la opinión de Beltrán de Heredia, o dictados literalmente por el maestro; son los que se van copiando y transmitiendo sucesivamente a otros manuscritos y son dados después a la imprenta. Las copias fueron reconocidas como auténticas por sus discípulos y por sus compañeros profesores en el Estudio de Salamanca, y son fidedignas en mayor o menor grado. Sus primeros editores, de Lyon y Salamanca, las consideraron auténticas, y sobre ellas hicieron sus ediciones[45].

De los ocho manuscritos que nos han transmitido las relecciones sólo dos las contiene todas íntegramente, y por consiguiente contienen las tres que aquí presentamos y traducimos. Éstos son el del Cabildo Catedral de Palencia, denominado Palencia (P), y el de la Biblioteca del Colegio del Corpus Christi de Valencia, denominado Valencia (V). Estos dos están considerados como los más fidedignos y seguros de todos los que han llegado hasta nosotros.

La relección *De potestate civili* se encuentra además en el códice de Sevilla, denominado Hispalis (H) y en el de Lisboa (U, Ulisiponae). La relección *De indis prior* se encuentra además en el de Granada (G)[46].

Las dos ediciones citadas son: la primera, la de Jacobo Boyer, realizada en Lyon (L) en 1557; la segunda, la

---

[45] Cf. *Obras*, pp. 87 ss.; *CHP*, vol. VI, p. 85.
[46] Cf. *Obras*, pp. 99 ss.; *CHP*, vol. VI, p. 85.

de Salamanca (S) de 1565, hecha en el convento de San Esteban de esta ciudad por Alfonso Muñoz. Se considera que estas dos ediciones deben ser fundamentales para toda otra edición critica de las relecciones, puesto que son las únicas que contaron para su elaboración con los primeros manuscritos de las conferencias de Vitoria y tienen más valor que algunos de ellos considerados aisladamente [47].

Para nuestra versión, que no pretende ser una nueva edición crítica, tomamos como base el texto latino de la edición de Urdanoz en la BAC, y tenemos a la vista el aparato crítico de *CHP*, así como el de la edición alemana de las relecciones llevada a cabo en dos volúmenes por Ulrich Horst, y la edición inglesa *Political Writings* de Pagden y otros, obras éstas que citamos en la bibliografía. Teófilo Urdanoz realizó su edición de todas las relecciones, con pocas modificaciones a la versión de Getino [48], sobre la edición de Salamanca, S, ya que consideró que dicha elección no era dudosa, pues la de Lyon, anterior en diez años, que contó también con manuscritos cercanos a la fecha de la exposición pública de las relecciones, varía muy poco de la de Salamanca. Supone que si Alonso Muñoz hubiera encontrado más variantes en los manuscritos, que pudo consultar en el convento de San Esteban, las habría puesto en su edición, que así habría mejorado y habría quedado más perfecta que la de Boyer.

Creemos conveniente hacer las siguientes observaciones sobre nuestra edición.

Conservamos para las tres relecciones la estructura general de la edición de Urdanoz, incluso los sumarios

---

[47] Cf. *Obras*, pp. 94 y 102.
[48] Luis Alonso Getino, *Relecciones teológicas de Fray Francisco de Vitoria*, 3 vols., Madrid, 1933-1935.

al principio de cada relección y la numeración de párrafos, que, dado cierto desorden de la exposición de Vitoria, pueden ser de gran utilidad a la hora de ubicar las distintas cuestiones o citar un texto. No obstante, introducimos algunas leves modificaciones en gracia a la diferenciación de la temática de las distintas partes de los tratados.

Las citas que en el original latino están en el cuerpo del texto, las ponemos a pie de página y las completamos o aclaramos, según lo exige cada caso, teniendo en cuenta las ediciones críticas existentes, antes citadas. A estas ediciones remitimos a los lectores y a su abundante bibliografía, para una información más detallada. Citamos los textos de la Biblia, que Vitoria toma de la Vulgata, por la edición de Nacar-Colunga, BAC, Madrid, 1976.

Nuestra pretensión primordial es la fidelidad a los textos que se nos dan como más cercanos al maestro de Salamanca. Intentamos solamente traducir y conservar en lo posible aquel sabor del lenguaje teológico y jurídico que emplea Francisco de Vitoria en sus exposiciones de la Cátedra de Salamanca.

COMENTARIO CRÍTICO
por José-Leandro Martínez-Cardós Ruiz

I. EL DESCUBRIMIENTO DE LAS INDIAS Y LA POLÉMICA DE LOS JUSTOS TÍTULOS

El magisterio de Francisco de Vitoria en la Universidad de Salamanca señala un momento histórico en la cultura europea[1]. Vitoria es seguramente la figura más destacada del siglo XVI entre los escritores de lo que después se llamaría derecho internacional. La comprensión de la obra de Vitoria exige conocer, aún sumariamente, el tiempo en que vivió y la cuestión latente entonces: la gran polémica indiana.

El descubrimiento de América planteó desde el primer momento problemas de diversa índole. Unos, de carácter estrictamente jurídico; otros, de naturaleza moral. Entre aquéllos, pueden citarse el atinente a la forma más conveniente de tomar posesión de las tierras; el relativo al derecho al dominio político que España tenía sobre las tierras descubiertas; y, en fin, el referente a la licitud de la guerra que se hacía a

---

[1] Pereña Vicente, L., «El concepto de derecho de gentes en Francisco de Vitoria» en *Revista Española de Derecho Internacional*, Vol. V, n.º 2, Madrid, 1952, p. 603.

los indios, que habían de repercutir necesariamente sobre el derecho a la conquista. Entre los segundos, cabe mencionar el de la legitimidad de la conquista, consecuencia obligada del análisis del derecho al dominio político sobre las nuevas tierras, y los conectados con la naturaleza de los indios y el justo régimen en que habían de vivir[2].

Entre los primeros, el que antes se suscitó fue el de la forma más conveniente de tomar posesión de las tierras. Se abordó incluso antes del descubrimiento[3]. El plan del primer Almirante del Mar Océano era llegar a la India por el camino de Occidente, ocupando las islas situadas en la nueva ruta que abriría. A aquéllas remotas regiones se proponían llegar también desde hacía bastantes años los portugueses, si bien éstos por la vía oriental del mar[4-5]. En concreto, Colón propuso a los Reyes Católicos el descubrimiento de las islas y tierras enclavadas en pleno mar Oceáno, hacia las

---

[2] Abellán, J. L., *Historia del pensamiento español*, Madrid, 1996, p. 197.

[3] «Como parte de la preparación de su primer viaje, Fernando e Isabel consultaron los más eminentes jurisconsultos y eclesiásticos de España acerca de la manera más conveniente de tomar posesión de las tierras a descubrir» dice Hanke, L., «Las teorías políticas de Bartolomé de las Casas» en *Boletín del Instituto de Investigaciones Históricas*, Buenos Aires, 1935, p. 9, citado por Manzano Manzano, J., *La incorporación de las Indias a la Corona de Castilla*, Madrid, 1948, p. 5.

[4] Manzano Manzano, J.; *La incorporación de las Indias a la Corona de Castilla*, Madrid, 1948, p. 5.

[5] Los portugueses contaban con diferentes documentos pontificios que amparaban su expansión: *Sicut carissimus*, de 4 de abril de 1418, de Martín V., *Cum dum praeclarae*, de 9 de enero de 1433, de Eugenio IV, confirmado el 18 de junio de 1452 por la *Divino Amore*, de Nicolás V., *Romanus Pontifex* de 8 de enero de 1455, de Nicolás V; *Inter cetera* de 15 de marzo de 1546, de Calixto III. Pueden verse en Leturia, P.; «Las grandes bulas misionales de

COMENTARIO CRÍTICO XXXIX

Indias, navegando en sentido opuesto al de los lusitanos; es decir, emproando sus naves, a partir de las Canarias, en línea recta hacia el Occidente, sin entrar en la zona asignada a Portugal en virtud del Tratado de Alcaçobas⁶. Y así se aceptó, pues se prohibió termi-

---

Alejandro VI, 1493» en *Biblioteca Hispana Missionum*, Barcelona, 1930, pp. 236 ss.

Los monarcas hispanos habían reconocido los derechos atribuidos en dichas bulas y breves pontificias en el Tratado de Alcaçobas de 4 de septiembre de 1479, confirmado por la bula *Aeterni Regis*, de Sixto IV, de 21 de junio de 1481. En la cláusula VIII de dicho tratado se disponía: «*Otrosy, quisieron mas los dichos señores Rey y Reyna de Castilla e Aragón, e de Cecilia, etc., e les plugo para que esta paz sea firme, estable, e para siempre duradera, e prometieron, de agora para en todo tiempo, que por si nin otro, publico nin secreto, nin sus herederos e subcesores, no turbaran, molestaran, nin ynquietaran, de fecho nin de derecho, en juyzio ni fuera de juicio, los dichos señores Rey e Principe de Portugal, nin los Reyes que por tiempo fueren de Portugal, nin sus reynos, la posesion e casi posesion en que estan en todos los tractos, tierras, rrescates de Guinea, con sus minas de oro, e qualesquier otras yslas, costas, tierras descubiertas e por descobrir, falladas e por fallar, yslas de la Madera, Puerto Santo e Desierta, e todas las yslas de los Açores, e yslas de las Flores, e las yslas de Cabo Verde, e todas las yslas que se fallaren o conquieren de las yslas Canarias par baxo contra Guinea, porque todo lo es fallado o se fallare, conquerir o descobrir en los dichos terminos, allende de lo que ya es fallado, ocupado, descubierto, finca a los dichos Rey e Principe de Portugal e sus rreynos, tirando solamente las yslas de Canarias, a saber, Lançarote, Palma, Fuerte Ventura, la Gomera, el Fierro, la Graciosa, la Grant Canaria, Tenerife, e todas las otras islas de Canaria, Tenerife, e todas las otras yslas de Canaria, ganadas o por ganar, las quales fincan a los reynos de Castilla: e bien asy non turbaran, molestaran, nin inquietaran qualesquier personas que los dichos tractos de Guinea, nin las dichas costas, tierras descobiertas e por descobrir, en nombre o de la mano de los dichos reys e principe, o de sus subcesores, negociaren, trataren, o conquieren, por cualquier título, modo o manera que sea o pueda ser.»*

⁶ Manzano Manzano, J., *La incorporación...*, Madrid, 1948, p. 7.

nantemente a Cristóbal Colón «acercarse con cien leguas a la Mina, ni a Guinea ni a cosa que perteneciese a Portugueses»[7].

Al partir el Almirante hacia el Nuevo Mundo lo hizo sin llevar título autorizado de carácter legal con el que poder hacer frente al aspecto jurídico que la cuestión descubridora planteara[8-9]. Sólo podía amparar sus acciones el hecho mismo del descubrimiento seguido de la ocupación de las islas y tierras y ello conforme lo establecido en la ley 29, título XXVIII de la Partida III. Pensando, pues, en este título «y con sólo él navegó Colón el genovés»[10] y a él se sujetó en sus descubrimientos iniciales, pues fue levantando acta de posesión de las distintas islas a las que arribó[11].

Regresado Colón de su primer viaje, Juan II de Portugal manifestó a Colón en la entrevista de Valparaíso que las islas descubiertas le pertenecían en razón de encontrarse enclavadas en el espacio reconocido a Portugal en el Tratado de Alcaçobas. Al corriente los

---

[7] Palabras del discurso del Embajador extraordinario Don Bernardino de Carvajal ante el Colegio Cardenalicio para notificarle el descubrimiento colombino. *Vid.*, Herrera, A., *Historia general de los hechos de los castellanos en las islas y tierra firme del Mar Océano*, cit. por Rumeu de Armas, A., «Colón en Barcelona» en *Anuario de Estudios Americanos*, I, Sevilla, 1944, p. 485.

[8] Manzano Manzano, J., *La incorporación...*, Madrid, 1948, p. 8.

[9] Esto lo puso de manifiesto años después Francisco de Vitoria al decir que «*los primeros españoles que navegaron hacia tierras de los bárbaros ningún derecho llevaban consigo para ocuparles sus provincias*» (Relección 1ª: *De Indis*).

[10] Vitoria, F., Relección 1ª: *De Indis*.

[11] Así se lo comunicó el Almirante a Santángel el 15 de febrero de 1493 en carta escrita cuando se encontraba a la altura de Canarias en viaje de regreso. *Vid.*, Manzano Manzano, J., *La incorporación...*, Madrid, 1948, p. 12.

Reyes Católicos del pensar del Monarca lusitano, los juristas castellanos trataron de resolver la cuestión del título con base en la Partida II, título I, ley 9, que, al definir las formas o «maneras como se gana el Señorío del Reyno», decía que eran cuatro, a saber: por heredamiento, por avenencia de todos los del Reyno, que lo escogieron por Señor, por casamiento y la «*quarta es por otorgamiento del Papa o del Emperador, quando alguno dellos faze reyes en quellas tierras en que han derecho de lo fazer* »[12]. Excluidos los tres títulos primeramente citados, se optó por el último. Y así los Reyes Católicos pidieron al Papa Alejandro VI unas letras pontificias que pudieran ser utilizadas frente a las pretensiones lusitanas [13, 14, 15].

---

[12] Sobre la cuestión, *vid.* Palacios Rubios, *De insulis Oceanis* en Zavala, V.S., *La doctrina del Doctor Palacios Rubios sobre la conquista de América*, Méjico, 1937; Bullón, E., *El problema jurídico de la dominación española en América antes de las Relecciones de Francisco de Vitoria*, Madrid, 1933.

[13] La solicitud y el otorgamiento papal de tierras no era una novedad. Los Romanos Pontífices venían otorgando concesiones semejantes a varios Monarcas. Así Adriano IV, en el siglo XII, había hecho merced a Enrique II de Inglaterra del Reino de Irlanda, con el cargo de convertirlo a la fe; Clemente VI había concedido las Islas Canarias, en feudo, a Don Luis de la Cerda, mediante la bula *Tua devotionis sinceritas*, de 15 de noviembre de 1344, si bien no llegó a ocupar las islas; Martín V, por la Bula *Sicut carissimus* (1418), Eugenio IV –por las bulas *Cum dum praeclare*, *Rex regnum* (1436) e *Illus qui se* (1442)—, Nicolás V por las bulas *Divino Amore* (1452) y *Romano Pontifex* (1455), Calixto III por la bula *Inter caetera* (1456) y Sixto IV por la bula *Aeterni Regis* (1481), que confirmaba los acuerdos luso-castellanos del tratado de Alcaçobas de 1479, concedieron a los Reyes de Portugal privilegios especiales contra los infieles africanos y el dominio de Guinea y otras conquistas y descubrimientos que los lusitanos iban realizando (García Arias, L., *Apéndice* en Nussbaum, A., *Historia del derecho internacional*, trad. esp., Madrid, 1949, p. 364; Goti Ordeñana, J., *Del tratado de Tordesillas a la doctrina de los dere-

chos fundamentales en Francisco de Vitoria, Valladolid, 1999, pp. 29 y 30).
[14] En la época, seguían siendo mayoritarios los juristas y teólogos que se mostraban defensores de la potestad universal del Papa. Frente a las concepciones negatorias de la potestad papal de origen medieval defendidas por Guillermo Durant, Jean de Blanot, Pedro de la Bellapértica y otros (*vid.*, Meijers, E.M.; «Impero universale e stati particolari: la civitas sibi princeps» en *Studii sulla dottrina politica e sul diritto pubblico di Bartolo*, 1917, recogido en «*Études d'histoire du droit*», Leyde, 1966, pp. 190 y ss.), lo sostenían Bártolo, Baldo, Juan Andrés y el abad Panormitano, cuya opinión, en virtud de la disposición de 1499 de los Reyes Católicos, en caso de duda y a falta de ley, tenían autoridad. Lo sostenían también Rodrigo Sánchez de Arévalo (*De Monarchia orbis o Liber de differentia principatus imperialis et regalis*, Madrid, 1940, p. 17), Francisco Arias de Valderas (*Libellus de Belli iustitia iniustitiave*; *vid.* Espinar, M. A., «Juristas clásicos olvidados: Francisco Arias de Valderas» en *Revista Escuela de Estudios Penitenciarios*, Madrid, 1946), Fray Matías de Paz (*De Dominium regum Hispaniae super Indos*, edición publicada por Beltrán de Heredia, P. en *Archiv. Fratum Praedicatorum*, III, Roma, 1933, pp. 48 ss.), Juan López de Palacios Rubios (*vid.*, Bullón, E.; *El Doctor Palacios Rubios y sus obras*, Madrid, 1927, pp. 40 ss.).

Los fundamentos dados posteriormente a dicha potestad pontificia han sido muy variados y todos, o casi todos, se han aplicado a la conquista indiana. Se ha sostenido que se trataba bien de un dominio directo, bien de un dominio eminente, bien de un dominio indirecto sobre el territorio. Fuere cual fuere la índole de la potestad, se ha dicho unas veces que le permitía infeudar reinos (Elías de Tejada, F., *La tradición portuguesa,* Madrid, 1999, p. 25; Caetano, M., *Historia do direito* portugués, Lisboa, 1985, p. 142) y tierras de infieles (Hoffner, J., *La ética colonial española en el siglo de Oro. Cristianismo y dignidad humana,* Madrid, 1957; Zavala, S., *Ensayos sobre la colonización española en América*, Buenos Aires, 1944); otras veces, que el Papa tenía un derecho eminente sobre todas las islas (Weckham, L., *Las bulas alejandrinas de 1493 y la teoría política del papado medieval,* trad. esp., Buenos Aires, 1956); algunas otras ocasiones, se ha sostenido que la potestad papal se basaba en su papel de garante de la paz cristiana, desempeñando funciones arbitrales y, en fin, en otros casos, se dijo que tenían carácter confirmatorio

El 3 de mayo de 1493, el Santo Padre expedía la primera bula *Inter Cetera*[16] y la *Eximie devotionis* en las que, conforme a lo solicitado, hacía donación a los Reyes Católicos de todas las islas y tierras descubiertas y por descubrir hacia los indios, no pertenecientes a ningún príncipe cristiano constituyéndolos y declarándolos «señores de ellas con plena y libre y omnímoda potestad, autoridad y jurisdicción»[17]. Pero los Monarcas no encontraron a su plena satisfacción el breve pontificio[18], puesto que no era un instrumento completamente eficaz para oponerse a las contumaces protestas del Rey de Portugal. Por eso, nuevamente se dirigieron al Papa quien dictó otra bula, antedatada al 4 de mayo de 1493[19], enmendando la anterior y susti-

---

(Zavala, S., *Las instituciones jurídicas en la conquista de América*, Méjico, 1971).

[15] Y para frenar las pretensiones del Almirante con fundamento en las Constituciones de Santa fe al decir de M. Giménez Fernández (en Giménez Fernández, M., «Las bulas alejandrinas de 1493 referentes a las Indias» en *Anuario de Estudios Americanos*, I, Sevilla, 1944, p. 251). *Cfr.*: Goti Ordeñana, J., *Del tratado de Tordesillas a la doctrina de los derechos fundamentales en Francisco de Vitoria*, Valladolid, 1999, pp. 48 ss.

[16] En realidad se trataba de un breve estrictamente secreto y no público como bula de Cancillería, señaló Giménez Fernández. Su texto puede consultarse en Giménez Fernández, M., «Las bulas alejandrinas de 1493 referentes a las Indias» en *Anuario de Estudios Americanos*, I, Sevilla, 1944, pp. 252 y 343 ss.

[17] Manzano Manzano, J., *La incorporación...*, Madrid, 1948, p. 19.

[18] En concreto, les suscitó dudas el párrafo del breve que decía: «Segun el tenor de las presente, donamos, concedemos y asignamos todas y cada una de las tierras e islas supradichas, así las desconocidas como las hasta aquí descubiertas por vuestros enviados y las que se han de descubrir en lo futuro que no se hallen sujetas al dominio actual de algunos Señores cristianos.»

[19] Es la *Inter Cetera II*.

tuyéndola[20, 21]. Así las cosas, quedaba un punto por concretar. Los portugueses y los castellanos estaban autorizados por el Papa para llegar hasta la India (*usque ad indos*, los primeros y *versus indiam*, los segundos), pero faltaba por determinar a quién había de corresponder ésta. Los Reyes Católicos obtuvieron el 26 de septiembre de 1493 la bula *Dudum siquidem*, conocida como «ampliación de la donación», por virtud de la cual atribuían a la Corona de Castilla todas aquellas partes o regiones de la India Oriental descubiertas y ocupadas por los castellanos[22, 23]

---

[20] La cláusula transcrita en la nota anterior quedó con el siguiente tenor: «donamos, concedemos y asignamos todas las islas y tierras firmes descubiertas y por descubrir, halladas y por hallar, hacia el Occidente y Mediodía, fabricando y construyendo una línea del Polo Ártico, que es el Septentrión, hasta el Polo Antártico, que es el Mediodía, ora se hayan hallado islas y tierras firmes, ora se hayan de encontrar hacia la India o hacia otra cualquiera parte, la cual línea diste de las islas que vulgarmente llaman Azores y Cabo Verde cien leguas hacia el Occidente y Mediodía, así que todas sus islas y tierra firme halladas y que se hallaren, descubiertas y que se descubrieren desde la citada línea hascia el Occidente y el Mediodía que por otro rey cristiano no fuesen actualmente poseídas hasta el día del Nacimiento de Nuestro Señor Jesucristo próximo pasado, el cual comienza el año presente de mil cuatrocientos noventa y tres, cuanto fueron por vuestros mensajeros y capitanes halladas algunas de las dichas islas...».

[21] Las bulas imponían una condición a los Reyes de Castilla, que era la de procurar la promoción de los Evangelios en el Nuevo Mundo y lograr la conversión de los indígenas a la fe católica.

[22] Para esta bula, *vid*. Manzano Manzano, J., *La incorporación...*, Madrid, 1948, p. 26; Manzano Manzano, J., «El derecho de la Corona de Castilla al descubrimiento y conquista de las Indias de Poniente» en *Revista de Indias*, Madrid, 1949, n.º 2.

[23] El contenido de las bulas fue, como ha señalado J.A. Escudero (*Curso de Historia del Derecho*, 3.ª edición, Madrid, 2003, p. 632), paralelo al de las portuguesas. La *Inter cetera I* era una bula de

Las bulas pontificias[24] eludieron el título de accesión por la proximidad a las Azores y la mención de la ruta de poniente hacia las Indias, evitando el escollo de la concesión a Portugal como privilegio de invención de la ruta de Levante *usque ad Indos*, hecha por la *Inter cetera* de Calixto III. El título era pues sufi-

---

donación, homologable a la *Romanus Pontifex* lusa; la *Eximie devotionis* se corresponde con la *Inter Cetera* portuguesa y es una bula de privilegios; y la *Inter Cetera II*, paralela a la *Aeterni Regis*, es una bula de demarcación.

[24] Sobre las bulas, su naturaleza, fundamento, datación y otros extremos, existe una abundantísima bibliografía. Ello es consecuencia de lo anómalo de su expedición: varias bulas expedidas en dos días; acreditación de que algunas de ellas fueron antedatadas, etc. Vander Linden, H. (*Alexander VI and demarcation of the maritime and colonial domains of Spain and Portugal, 1493-1494*, separata, 1916, pp. 1 ss.) se fijó especialmente en la cuestión de la datación; puso de manifiesto que la *Intercetera I* y la *Eximie devotionis* fueron antedatadas; que su expedición sucesiva no abrogaba completamente a las anteriores y señaló que la sucesión de bulas se debió a la voluntad de los Reyes Católicos de asegurar con claridad la exactitud de sus dominios en los términos expuestos en el texto principal; M. Giménez Fernández (*Nuevas consideraciones sobre la historia, sentido y valor de las bulas alejandrinas de 1493 referentes a las Indias*, Sevilla, 1944) consideró que las sucesivas bulas anulaban a las anteriores y que su expedición se debió al deseo de los Reyes Católicos de liberarse de la pena de excomunión en que habían incurrido al violar las previsiones del Tratado de Alcaçovas y las bulas portuguesas; A. García Gallo [«Las bulas de Alejandro VI y el ordenamiento jurídico de la expansión portuguesa y castellana en Africa e Indias» (1957-8), incluido en *Los orígenes españoles de las instituciones americanas*, Madrid, 1987, pp. 314 ss.] sostuvo que las tres bulas fueron pedidas simultáneamente; que eran paralelas a las portuguesas en cuanto a su contenido; que no se sustituyeron unas a otras y que no fueron antedatadas; y, en fin, que respondieron a un proyecto sistemático. J. Manzano Manzano (*La incorporación de las Indias...*, p. 28) retomó la interpretación tradicional de la concesión sucesiva de las bulas y de su eficacia modificativa sucesiva de carácter limitado.

ciente en su tiempo. No importa, a los efectos que interesan, si las bulas eran confirmatorias de una situación adquirida por los descubrimientos o si concedían el dominio. Lo que debe resaltarse es que, al momento de otorgarse, la doctrina y la práctica política consideraba que la potestad pontificia podía otorgar las tierras nuevas pobladas por paganos[25, 26, 27].

Expedidas las bulas, se planteó inmediatamente la cuestión de si concedían un verdadero dominio político o sólo un poder especial para propagar el Evangelio[28, 29]; y, si se trataba de un dominio político auténtico, se suscitó

---

[25] García Arias, L., *Apéndice* en Nussbaum, A., *Historia del derecho internacional*, trad. esp., Madrid, 1949, p. 365.

[26] La división papal no convenció inicialmente al Rey de Portugal. Después de laboriosas negociaciones diplomáticas, sin embargo, el Monarca luso aprobó la demarcación pontificia, si bien corrigiendo hasta 370 leguas al oeste de las Azores la línea o meridiano establecido, al suscribir el Tratado de Tordesillas en 1494 (Pérez Bustamante, C.; *Historia del Imperio español*, Madrid, 1951, p. 104). Los restantes pueblos europeos nada dijeron hasta que, años después, invocaron el principio de *res inter alios acta* y negaron validez a las bulas pontificias, rechazando sus efectos. La declaración de Isabel de Inglaterra, en 1581, en el sentido de no reconocer la prerrogativa de atribución de tierras al Papa olvidaba que, cuando Alejandro VI expidió sus bulas, los Reyes británicos no habían caído en la herejía y por tanto reconocía esa potestad pontificia, semejante a la usada por Adriano IV al conceder Irlanda al Monarca inglés (García Arias, L., *Apéndice* en Nussbaum, A., *Historia del derecho internacional*, trad. esp., Madrid, 1949, p. 366).

[27] En julio de 1493, se dio traslado de la bula *Inter Cetera* a Colón y se le ordenó que la llevara en su nuevo viaje para mantenerse a cubierto de cualquier protesta. La portaron también en sus viajes los Pinzones, Nicuesa, Guerra, Bastidas y todos los demás descubridores.

[28] Sobre la cuestión, una de las más debatidas desde los primeros instantes, *vid.* Leturia, P., *Las grandes bulas misionales de Alejandro VI*, Barcelona, 1930.

[29] La Reina Católica, y luego el Rey Fernando, no dudó de que se trataba de un auténtico dominio político. Cuando otorgó su tes-

el tema de cómo se incorporaban a la Corona de Castilla[30, 31].

Iniciada la colonización de las islas posteriormente conocidas como caribeñas, la tierra fue repartida y

---

tamento el 12 de octubre de 1504, poco antes de fallecer, designó heredera de todos sus reinos incluidas las Islas y Tierra Firme del mar Oceáno, «porque han de quedar incorporadas en estos Reinos de Castilla e León», a su hija la princesa Doña Juana. Asimismo, en el testamento instituyó en favor de su esposo, el Rey Católico, un legado, consistente en la mitad de las rentas que se obtuvieran de las tierras indianas hasta entonces descubiertas. Fallecida la reina, Don Fernando siguió considerándose señor de las Indias del mar Océano y, al surgir las desavenencias con su yerno el archiduque por aspirar éste al gobierno de Castilla, antes de abandonarlo, exigió lo que estimaba suyo, es decir la mitad de los gananciales de su matrimonio (Granada, Canarias e Indias), los maestrazgos de las Órdenes Militares y los legados de su esposa. Las desavenencias finalizaron con la concordia de Villafáfila-Benavente, en la que se reconoció al Rey Católico los Maestrazgos, Nápoles y la mitad de las rentas de los territorios indianos. Muerto el archiduque y nuevamente regente de Castilla Don Fernando, el aragonés se siguió considerando propietario de la mitad de las provincias ultramarinas, a título de dominio político, puesto dispone de ella en su testamento en favor de su hija Juana (Martínez Cardós, J.; *Las Indias y las Cortes de Castilla durante los siglos XVI y XVII*, Madrid, 1956, pp. 9 ss.).

[30] En su tiempo, la incorporación a Castilla se justificó con la ayuda que Castilla había prestado a Aragón en 1473 y en la conquista de Nápoles y así se expresó en las Cortes de Monzón de 1528 (Martínez Cardós, J., *Las Indias...*, p. 11). Para R. del Arco (*Fernando el Católico, artífice de la España Imperial*, Santander, 1939), la incorporación tiene su origen en un maniobra que Alejandro VI llevó a cabo contra Fernando y, por eso, éste, mientras vivió, se consideró señor de las Indias. Para J. Manzano Manzano (*La incorporación...*, p. 29) los Reyes Católicos pidieron al Papa la concesión de las Indias a título personal y se incorporaron a Castilla a título de liberalidad de éstos porque permitía un gobierno del Rey casi sin limitaciones, de tal suerte que impidieron con ello que las instituciones aragones, que tanto limitaban la autoridad real, se transplantaran a América. F. Pérez Embid (*Los descubrimientos en el Atlántico*

los indios encomendados entre los conquistadores. La codicia de algunos españoles provocó que se produjeran situaciones de abuso por parte de los encomenderos. En septiembre de 1510, llegaron a La Española los misioneros dominicos y comenzaron una campaña de protesta contra el trato que algunos conquistadores daban a los indígenas. En el cuarto domingo de Adviento de 1511, fray Antonio de Montesinos dio un famoso sermón en favor de los

---

y la rivalidad castellano-portuguesa hasta el Tratado de Tordesillas, Sevilla, 1948) consideró que los Reyes Católicos recibieron las Indias a partes iguales, como gananciás, y que se incorporaron a Castilla en las Cortes de Valladolid de 1518 a consecuencia de que Aragón permaneció ajeno a las expediciones atlánticas. A. García Gallo sostuvo que la incorporación a Castilla se produjo como consecuencia de la necesidad de dar respuesta a las pretensiones lusas que se dirigían contra Castilla en cuanto transgresora del Tratado de Alcaçovas. A. Rumeu de Armas (*Colón en Barcelona*, Sevilla, 1944, pp. 43 y ss.) afirmó que, en las bulas pontificias, hubo simplemente una exclusión nominal de Aragón y por eso Fernando se consideró toda su vida rey propietario de la mitad de las Indias. R. Levene («Nuevas investigaciones históricas sobre el régimen político y jurídico de España en Indias hasta la recopilación de las Leyes de 1680» en *Cahiers d'histoire mondiale*, vol. I, n.º 2, París, 1953, pp. 463 ss.) señaló que la incorporación a Castilla fue consecuencia de las letras apostólicas. Y, en fin, J. Martínez Cardós (*Las Indias...*, p. 7) indicó que fueron razones jurídicas y políticas varias –la mayor importancia de Castilla, su tradición imperial, su vocación atlántica, la financiación de la empresa colombina con cargo al tesoro castellano, etc.—.
[31] La incorporación de las Indias se hizo a Castilla, no en la forma *aeque principaliter* propia de la expansión aragonesa, sino por la vía de accesión, cosa que tuvo consecuencias jurídicas de gran importancia, ya que los «*reinos o provincias que accesoriamente se unen o incorporan con otros, se tinen y juzgan por una misma cosa y se gobiernan por las mismas leyes y gozan de los mismos privilegios que el reino a quien se agregan*» (Solórzano Pereira, J., *cit.* por J. Martínez Cardós, en *Las Indias...*, p. 13).

COMENTARIO CRÍTICO XLIX

indios[32]. Las quejas llegaron al Rey Católico quien, ante los informes que Montesinos le dio personalmente[33], mandó que se reuniera en Burgos una Junta de teólogos y juristas a fin de examinar los inconvenientes y ventajas del régimen indiano y de proponer los remedios adecuados[34]. En el dictamen emitido por la Junta se declaró que los indios eran libres; que habían de ser instruidos en la fe cristiana; que se les podía mandar trabajar, pero de tal manera que dicho trabajo no fuera impedimento a la instrucción en la fe y que fuera en provecho de ellos y de la república; que el trabajo debía ser soportable por los indios; que tuvieran casas y haciendas propias; que comunicaren con los cristianos y que se les abonara su salario correspondiente por el trabajo desarrollado. Reconocía también su sometimiento a los reyes castellanos en virtud de las bulas pontificias y como su resistencia

---

[32] «Todos estais en pecado mortal y en él vivis y morís, por la crueldad y tiranía que usais con estas inocentes gentes. Decid, ¿con qué derecho y con qué justicia tenéis en tan cruel y horrible servidumbre aquestos indios? ¿con qué autoridad habéis hecho tan detestables guerras a estas gentes que estaban en sus tierras mansas y pacíficas...?¿Cómo los tenéis tan opresos y fatigados, sin dadles de comer ni curallos de sus enfermedades, que de los excesivos trabajos que les dais incurren y se os mueren, y por mejor decir los matais, por sacar y adquirir oro cada día? ¿Y qué cuidado teneis de quien los doctrine y conozcan a su Dios y criador, sean baptizados, oigan misa, guarden las fiestas y domingos? ¿Estos, no son hombres?¿No tienen ánimas racionales?¿No sois obligados a amallos como a vosotros mismos?¿Esto no lo entendeis?¿Esto no lo sentís?» (cit. por Escudero López, *Curso...*, p. 637).

[33] La *información jurídica en defensa de los indios* de Montesinos se ha perdido.

[34] La Junta de Burgos de 1512 fue presidida por el obispo de Palencia, Juan Rodríguez de Fonseca, y de ella formaron parte los teólogos dominicos Fray Tomás Durán, Fray Matías de Paz, el maestro Pedro de Covarrubias y los consejeros Luis Zapata, Palacios Rubios, licenciado Santiago y Hernando de Vega.

podía deberse a su ignorancia de la concesión papal, había que darles traslado del hecho[35].

Después de la promulgación de las Leyes de Burgos de 1512, la polémica indiana continuó. Al año siguiente, una nueva Junta de teólogos y juristas se reunió en Valladolid, y en ella los dominicos defendieron que «las tierras que poseían los infieles, en especial aquéllos a quienes nunca había ido a su noticia el nombre de Jesucristo, no se las podían tomar sin causa, por que dominio e posesión de las tierras era de *iure gentium*». A la tesis dominicana se opuso el bachiller Fernández de Enciso, aceptando el título pontifical: el Papa, como «señor universal había dado las tierras de las Indias que poseían los idólatras al Rey Católico, para que en ellas pusiesen el nombre de Dios y nuestra fe».

En 1515, vinieron a la península, el Padre Montesinos y el clérigo Las Casas, recién convertido de sus empresas encomenderas. En una junta celebrada en Barcelona en 1517, Las Casas atacó al obispo Darién, que afirmaba la servidumbre natural de los bárbaros, llegando a cuestionar la legitimidad de la empresa americana en la forma en que se desarrollaba. Reprobó cualquier tipo de guerra y afirmó que sólo la evangelización pacífica era legítima, de tal suerte que el único título legítimo de incorporación de las tierras americanas era la sumisión voluntaria de los indígenas. Tras unos años de órdenes y contraórdenes sobre el régimen de encomiendas, Carlos I, aceptando en gran parte las peticiones dominicanas,

---

[35] Surge así el llamado requerimiento o declaración que debe leerse a los indios informándoles de la existencia de Dios, de que Jesucristo concedió el primado al papa, de que uno de los pontífices había hecho donación de aquellas tierras a los Reyes españoles y de que, por ende, éstos eran dueños de ellas. Tras su lectura, eran conminados a aceptar a sus nuevos señores. El requerimiento fue redactado por Juan López de Palacios Rubios y entregado a Pedrarias Dávila (*vid.* Bullón, E.; *El Doctor Palacios...*, pp. 32 ss.).

concedió en 1526 destacada intervención a los religiosos en las empresas indianas. En 1537, Paulo III, en su breve *Pastorale officium*, prohibió que se pudieran esclavizar los indios y proclamó que eran seres racionales. En esos años, Francisco de Vitoria, desde su cátedra de Prima Teología de Salamanca, pronunció sus relecciones, negando los argumentos de legitimidad pontificia.

El Padre Las Casas, que pertenecía a la Orden de Predicadores desde 1523, volvió a España en 1539. Y, al regreso de Carlos I, se entrevistaron el César y el fraile, convocando el Emperador, tras una personal visita de inspección al Consejo de Indias, una Junta Extraordinaria. Ante esa Junta de Valladolid de 1542, leyó Las Casas sus memoriales, discutiéndose la cuestión indiana y sus remedios. Como resultado, Carlos I firmó en Barcelona las llamadas «Leyes Nuevas» de 1542, en las que se proclamó que los indios eran personas libres, y se revisaron y restringieron grandemente las encomiendas, produciéndose graves perturbaciones en el Nuevo Mundo al intentarse su total aplicación.

Es de destacar que, ante los argumentos frailunos y, especialmente, lascasianos de que tenía usurpados todos los reinos y señoríos de las Indias, Carlos I quiso abandonar sus dominios del Nuevo Mundo. Pero los dictámenes de otros teólogos aconsejaron al Monarca que no pusiera en práctica tal idea de restitución y abandono de las provincias indianas, toda vez que ello implicaría un daño notorio a la obra cristianizadora de los indígenas. Y, entre quienes así opinaron, estaba Fray Francisco de Vitoria[36].

---

[36] García Gallo, A., «La posición de Francisco de Vitoria ante el problema indiano», en *Revista del Instituto de Historia del Derecho de la Universidad de Buenos Aires*, Buenos Aires, n.º 2, 1949, pp. 32 ss.

Sin embargo, y aun cuando la actuación española en Indias había cambiado de signo, la intransigencia del Padre Las Casas no menguó. Y, por otra parte, la nueva orientación causó la protesta no sólo de conquistadores y encomenderos, sino también de las autoridades de Nueva España —así el Virrey Mendoza, el visitador Tello de Sandoval y el obispo Zumárraga—, de los provinciales mejicanos de las tres Órdenes religiosas —franciscanos, dominicos y agustinos— y de un grupo de juristas encabezados por Juan Ginés de Sepúlveda[37].

Para conciliar ambas posturas, tras una petición de Sepúlveda y una consulta del Consejo de Indias, Carlos I convocó en Valladolid una nueva Junta en el verano de 1550, bajo la presidencia del de Indias y con asistencia de seis consejeros del mismo, cuatro teólogos, entre ellos, los dominicos fray Francisco de Soto y Melchor Cano, dos consejeros de Castilla y dos juristas más; en total, 15 miembros. En la junta polemizaron Sepúlveda y Las Casas sobre la cuestión americana y sobre la posibilidad de la guerra justa. La Junta tuvo dos períodos de sesiones (agosto-septiembre de 1550 y abril-mayo de 1551). Su misión era, según expresa el presente Domingo de Soto, «inquirir y constituir la forma y leyes como nuestra santa fe católica se puede predicar y promulgar en aquel nuevo orbe que Dios nos ha descubierto, como más sea a su santo servicio y examinar qué forma puede aver como quedasen aquellas gentes sujetas a la majestad del Emperador, nuestro señor, sin lesión su real conciencia, conforme a la bula de

---

[37] Sobre Ginés de Sepúlveda, puede verse García Pelayo, M., «Juan Ginés de Sepúlveda y los problemas jurídicos de la conquista de América», en *Tierra Firme,* II, Madrid, 1936; Beneyto, J., *Ginés de Sepúlveda*, Madrid, 1944, y Andrés Marco, T., *Los imperialismos de Juan Ginés de Sepúlveda en sus «Demócrates alter»*, Madrid, 1947.

Alejandro». Ante la Junta informaron separadamente Sepúlveda y Las Casas, aquél con brevedad en la primera sesión y éste con extensión durante cinco días. Se encargó a Domingo de Soto de compendiar las tesis y argumentos propuestos, redactando un apuntamiento. Después del resumen de Soto, Sepúlveda replicó los argumentos de Las Casas y éste duplicó. En el segundo período, abril de 1551, Las Casas presentó una contrarréplica a Sepúlveda y el humanista cordobés tuvo «luenga disputa y altercación con aquellos padres reverendos sobre las razones que dava». Los miembros de la Junta habían variado algo, por haberse ausentado Melchor Cano y el obispo de Ciudad Rodrigo, Ponce de León, al Concilio de Trento, incorporándose a las sesiones el franciscano P. Arévalo y el licenciado Pedro de la Gasca.

Los miembros de la Junta no eran todos de la misma opinión. De los teólogos, Arévalo apoyaba a Sepúlveda y Soto se puso enfrente; los juristas parecían inclinados en principio a seguir la opinión favorable en el fondo a Sepúlveda, si bien los esfuerzos de Soto y de Las Casas hicieron mella en su ánimo. Como resultado, no pudo tomarse ningún acuerdo firme. Parece que triunfó la tesis dominicana, contraria a las conquistas, pero no parece, en cambio, que se le diera la razón a Las Casas, sino que lo que se hizo fue dejar en suspenso la resolución definitiva, dándose como disculpa la marcha de Carlos I[38].

Con posterioridad a esta polémica lascasiana y en los años siguientes a la celebración de la Junta de Valladolid se continuó teóricamente discutiendo la solución del problema de los justos títulos. Unos, los que se aferraban a la teocracia pontificia, creían en la bula de donación y admitían el señorío universal del Papado. Gregorio López, Juan de Ovando y el virrey Toledo

---

[38] García Arias, L., *Adiciones...*, p. 379.

presentaron puntos de vista que fueron superados por Juan Solórzano y Pereira, el creador del derecho indiano, cuya doctrina, contenida en sus *De Indianarum iure disputationes* (1629) y *Política indiana* (1647), es la que definitivamente informó la Recopilación de Indias de 1680. Aparecieron además una serie de obras sobre la guerra indiana. Frente al padre Las Casas se pronunciaron el dominico Domingo de Santa Cruz, profesor de la Universidad de Alcalá, y el también dominico P. Vicente Palentino. Y otros muchos se refirieron y escribieron sobre la cuestión[39].

Montesino propinó un primer golpe a la teoría del señorío universal del Papa, pero fue Francisco de Vitoria, otro dominico, quien acabó con ella totalmente, aunque de manera oficial se siguiera esgrimiendo durante años. Con Vitoria cambió por completo el panorama de la polémica; no acabaron las discusiones, pero «paralela a ella, y con influencias mutuas, se desarrollaron de una manera sistemática las teorías teológico-jurídicas que explican los mayores aciertos de nuestras Leyes de Indias y a la vez dan vida al derecho de gentes y al derecho internacional»[40].

---

[39] Es imposible hacer una enumeración pormenorizada. Baste la cita de algunos: los dominicos Miguel de los Arcos, Domingo de Salazar y Reginaldo de Lizárraga; Bernardo de Mesa, Bernardo de Santo Domingo, Tomás Ortiz, Juan Coronel, Juan de Quevedo, Ledo Gregorio, Miguel de Salamanca, Reginaldo de Morales, Vicente de Santa María, Juan de Zumárraga, Vasco de Quiroga, Gonzalo de Las Casas, Antonio Ramírez, Bartolomé Frías, Bernardino de Arévalo, Pedro de Malferit, Francisco Cervantes de Salazar, Alonso de Santiago y otros en relación con el nuevo mundo americano; y Alonso Sánchez, Gerónimo Hurtado, Miguel de Benavides y otros en relación con los justos títulos sobre Filipinas, además de los informes de las órdenes religiosas, especialmente el de los agustinos a finales del siglo XVI.

[40] Morales Padrón, F.; *Los conquistadores de América*, Madrid, 1974, p. 47.

II. FRANCISCO DE VITORIA: LAS RELECCIONES

Francisco de Vitoria, de ascendencia vasca, fue el impulsor de la restauración escolástica en la España del Renacimiento. Su nacimiento se lo han disputado Vitoria y Burgos, si bien, frente a la tesis tradicional, el Padre Beltrán de Heredia demostró que era burgalés. No se puede dar a ciencia cierta la fecha de su nacimiento aunque debió ser 1492 ó 1493. Después de sus primeros estudios en el convento dominico de San Pablo en Burgos, fue enviado por sus superiores al convento de Santiago de París en 1507, para completar sus estudios en Humanidades y Artes y hacer los de Teología.

Dos fueron los elementos que conformaron el carácter de Vitoria: su estancia en París y su contacto con la política española. En la Universidad de París tomó contacto con una de las revoluciones espirituales más transcendentales que ha conocido la historia de la humanidad. Sintió la influencia del nominalismo, que habiendo dominado durante dos siglos la Sorbona, había degenerado en el terminismo del escocés Juan Mayr y el valenciano Juan de Celaya. La afición a lo práctico y concreto empujaba a los nominales al estudio de la ética, la política y la economía. Por contra, Pedro Tanteret patrocinaba en París la escuela escotista y Pedro Cockaert fomentaba un espíritu renovador profundo que se concretaba en la vuelta a la *Summa*. Vitoria colaboró con él en 1512 para la publicación de la primera edición parisiense de la Secunda Secundae de la Suma Teológica de Santo Tomás y, en 1521, el propio Vitoria publicó la Suma de San Antonio de Florencia. Pero, sobretodo, el burgalés profundizó en el tomismo con Juan Fenario, su profesor de teología. También conoció el dominico el humanismo: a Guillermo Budé, a Luis Vives, a Desiderio Erasmo, a Jacobo Lafêvre

D'Etaples. Fue testigo de la revolución ideológica humanística y supo incorporar con serenidad de espíritu las grandes conquistas de dicha revolución[41]. En los nominales, Vitoria aprendió su espíritu crítico, moralizador y jurídico; en los humanistas, su estilo terso y claro y la llevanza de la teología a la política.

En concreto, en París, Vitoria se imbuyó de la idea de *humanitas*, que venía definida por el sentimiento de la vida como proceso del libre desarrollo de la personalidad, por la concepción del hombre como ente llamado a la plenitud de su ser por su capacidad de forjarse espiritual y socialmente a sí mismo[42]; se introdujo en la idea de libertad como opción decisiva del hombre para elevarse a la cima del bien o bestializarse como expuso Pico de la Mirandola en *Oratio de hominis dignitate* e intuyó las características de la nueva época: la ciencia moderna con su perspectiva fenomenista, la nueva estética, el descubrimiento poético de la Naturaleza, la nueva política con su exultante sentimiento de poder y la nueva economía dominada por el sentido de la ganancia.

Vitoria volvió de París en 1523 y su primer destino fue el Colegio de San Gregorio de Valladolid. Allí conoció el segundo elemento que conformó su carácter: la política española. España estaba en su esplendor: señoreaba en Europa tras la batalla de Pavía de 1521; domeñaba un nuevo mundo —Cortés había conquistado Méjico en 1521; Dávila, Nicaragua en 1523; Alvarado, Guatemala en 1524; Montejo, el Yucatán en 1526...—. Existía una euforia americana. Se reor-

---

[41] Pereña Vicente, L., «El concepto de derecho de gentes en Francisco de Vitoria» en *Revista Española de Derecho Internacional,* vol. V, n.º 2, Madrid, 1952, pp. 604 ss.
[42] Beckmann, *Humanismo, origen e idea*, trad. esp., Buenos Aires, 1956, p. 17

COMENTARIO CRÍTICO LVII

ganizaba el Consejo de Indias en 1524 y los dominicos tenían influencia decisiva en la Corte. El dominico Fray García de Loaisa, Obispo de Osma, era nombrado confesor del Emperador y Presidente del Consejo de Indias. En 1526 se trasladó a Salamanca al haber ganado la cátedra de prima de teología de dicha Universidad. Durante veinte años desarrolló su labor en dicha Universidad. Es la época en que se produce la eclosión americana —Pizarro conquistó Perú en 1531, Irala fundó Asunción en 1536, Fray Marcos de Niza descubrió Nuevo Méjico en 1539, Soto exploró gran parte de los hoy Estados Unidos, Orellana llegó al Amazonas, Valdivia fundó Santiago de Chile en 1541, Moscoso navegó por el Misisipi—; y la quiebra de la Cristiandad por el luteranismo. Europa se debatía en la confrontación entre Carlos I y Francisco I, ultimada por la Paz de Crespy en 1544. El problema americano y la cuestión europea estuvieron presentes en las lecciones de Vitoria; es más, determinaron sus ideas jurídico-políticas. Durante veinte años, Vitoria, que sustituyó el *Libro de sentencias* de Pedro Lombardo como libro de texto por la *Summa Theologica* del Aquinate, fue ante todo un maestro de sugestivas dotes que supo unir el rigor del método escolástico a la elegancia humanística en el decir y abordar problemas de actualidad con una independencia de criterio que, elogiada por unos, fue malvista por otros. Si lo que caracterizó la escolástica española del siglo de Oro fue la aplicación del caudal del pensamiento clásico y cristiano a la nueva situación histórica, esta tendencia le fue claramente impresa por Vitoria[43].

---

[43] Truyol Serra, A.; *Historia de la Filosofía del Derecho y del Estado. Vol. II, Del Renacimiento a Kant*, Madrid, 1975, p. 58.

Vitoria no dio nunca nada a la imprenta. Su doctrina se expuso en lecturas y relecciones.

Las *Lecturas* eran las lecciones de las cuales apenas quedan los esquemas tomados por sus alumnos, pues los originales han desaparecido. Estos esquemas son muy concisos, sobresaliendo el resumen dejado por uno de sus discípulos, Francisco Trigo, de su exposición sobre la *Secunda secundae*. Otra lectura publicada de Vitoria es la referente al tratado *De gratia*, de la *Prima secundae*; existiendo otra sobre la *Summa teologica*. Pero fueron las *Relecciones* o repeticiones las que dieron fama a Vitoria.

Las *relecciones* eran disertaciones en las cuales el profesor volvía a tratar un punto determinado abordado en las lecciones[44]. Relección y repetición eran términos equivalentes[45]. Sin embargo, Vitoria introdujo innovaciones metodológicas relevantes en ellas. Dichas innovaciones se fundaron en el cuidadoso estudio de las fuentes del conocimiento, sin abandonar la indagación de los principios esenciales inteligibles. Sustituyó el lenguaje rudo de la Escolástica decadente y, sobretodo, trascendiendo el método estrictamente escolástico, frente a la escuela «terminista» de su época —que reducía los conceptos universales a puros términos verbales—, defendió el valor objetivo de dichos conceptos universales y,

---

[44] Los catedráticos en propiedad tenían obligación de pronunciar una relección o clase pública todos los años sobre temas afines a sus materias. Vitoria, por tanto, en los veinte años que ocupó la cátedra debió de pronunciar veinte relecciones. Se sabe, sin embargo, que algunos años no lo hizo por problemas de salud. Vitoria tuvo en la Universidad de Salamanca quince relecciones y se conservan trece de ellas (Pereña Vicente, L., «El concepto de derecho de gentes en Francisco de Vitoria», en *Revista Española de Derecho Internacional,* vol. V, n.º 2, Madrid, 1952, p. 608).

[45] Morales Padrón, F., *Los conquistadores...*, p. 48.

con ello, el valor de la inteligencia para llegar a la esencia de la realidad. En otros términos, frente al abuso de la Escolástica medieval del método especulativo y frente a la desenfrenada reacción renacentista que limitaba el conocimiento a los datos empíricos, Vitoria no renunció al saber de los principios pero poniendo coto a las sutilezas alejadas de la realidad del juego intelectual.

La contribución doctrinal de Vitoria fue consecuencia de la aplicación de dicho método a la actividad práctica humana, merced a la cual organizó el saber jurídico-moral a la luz de las exigencias ontológicas del último fin del hombre y de las esencias determinadas por ese fin como un deber ser impuesto por el ser; por cuyo camino, trascendió el puro saber empírico y formuló las normas precisas y concretas para la solución de los grandes problemas de su tiempo[46].

Vitoria afrontó el problema americano en las Relecciones[47]. Desde 1523 a 1526, Vitoria enseñó en Valladolid, pero no consta que abordara la cuestión. De San Gregorio de Valladolid pasó a San Esteban de Salamanca y aquí sí que, entre 1526 y 1535, tocó el tema de la antropofagia; demostró que, entre los paganos, había soberanos legítimos; negó la soberanía del Papa; sostuvo que los infieles eran legítimos dueños de sus tierras; y analizó la licitud de obligar a los infieles a abrazar la fe cristiana. Precisamente, en 1535, comentando

---

[46] Derisi, N., *La contribución teológico-filosófica de Francisco de Vitoria*, Buenos Aires, 1946, p. 34.

[47] No sólo en las relecciones. También en las Lecturas sobre las cuestiones 95 y 57 de la *Prima Secundae* y *Secunda secundae*; en un informe titulado «Un parecer que dio el padre maestro fray Francisco de Vitoria sobre si los señores pueden vender o arrendar los oficios, como escrivanías y alguazilazgos, etc.», publicado en 1553 por su discípulo el jerónimo Fray Diego de Zúñiga; «*Carta al Padre Miguel de Arcos, O.P.*», de 8 de noviembre de 1534 y dos cartas a don Pedro Fernández de Velasco, Condestable de Castilla. Pueden verse en Getino, P.L., *El maestro Francisco de Vitoria*, pp. 313 ss.

la *Secunda secundae* hizo una síntesis de su doctrina en las dos relecciones *De Indis*. A lo largo del curso 1535-1536, Vitoria fue exponiendo una serie de ideas relacionadas con el Nuevo Mundo donde es posible seguir el proceso de su doctrina madura ya en 1537-1538.

Las Relecciones fueron quince[48], aunque se conservan trece[49]. En *De temperantia*, que tenía dos par-

---

[48] *De silentii obligatione*, en el curso 1526-1527, dada en 1527 por Navidad, no conservada; *De potestate civili*, en el curso 1527-1528, dada en 1528 por Navidad; *De homicidio*, en el curso 1528-1529, dada el 11 de junio de 1530; *De matrimonio*, curso 1529-1530, dada el 25 de enero de 1531; *De potestate ecclesiae prior*, curso 1530-1531, dada en los primeros meses de 1532; *De potestate ecclesiae posterior*, curso 1531-1532, dada en mayo o junio de 1533; *De potestate papae et concilio*, curso 1532-1533, abril y junio de 1534; *De augmento charitatis*, curso 1533-1534, dada el 11 de abril de 1535; *De eo ad quod tenetur*, curso 1534-1535, dada hacia junio de 1535; *De simonia*, curso 1535-1536, dada a finales de mayo o primeros de junio de 1536; *De temperantia*, curso 1536-1537, en 1538; *De Indis*, curso 1537-1538, sobre el 1 de enero de 1539; *De iure belli*, curso 1538-1539, el 19 de junio de 1539; *De Magia*, curso 1539-1540, el 18 de julio de 1540 y *De magia posterior*, curso 1540-1541, en la primavera de 1543.

[49] En 1557, se hizo la primera edición de las relecciones, sin incluir ni la primera ni la última de las mencionadas en la nota anterior. La siguiente edición fue en 1565 en Salamanca. De las relecciones teológicas se conservan nueve manuscritos que, a veces, muestran variantes importantes. El más antiguo y que se considera más autorizado es el de la Biblioteca del Cabildo de la Catedral de Palencia. Le siguió el Codice del Colegio Corpus Christi de Valencia de 1554. En el manuscrito de la Biblioteca nacional de Lisboa se conservan las relecciones *De homicidio*, *De potestate civili* y parte de *De potestate ecclesiae prior*. En la Biblioteca universitaria de Granada, se encuentran las relecciones jurídicas *De potestate papae y concilii, De Indis, De homicidio* y *De matrimonio*. En la Biblioteca Apostólica Vaticana se encuentra *De homicidio, De temperantia, De potestate ecclesiae posterior*. La Biblioteca Nacional de Viena contiene *De potestate ecclesiae posterior* y *De homicidio* (Pereña Vicente, L., «El concepto de derecho de gentes... », pp. 611 ss.

tes, abordaba si estaba el hombre obligado a conservar su vida y mediante qué alimentos y si estaba el hombre obligado al uso del matrimonio para la conservación de la especie. En la primera parte, analizaba nueve cuestiones, de las cuales sólo se ha encontrado la que trata de «si es lícito hacer la guerra a los bárbaros por esta causa (por ser antropófagos)». En esta relección ya esbozó las posteriores *De Indis*, todo un tratado de política colonial.

En la relección *Sobre el poder civil*, el dominico examinó el origen del poder laico partiendo del famoso texto de San Pablo en su Epístola a los romanos: todo poder viene de Dios. Se percató de las centralizaciones y absorciones que caracterizaron la formación del Estado moderno, que barrieron las libertades y orgullos feudales y, en fin, se adhirió a su existencia. Rompió con el Imperio y delimitó el poder indirecto de la potestad espiritual, llamando a la tesis del dominio temporal del Papa sobre el mundo y los príncipes «mera invención para adular y lisonjear a los pontífices». Afirmó además tajantemente que el Estado era una comunidad perfecta, derivada de la sociabilidad humana; en él radicaba el poder, y no en los individuos, puesto que el arbitrismo pactista estaba lejos del pensamiento del dominico. En otros términos, la interpretación del origen del poder que defendió Vitoria orientaba éticamente los procesos políticos, menguaba el riesgo de despotismos y daba razonable participación al pueblo en el gobierno. Esta posición era especialmente llamativa en una época del surgimiento del Estado moderno con su propensión absolutista. La ley tenía en Vitoria un sentido racional y vinculación finalista y revelaba un clara concordancia entre inteligencia y decisión. La idea del ser político, con su adecuado realismo, defendida por el burgalés, brindaba al Estado una base ontológica segura y facilitaba su ordenamiento jurídico.

En *De Indis*, Vitoria aplicó las nociones de sociedad, estado, sociedad civil, sociedad eclesiástica, naturaleza, gracia, dominio y justicia al tema americano. El esquema que se propuso no coincide con lo que se conserva pues Vitoria no llegó a exponerlo íntegramente. Quedó sin tratar lo relativo a las relaciones de gobierno tanto político como económico-administrativo de España con los indígenas y los principios de una evangelización pacífica. Se limitó a estudiar el problema del derecho de España a ejercer su soberanía sobre las tierras descubiertas, dedicando en el mismo 1539 otra relección —*De iure belli*— para discutir los cauces jurídicos de intervención y ocupación.

Lo que expuso tiene tres partes: presupuestos, títulos ilegítimos y títulos legítimos. En los presupuestos, señalaba la necesidad de consultar las dudas de conciencia en torno a los problemas de gobierno y la conveniencia de examinar éstos a la luz de la teología; así mismo estudiaba si los indígenas tenían un dominio legítimo y una autoridad legítima antes del descubrimiento.

Partiendo de la libertad natural y la igualdad jurídica de todos los hombres, Vitoria examinó los *títulos ilegítimos*:

a) La *autoridad universal del Emperador*. Es el primer título que refutó, al rechazar la supremacía del emperador como *totius mundi dominus*. Rechazó también que el Papa recibiera de Dios el dominio sobre todo el orbe y lo delegara, en lo atinente a las cuestiones temporales, en el Emperador. Vitoria aceptó el pluralismo de naciones, rechazó la monarquía universal y negó que, por ningún derecho natural o divino o humano, el Emperador pudiera arrogarse la jefatura de una monarquía universal o el dominio sobre los países descubiertos.

Vitoria no consideró al Estado en su aislamiento y como realidad política última, sino que lo integró en la perspectiva total del orbe. Con razón se ha visto el secreto del éxito duradero y universal del dominico en esta *sub specie orbis*, en la grandiosa idea política del orbe, de la comunidad de pueblos de toda la tierra, en la amplitud planetaria de su horizonte político. Todo pueblo, por derecho natural, estaba llamado a constituirse como Estado y a configurar su destino histórico, según el fraile. Pero los distintos pueblos organizados en Estados se hallaban unidos entre sí por el vínculo de la común naturaleza humana. El linaje de los hombres constituía una unidad, la persona moral del orbe. Ahora bien, el orbe vitoriano no era propiamente un super-Estado como la monarquía de Dante, sino una familia de pueblos según la concepción de San Agustín. De ahí que Vitoria negara la jurisdicción universal del Emperador. Sólo una elección expresa podía, a su juicio, establecer un único gobierno supremo. Conviene no olvidar que Vitoria tomaba en consideración la posibilidad de una elección de esta índole y que la instauración de una instancia internacional estaba en la línea de su orbe[50].

b) La *autoridad universal del Papa*. Era un título basado en la teoría teocrácrita medieval, *Dominus orbi*, o señor en espiritual y en lo temporal. Vitoria distinguió dos potestades, la espiritual o eclesiástica y la temporal o civil, cada una con un origen y una finalidad distinta. La espiritual dimanaba del derecho divino positivo, en tanto que la temporal nacía del derecho natural. Sus objetivos eran también espirituales y naturales, no necesitando la Iglesia para lograr sus fines espirituales el poder temporal, aunque las cosas temporales eran de algún modo necesarias al fin espiritual. Pero, según decía Vitoria, el Papa no

---

[50] Truyol Serra, A., *Historia de la Filosofía del Derecho y del Estado. Vol. II, Del Renacimiento a Kant*, Madrid, 1975, p. 59.

era señor temporal, según ya había demostrado en *De potestate ecclesiae* y, aunque el Papa hubiese recibido de Dios el dominio mundial, no podía transmitirlo a otro. Tampoco si el Papa tuviera tal poder, implicaba ello el derecho a hacerles a los indígenas una guerra de ocupación. Vitoria sostenía que no existía la donación papal en sus formas: cesión de un dominio absoluto o de un derecho a intimar por las armas. Vitoria fue el primero en interpretar las bulas de Alejandro VI como un mandato o comisión de acción misional.

Vitoria sostenía frente a los curialistas que el Papa sólo tenía en lo temporal un poder indirecto, en aquellas materias que afectaban al fin espiritual. La Iglesia, a diferencia del Estado, era de derecho divino y, por ello, era consecuencia negar al Papa un señorío universal inmediato, incluso en lo espiritual[51]. No obstante, Vitoria reconoció al Romano Pontífice poder para encargar exclusivamente a los españoles la predicación del Evangelio, prohibiéndola a los demás pueblos, junto con el comercio, y si los indígenas se resistían a ello injustamente, los españoles podían defenderse con la guerra.

c) *El derecho de descubrimiento y ocupación*. Vitoria unió los títulos de descubrimiento y ocupación porque, según él, sustancialmente era el mismo ya que la ocupación perfeccionaba el descubrimiento. Para él, este título sólo podía esgrimirse en el caso de que las tierras fueran *res nullius*, esto es, carecieran de dueño y, por tanto, fueran susceptibles de ocupación y dominio. Ahora bien, señalaba Vitoria, las tierras del Nuevo Mundo no podían considerarse bienes mostrencos, puesto que tenían sus dueños y éstos —los indígenas— eran

---

[51] Truyol Serra, A., *Historia de la Filosofía* .... *Vol. II*,..., p. 59.

auténticos propietarios pública y privadamente. Basado en la igualdad jurídica de todos los pueblos y razas, que echaba por tierra toda discriminación por este motivo, Vitoria destruyó el título de descubrimiento y ocupación.

d) La *infidelidad y la resistencia de los indígenas a aceptar la fe cristiana*. Este título se basaba en la teoría teocrática o en el pretendido derecho divino de obligar a la fe y consiguiente castigo a los paganos por su infidelidad. Después de aceptar la infidelidad negativa, no imputable, de los indígenas, negó tal título basándose en San Agustín: «El creer es libre.» El principio de libertad religiosa era aquí el presupuesto del título.

e) El pecado contra natura o degradación moral. Vitoria refutó nuevamente la teoría teocrática, ya que ésta entendía que el Papa estaba facultado para castigar los delitos contra natura de los paganos. Poder que el Papa podía delegar en los príncipes cristianos. Según Vitoria, el Pontífice no tenía competencia sobre los infieles ni autoridad política y judicial sobre ellos; tampoco los gobernantes de una nación poseían jurisdicción para castigar los hechos delictivos cometidos por individuos que no eran súbditos suyos.

f) Elección voluntaria de la soberanía española. Vitoria admite teóricamente este título, pero, en la práctica, no se daba, pues nadie había pedido la soberanía española y nadie cedió o vendió el territorio. Y si se daban algunas de estas cosas no cabía duda de que el indio lo hacía por ignorancia o miedo, estando entonces incurso en causa de nulidad el acto de cesión o venta.

g) Donación especial de Dios o tesis teocrática directa. Según este título, por providencialismo o designación especial, los españoles se habían constituido en el pueblo elegido por Dios para castigar a los paganos, tal y como había acontecido con los judíos en relación con los cananeos. Este título comportaba la aplicación del régimen teocrático del pueblo de Israel al pueblo español. Vitoria consideraba este título erróneo, pues ya se había terminado la era de las revelaciones, mandatos y profetismos.

Este argumento fue utilizado por Ginés de Sepúlveda más tarde y por los británicos posteriormente para justificar la exterminación de los indígenas. También Vitoria lo negó.

En los cuatro últimos párrafos de su *De indis prior*, considerando la hipótesis de si los españoles no tuvieran justos títulos para ocupar las Indias deberían abandonarlas, niega que el Rey de España pueda lícitamente dejarlas, no sólo porque no convenía que el comercio cesase, sino, sobre todo, porque «después que se han convertido allí muchos bárbaros, ni sería conveniente ni lícito al Príncipe abandonar por completo la administración de aquellas provincias»[52].

Excluidos los títulos enumerados, Vitoria examinó los que consideraba que eran legítimos, legales o justos. Lo hizo en la tercera y última parte de *De Indis*, donde se ocupó de exponer lo que podía justificar la guerra y ocupación del territorio americano. Expuso siete títulos, sobresaliendo el primero, en que estudió la necesidad y deber de una comunidad universal. Porque el hombre era naturalmente político y social (Aristóteles), tendía a la amistad y la comunicación. La sociabilidad natural humana, origen de la sociedad civil o del Estado que había expuesto en *De potestate civili*, era algo necesario y un deber; el hombre, proclive a ser social, creó la familia, el Estado y la sociedad universal. Era pues de derecho natural, según Vitoria, la amistad entre los hombres e iba contra su naturaleza el

---

[52] García Arias, L., *Adiciones...*, p. 366.

rechazar el consorcio y la compañía. Todos los individuos estaban obligados a recibir a los demás y a tratarlos bien cuando llegaran como peregrinos. La concepción internacionalista de Vitoria se fundamentaba en este título basado en la sociabilidad natural del hombre. Los españoles tenían derecho a viajar a las tierras indianas y a explicar el Evangelio... Por su parte, los indígenas poseían deberes que, si los olvidaban practicando la injuria o el atropello, daban lugar al *ius belli*. Si los bárbaros negaban a los españoles lo que el derecho de gentes les concedía, éstos podían hacer valer tales derechos, primero, con consejos y razonamientos y, luego, con la guerra. Ahora bien, Vitoria mitigó el *ius belli* y terminaba afirmando que no debían buscarse falsas causas. Por vía de la sociabilidad, el maestro dominio dedujo otros títulos legítimos, de los cuales, cuatro eran de orden natural y tres de orden espiritual y sobrenatural: el derecho natural de sociedad y comunicación libre; el derecho de evangelización o propagación de la fe; el derecho de intervención para que los convertidos no volvieran a la idolatría; el derecho de los convertidos a un príncipe cristiano; el derecho de intervención para evitar las tiranías, los sacrificios y las leyes vejatorias; la elección verdadera y voluntaria y, en fin, el derecho de intervención por petición de aliados o confederados.

Hay finalmente un título que Vitoria no se atrevió a dar por bueno, aunque tampoco lo condenó, que era el de la condición de amante de los indios.

La comunidad internacional resultaba, pues, para Vitoria, de la sociabilidad natural del hombre, que no se detenía en los límites de su pueblo, sino que se extendía a la universalidad del género humano. Su origen no es contractual como no lo era el de la comunidad estatal. Su vínculo era el *ius gentium*, que Vitoria concibió en un doble sentido: como derecho universal de la humanidad, *more romani*, y como derecho de los pueblos como tales en sus relaciones recíprocas (*ius Inter gentes*). En esta última acepción, Vitoria definió el *ius gentium* según la fórmula de Gayo, en la que cambió la palabra *homines* por *gentes*. El derecho de gentes era, según el dominico, el que la razón natural estableció entre todas las gentes: tautología que, como se ha señalado, subrayaba claramente el nuevo sentido[53]. El derecho de gentes así definido era parte del derecho natural; pero también positivo, fruto de la voluntad humana, expresa o tácita, porque todo el orbe, que formaba una sola república, tenía poder para dar leyes justas y convenientes a todos[54]. Al exponer lo que antecede, Vitoria percibió exactamente la existencia del derecho internacional, al declarar «*quod naturalis ratio inter omnes gentes constituit, vocatur ius gentium*», como algo distinto del derecho natural. Aun cuando ya en la doctrina tomista el derecho de gentes no se confundía totalmente con el derecho natural, apareciendo en él un cierto carácter de positividad, fue Vitoria quien fijó la sustantividad y fundamento de aquél y declaró que procedía del natural por derivación cuasi necesaria, concluyendo que «el derecho de gentes más bien debe ponerse bajo el derecho positivo que bajo el derecho natural».

Consecuencia de la idea del orbe y de un derecho de gentes natural y positivo de índole mundial, era la procedencia del reconocimiento de la personalidad jurídico-internacional de las comunidades políticas no cristianas. El dominio no dependía de un título religioso, sino simplemente jurídico-natural. Por otra parte, Vitoria decía que había un derecho fundamental de libre comu-

---

[53] Truyol Serra, A., *Historia de la Filosofía...*, vol. II, p. 60.
[54] Pereña Vicente, L., «El concepto del derecho de gentes...», p. 612.

nicación entre los pueblos (*ius communicationis*), al que no cabía sustraerse sin causa justa y que podía imponerse por la fuerza. También al orbe como tal se aplicaba el principio del bien común, por lo que sus exigencias eran superiores a las particulares de sus partes[55].

Como se ha señalado, la doctrina vitoriana de la comunidad jurídica internacional comportaba poner en paréntesis la legitimidad de la ocupación de la ocupación de América por los españoles y, en general, de toda colonización. El título menos discutible era el *ius communicationis* o la efectiva incapacidad de los indios para gobernarse con el mínimo de dignidad que la ley natural requería. En estos casos de sumisión voluntaria, la relación con los indígenas sería de tutela y protección (protectorado). La difusión del Evangelio sólo podía justificar una conquista en la medida en que ésta resultara necesaria para hacer oír la predicación, no pudiendo imponerse la fe por la fuerza. Finalmente, Vitoria sostenía que cabía una intervención por razón de humanidad, en el caso de que produjeran violaciones graves de la ley natural. Todos esos principios eran de aplicación universal y recíproca, con la única excepción del privilegio del derecho a predicar el Evangelio reconocido en favor de los cristianos. En fin, la legitimidad de todo protectorado era condicional y su institución, transitoria[56].

Afirmada por Vitoria la legitimidad del recurso al uso de la fuerza para imponer eventualmente las exigencias del derecho de gente, el dominico desarrolló una teoría de la guerra. Aunque ello no significó una entronización perpetua de la guerra[57]. En concreto, se planteó cuatro cuestiones, a saber: si era lícito que los

---

[55] Truyol Serra, A., *Historia de la Filosofía...*, vol. II, p. 60.
[56] Truyol Serra, A., *Historia de la Filosofía...*, vol. II, p. 61.
[57] Luna, A., *La crisis del derecho internacional ante el pensamiento de Vitoria,* separata, Buenos Aires, 1946, p. 71.

cristianos hicieran la guerra, lo que resolvió afirmativamente, toda vez que no podía afirmarse en el Evangelio un pacifismo absoluto, pues Cristo no había prohibido el ejercicio de las armas; en quién residía la autoridad para declarar la guerra, distinguiendo entre guerra defensiva y ofensiva y afirmando que ésta sólo podía ser declarada por la República o un príncipe legítimo; cuál era la razón y causa de una guerra justa y, en fin, qué cosas estaban permitidas en una guerra justa. La guerra era legítima en cuanto era el único medio de reprimir la injusticia entre los pueblos. Los príncipes actuaban entonces como delegados del orbe, lo que equiparaba la guerra a una ejecución forzosa contra un delincuente y, al mismo tiempo, encauzaba y limitaba el uso de la fuerza, moderando sus efectos por parte del vencedor. Vitoria predicaba las tres condiciones tradicionales de la guerra justa: causa justa suficiente, autoridad legítima y recta intención. La causa suficiente se reducía a una injusticia grave, no reparada; la autoridad legítima era sólo la del Estado en cuanto a tal; la recta intención impedía utilizar la guerra, legítimamente iniciada, para fines distintos del restablecimiento del derecho violado. Afirmaba además Vitoria que era posible apreciar el error de buena fe, habida cuenta la complejidad de las causas de la guerra, en la existencia de causa suficiente, de tal suerte que la guerra podía ser subjetivamente justa para ambas partes; en este caso, quedaba excluida toda idea de castigo. Por lo demás, el Papa era el árbitro natural de los príncipes cristianos. Señalaba además Vitoria que los súbditos debían negar toda participación en una guerra cuando estuviera acreditada su ilegitimidad, pero, dudando de su carácter, no les era dable desobedecer a la autoridad legítima. La guerra, en consecuencia, no era una prerrogativa del Estado sino un medio al servicio de la comunidad internacional, de tal suerte que se debía renunciar a ella cuando causaba un daño mayor que el que se pretendía castigar o evitar a dicha comunidad[58].

Vitoria se ocupó finalmente del denominado *ius in bello*, de las sanciones personales y materiales de la guerra[59]. Respecto a los inocentes o no combatientes, consideraba el burgalés que no era lícito matarlos con intención directa, pero sí, por excepción, en casos bélicos, como cuando se atacaba justamente una ciudad dentro de la cual había combatientes y no combatientes y no había otro modo de llevar a cabo una guerra justa; en cambio, podían ser reducidos a cautividad, aunque por derecho de gentes estuviera admitido entre los cristianos que se hicieran entre sí sólo prisioneros para exigir el rescate, siempre que lo exigiera la necesidad de la guerra. En relación con los no inocentes o combatientes, indicaba Vitoria que durante la batalla o asedio o defensa de una plaza era lícito matar al enemigo y, lograda la victoria, convenía tener en cuenta la injuria inferida, los perjuicios causados y todos los demás delitos y de esta consideración proceder a la reparación y al escarmiento, pero evitando siempre toda atrocidad e inhumanidad; más ni debía matarse a todos los combatientes, porque se arruinaría el género humano, ni establecer una completa solidaridad en la culpabilidad de la guerra; y, según el derecho de gentes, no podía matarse a los prisioneros, a no ser que sean culpables. Sobre las sanciones materiales, Vitoria afirmó que el vencedor podía incautarse de todo cuanto se utilizara para la guerra, aunque estuviere en poder de inocentes o no combatientes, y aun de aquellas cosas mixtas que podían utilizarse tanto para usos pacíficos como bélicos, en cuanto todo ello fuere necesario; los bienes mue-

---

[58] Truyol Serra, A., *Historia de la Filosofía...*, vol. II, p. 61.
[59] García Arias, L., *Adiciones...*, pp. 392 ss.

bles podían ser incautados por el vencedor de guerra justa en compensación de lo robado injustamente y aun de los gastos de guerra, si bien el botín no debía exceder de lo que demandaba la equidad; por esto, Vitoria aprobaba como lícito el saqueo; pero siempre que, mandado por el Príncipe, fuere realizado en guerra justa y fuere necesario para mantener la contienda, para atemorizar a los enemigos y para excitar los ánimos de los soldados, aunque los jefes militares debían prohibir y evitar las atrocidades que pudieran cometerse y no confundirse la rapiña con el botín. Con relación a los bienes inmuebles, Vitoria creía que, para atender a la seguridad y evitar peligros por parte de los enemigos, era lícito ocupar y retener algunas plazas fuertes y ciudades necesarias para la defensa y, asimismo, si bien a título de pena o castigo y teniendo en cuenta la gravedad de la ofensa, se podía despojar a los enemigos injustos de parte de su territorio, pero siempre con moderación y teniendo en cuenta que, aun cuando las necesidades bélicas exigieran la ocupación de la mayor parte del territorio enemigo, ello no quería significar que el ocupante debía apoderarse de él, sino que era necesario que, al término de las hostilidades, se restituyera el territorio, reteniendo sólo lo que era justo en proporción a la culpa. Vitoria afirmó también que era lícito imponer tributos o el pago de indemnizaciones a los enemigos injustos vencidos no sólo para compensación de los daños sufridos sino por razón de pena y para castigo. Finalmente, el dominico consideraba que era lícito deponer a los Príncipes enemigos y poner otros o retener para sí el gobierno tan sólo cuando existían causas legítimas y suficientes, por la cantidad y la atrocidad de las ofensas inferidas y, sobre todo, cuando de otra suerte no podía obtenerse paz y seguridad.

III. VITORIA EN LA HISTORIA DEL PENSAMIENTO

Francisco de Vitoria ha sido considerado el padre del derecho internacional entre los autores españoles[60]. Los extranjeros reservan tal calificativo para Hugo Grotio[61]. Tal cuestión carece de importancia. Lo relevante en el pensamiento de Francisco de Vitoria fue su *pathos* y su conformación de la comunidad internacional y del concepto de Estado[62] en dicha comunidad.

Se ha sostenido casi unánimemente que Vitoria no renunció a considerar la Cristiandad como la forma ideal de convivir de los pueblos, fundada en la común profesión de la fe cristiana[63]. Sin embargo, no puede ocultarse, como llamó la atención D'Ors[64], que Vitoria cambió las ideas entonces vigentes sobre la autoridad pontificia al negar la jurisdicción espiritual y universal del Papa. El papel que el Pontífice venía teniendo como tutor del orbe y que le facultaba incluso para deponer reyes y constituir otros nuevos, quedó gravemente debilitado por el planteamiento vitoriano de que el «*Papa non est dominus in toto orbe*». Y con él quedó desvirtuado también el derecho de evangelización, por cuanto perdía la unidad de dirección. Cualquier cristiano, incluso rebelde al Papa, podía asumir aquella misión. Vitoria no llegó a tal conclusión, pero puso las bases para hacerlo. Hubo quien se percató de ello, hasta tal punto que Sixto V quiso prohibir —con algo de razón— las

---

[60] Por todos, Truyol Serra, A., *Les principes du droit public chez Francisco de Vitoria*, Madrid, 1946.
[61] *Exempli gratia*, Nussbaum, A., *Historia...*, p. 103
[62] Vitoria no utilizó el concepto de Estado, sino el de república, pero el sentido es el mismo.
[63] Por todos, Truyol Serra, A., *Historia de la filosofía...*, p. 62.
[64] D'Ors, A., *De la guerra y la paz*, Madrid, 1954, pp. 119 ss.

obras de Vitoria[65]. Esta actitud de Vitoria no respondía a una auténtica posición española, sino que respondía a un planteamiento calificado de erasmista. Respondía a una actitud intelectual en la que se tiende a huir de las zonas polémicas para conseguir el criterio neutral en que poder especular más libremente. Es el denominado giro de neutralización al que se refería Carl Schmitt[66].

Vitoria huyó del argumento de la autoridad pontificia porque éste era entonces un punto polémico, en un ambiente en que la protesta antipontificia se extendía, y buscó un principio que pudiera ser aceptado por la razón, ajeno a todo confesionalismo, aceptable por todos, aún por los herejes. Abandonaba así los antiguos criterios carismáticos que sólo podían ser aceptados entre los católicos y encontró ese asidero asumible por todos en el *ius communicationis* y en el *ius peregrinandi*. Tal planteamiento se compadece adecuadamente con la época en que Vitoria vivió y con la finalidad perseguida. Se buscaba explicar —no tanto como justificar— la conquista de las Indias, no frente a los indígenas sino ante el resto de los pueblos europeos. No debe olvidarse que la polémica de los justos títulos tuvo una doble proyección: tranquilizar las conciencias de los gobernantes hispanos sobre la moralidad de sus acciones —lo que denota que todavía se movían en categorías medievales—[67], de una parte, y justificar su realización, no ante los indígenas, sino ante los Europeos, de otro lado.

---

[65] D'Ors, A., «Francisco de Vitoria, intelectual» en *Boletín de la Universidad de Oviedo*, Oviedo, 1946, pp. 16 ss.

[66] Schmitt, C., *La cultura europea en la época de la neutralización*, trad. esp., conferencia, texto mecanografiado, Barcelona, s/a.

[67] La penetración inglesa en América, las ocupaciones holandesas y francesas no plantean esta cuestión. Dichos pueblos están legitimados de por sí, por la idea de comercio si acaso. Para la cuestión, *vid.* Headrick, D., *Tecnología, imperialismo e Historia*, trad. esp., Buenos Aires, 1979.

Hasta entonces, el pensamiento del derecho de gentes del Medioevo se fundaba en la idea de que existía una comunidad cristiana que debía obediencia al Papa. Vitoria vivió en una época en la que dicha idea se venía abajo: la aparición del luteranismo y la ruptura de la Cristiandad; la aparición del Estado Moderno y el arrumbamiento de la idea de Imperio y, en fin, la sustitución de las concepciones teológicas de pensamiento por las meramente racionales hacían quebrar el viejo orden de las cosas. El derecho internacional moderno, del que Vitoria sino es el creador es su anticuario más destacado, se basa en la idea de que todos los hombres pertenecen a una comunidad universal. Vitoria puso las bases de este planteamiento y con ello liquidó el orden de ideas medievales que prevalecían hasta entonces. Liquidó en el campo del derecho de gentes la concepción teológica para dar paso a una concepción racionalista.

La destrucción de la idea de Cristiandad y su sustitución por mecanismos meramente racionales tuvo consecuencias trascendentales. Consecuencias que no fueron contempladas por Vitoria y que, quizás, caso de haberlo hecho, le hubieran orientado hacia otros derroteros. Con la conquista por el pensamiento neutral del ámbito del derecho de gentes, la teología perdió su voz en el campo de las relaciones internacionales y el Papa su papel de tutelante en las discusiones internacionales. Abrió las puertas a que el sistema internacional perdiera toda referencia moral[68]: se pasó de la Cristiandad al sistema de equilibrio[69]

---

[68] De los Ríos, F., *La Comunidad internacional y la sociedad de Naciones*, conf., Madrid, 1935. Alaba la concepción vitoriana en cuanto supera las estrecheces dogmáticas de la religión.

[69] Para esta concepción de las relaciones internacionales, no se ha superado todavía el libro clásico de Rodhen, P., *Esplendor y ocaso de la diplomacia clásica*, trad. esp., Madrid, 1942.

de los Estados; de la religión, a la razón y de ésta, al interés.

Por otra parte, los fundamentos racionales de Vitoria sirvieron a los enemigos de España. El *ius peregrinandi* no podía ser exclusivo de los españoles, de ahí que pronto se invocara por otras potencias europeas para penetrar en nuestros dominios, llegándose a sostener con base en tal *ius* el «derecho de los europeos a las regiones de los indios»[70]. El derecho a evangelizar fue utilizado por las sectas reformistas para expandir sus doctrinas y así se justificó la presencia de los emigrados a Norteamérica[71]. La afirmación de que la diversidad de religión no podía considerarse como justa causa de la guerra fue acogida con júbilo por los reformistas. Y su aserto de que el poder residía en el mismo Estado fue aprovechado por Grocio para sostener que, habida cuenta que no todos los miembros de una República podían estar de acuerdo sobre las cuestiones, debía ser la mayoría quien determinara quién debía reinar[72]: «el pueblo puede elegir la forma de gobierno que le plazca»[73]. Vitoria está así inconscientemente ligado a las doctrinas de la democracia[74] y de ahí que, en el mundo no hispánico, haya sido rodeado de un halo de admiración y renombre que superó los límites estrechos de la cátedra y de España[75].

---

[70] Expresión de Silverrand (*cit.* por D'Ors).

[71] En tal sentido lo afirmó Coligny (*cit.* por D'Ors).

[72] *Maior pars reipublicae regem supra rempublicam constituere potest.*

[73] *Populus eligere potest qualem vult gubernationis formam.*

[74] D´Ors, A., *Francisco de Vitoria...*, p. 37.

[75] Gómez Arboleya, E., *Renombre y transcendencia de Vitoria*, conf. en Fac. CC. Políticas, Madrid, 1952.

Por otra parte, Vitoria sustituyó la noción de Cristiandad por la de orbe. El orbe era una comunidad[76], integrada por sujetos iguales, sometida a un orden objetivo común y en el que el disidente debía reconocer la justicia objetiva. En ella, los sujetos eran iguales, aunque con poderes limitados a una realidad superior. El dominico acentuó la supremacía de la mayoría del orbe que, por aplicación del principio «*pars maior pars sanior*», puede imponerse a una minoría de Estados que se opongan a la realización del bien común de la comunidad internacional. Por eso, al hablar de la guerra, afirmó este principio que resume toda su doctrina: «*si bellum utile sit uni provinciae aut reipublicae cum damno orbis aut Christianitatis, puto eo ipso bellum esse injustum*». El orbe vitoriano devino así sociedad internacional.

Vitoria fue por otra parte el primer sistematizador científico del principio de la limitación del derecho de soberanía con base en la coexistencia de Estados iguales, que forman una comunidad sujeta a un régimen jurídico de naturaleza superestatal y coactiva. De este principio se derivaba el derecho de comunicación, que abarcaba los de comerciar, entrar y transitar el territorio, recorrer sus vías y aprovechar sus puertos y el más amplio de libertad de los mares. Por igual razón, decía que la guerra debía tener un contenido jurídico que demostrara la licitud de la causa que la provocaba; no podía ser una mera determinación arbitraria del gobierno. Es decir, corresponde a Vitoria la primera afirmación de la restricción de la soberanía estatal en el orden interno y en el internacional, no ya en un siste-

---

[76] Sobre la distinción entre comunidad y sociedad, vid. Poch Gutiérrez de Cabiedes, A., «Comunidad internacional y sociedad internacional», en *Revista de Estudios políticos*, Madrid, 1943, pp. 1 ss.

ma poliárquico medieval sino en la estructura societaria moderna. El concepto absoluto de soberanía tiene que admitir que, por encima de él, existen principios jurídicos ante los cuales debe inclinarse.

Pero lo que interesa resaltar es que el derecho internacional interestatal que hoy sigue prevaleciendo no es el de Vitoria; éste sentó sus bases, introdujo limitaciones, modulaciones y frenos. El derecho internacional de Vitoria fue desplazado totalmente por racionalistas y positivistas. Al dominico le queda la gloria —o el baldón— de haber acuñado las ideas y los conceptos de un sistema que destruyó los principios y dogmas que profesaba. Baste comparar algunos conceptos que quedaron sustituidos: la comunidad internacional orgánica de los españoles por sociedad internacional inorgánica de los positivistas; el bien común de la Humanidad, primando sobre los bienes particulares de los Estados, por el interés del Estado como norma suprema para éstos; la fundamentación objetiva del derecho internacional en el derecho natural por la base subjetiva de la mera voluntad del Estado; y, en fin, la potestad suprema en su orden por la soberanía absoluta de los modernos.

En Vitoria se hicieron pues presentes dos grandes aforismos, a saber: que la neutralidad ideológica lleva siempre a la ocupación de la esfera neutral por el enemigo y que la fórmula siempre sabe más que el formulador y conduce a resultados impensados por éste.

BIBLIOGRAFÍA

a) *Obras de Vitoria*

Las ediciones de las relecciones de Vitoria son muy numerosas y tienen distinta envergadura. Las aparatosas y prolijas son:

BELTRÁN DE HEREDIA, V.; *Lecturas y relecciones*, Madrid-Valencia, 1928.
GETINO, L. A.; *Relecciones teológicas de Fray Francisco de Vitoria*, 3 vols., Madrid, 1933-1935.
PEREÑA, L., y PÉREZ-PRENDES, J. M.; *Relectio de indis*, Madrid, 1967.
URDANOZ, T.; *Francisco de Vitoria, Relecciones teológicas*, Madrid, 1960.

b) *Sobre la obra de Vitoria*

La bibliografía sobre la incorporación de las Indias y sobre Vitoria es abundantísima y muy desigual. Entre la clásica y con el valor de tal, puede reseñarse:

BARCIA TRELLES, C.; *Francisco de Vitoria, fundador del derecho internacional*, Valladolid, 1928.
BECKMANN, G.; *Humanismo, origen e idea*, trad. esp., Buenos Aires, 1956.
BENEYTO, J.; *Ginés de Sepúlveda*, Madrid, 1944.
BULLÓN, E.; *El problema jurídico de la dominación española en América antes de las Relecciones de Francisco de Vitoria*, Madrid, 1933.
CAETANO, M.; *Historia do direito* portugués, Lisboa, 1985.

DEL ARCO, A.; *Fernando el Católico, artífice de la España Imperial*, Santander, 1939.
DE LOS RÍOS, F.; *La Comunidad internacional y la sociedad de Naciones*, conf., Madrid, 1935.
DERISI, N.; *La contribución teológico-filosófica de Francisco de Vitoria*, Buenos Aires, 1946.
D'ORS, A.; *De la guerra y la paz*, Madrid, 1954.
—«Francisco de Vitoria, intelectual» en *Boletín de la Universidad de Oviedo*, Oviedo, 1946.
ELÍAS DE TEJADA, F.; *La tradición portuguesa*, Madrid, 1999.
GARCÍA ARIAS, L.; *Apéndice* en NUSSBAUM, A.; *Historia del derecho internacional*, trad. esp., Madrid, 1949.
GARCÍA GALLO, A.; «Las bulas de Alejandro VI y el ordenamiento jurídico de la expansión portuguesa y castellana en Africa e Indias» (1957-1958), incluido en *Los orígenes españoles de las instituciones americanas*, Madrid, 1987.
GARCÍA GALLO, A.: «La posición de Francisco de Vitoria ante el problema indiano» en *Revista del Instituto de Historia del Derecho de la Universidad de Buenos Aires*, Buenos Aires, n.° 2, 1949.
GARCÍA PELAYO, M.; «Juan Ginés de Sepúlveda y los problemas jurídicos de la conquista de América» en *Tierra Firme*, II, Madrid, 1936.
GIMÉNEZ FERNÁNDEZ, M.; «Las bulas alejandrinas de 1493 referentes a las Indias» en *Anuario de Estudios Americanos*, I, Sevilla, 1944.
GIMÉNEZ FERNÁNDEZ, M.; *Nuevas consideraciones sobre la historia, sentido y valor de las bulas alejandrinas de 1493 referentes a las Indias*, Sevilla, 1944.
GÓMEZ ARBOLEYA, E.; *Renombre y transcendencia de Vitoria*, conf. en Fac. CC.Políticas, Madrid, 1952.
GOTI ORDEÑANA, J.; *Del tratado de Tordesillas a la doctrina de los derechos fundamentals en Francisco de Vitoria*, Valladolid, 1999.
HOFFNER, J.; *La ética colonial española en el siglo de Oro. Cristianismo y dignidad humana*, Madrid, 1957.
LETURIA, P.; «Las grandes bulas misionales de Alejandro VI, 1493» en *Biblioteca Hispana Missionum*, Barcelona, 1930.
LEVENE, R.; «Nuevas investigaciones históricas sobre el régimen político y jurídico de España en Indias hasta la recopilación de las Leyes de 1680» en *Cahiers d'histoire mondiale*, vol. I, n.° 2, París, 1953.

BIBLIOGRAFÍA LXXXI

MANZANO MANZANO, J.; *La incorporación de las Indias a la Corona de Castilla*, Madrid, 1948.
MARTÍNEZ CARDÓS, J.; *Las Indias y las Cortes de Castilla durante los siglos XVI y XVII*, Madrid, 1956.
MORALES PADRÓN, F.; *Los conquistadores de América*, Madrid, 1974.
PEREÑA VICENTE, L.; «El concepto de derecho de gentes en Francisco de Vitoria» en *Revista Española de Derecho Internacional*, vol. V, n.º 2, Madrid, 1952.
PÉREZ BUSTAMANTE, C.; *Historia del Imperio español*, Madrid, 1947.
PÉREZ EMBID, F.; *Los descubrimientos en el Atlántico y la rivalidad castellano-portuguesa hasta el Tratado de Tordesillas*, Sevilla, 1948.
POCH GUTIÉRREZ DE CABIEDES, A.: «Comunidad internacional y sociedad internacional» en *Revista de Estudios políticos*, Madrid, 1943.
RUMEU DE ARMAS, A.; *Colón en Barcelona*, Sevilla, 1944.
SCHMITT, C.; «La cultura europea en la época de la neutralización», trad. esp., conferencia, texto mecanografiado, Barcelona, s/a.
TRUYOL SERRA, A.; *Historia de la Filosofía del Derecho y del Estado. Vol. II, Del Renacimiento a Kant*, Madrid, 1975.
VANDER LINDEN, H., «Alexander VI and demarcation of the maritime and colonial domains of Spain and Portugal, 1493-1494», separata, 1916, pp. 1 ss.
WECKHAM, L.; *Las bulas alejandrinas de 1493 y la teoría política del papado medieval,* trad. esp., Buenos Aires, 1956.
ZAVALA, V. S.: *La doctrina del Doctor Palacios Rubios sobre la conquista de América*, Méjico, 1937.
— *Ensayos sobre la colonización española en América*, Buenos Aires, 1944.
— ZAVALA, S.; *Las instituciones jurídicas en la conquista de América*, Méjico, 1971.

SOBRE EL PODER CIVIL

Sumario

1. Toda potestad pública o privada, por la que se rige la república secular, no sólo es justa y legítima, sino que tiene a Dios por autor, de tal suerte que ni siquiera por consenso universal puede ser abrogada.
2. La potestad es doble, pública y privada.
3. Cuál sea el fin de la potestad civil.
4. Se constata la miseria del hombre y se dice qué conviene hacer para socorrer sus necesidades.
5. El principio y origen de las ciudades y de las repúblicas no fue la invención de los hombres, sino que nacieron de la naturaleza misma.
6. Cuál sea la causa eficiente de la potestad civil.
7. De dónde le viene a la república la potestad civil; y cuál sea la causa material de dicha potestad; y quién la ostenta por derecho natural y divino.
8. La monarquía o potestad regia no sólo es justa y legítima, sino que los reyes tienen potestad por derecho divino y natural y no recibida de la república ni de los hombres.
9. Si son legítimos los poderes por los que se gobiernan las repúblicas de infieles. O bien si puede haber príncipes o magistrados legítimos entre los paganos.
10. Se explican las tres causas de la potestad pública secular.

11. La libertad no es menor en el principado regio que en el aristocrático o el democrático.

12. Toda la república puede lícitamente ser castigada por el pecado del rey.

13. En qué circunstancias ninguna guerra es justa.

14. Así como la mayor parte de la república puede establecer un rey sobre toda ella, incluso contra la voluntad de los demás, así también la mayor parte de los cristianos, aun con el rechazo de los restantes, podría en derecho instituir un monarca al que estarán obligados a obedecer todos los demás príncipes y provincias.

15. Cómo obligan en el fuero de la conciencia las leyes y constituciones de los príncipes. Qué se ha de decir de los preceptos de los padres a los hijos, y de los maridos a sus esposas.

16. En qué se diferencian y en qué convienen la ley humana y la ley divina.

17. Así como la ley divina obliga bajo culpa, así también la ley humana.

18. Qué culpa cometen los transgresores de las leyes humanas, si mortal o sólo venial.

19. Cómo se puede discernir cuándo las leyes humanas obligan mortalmente y cuándo venialmente.

20. Si podría el rey, si quisiera, no obligar bajo culpa.

21. Si las leyes civiles obligan a los legisladores y, sobre todo, a los reyes.

22. Si cesa la obligación cuando cesa la razón de la ley.

23. Si obligan las leyes de los tiranos.

24. Los preceptos de los padres obligan del mismo modo que las leyes civiles. Lo mismo los mandatos de los maridos a sus esposas.

INTRODUCCIÓN

El oficio del teólogo y su campo de investigación es tan vasto que ningún tema, ninguna discusión, ningún asunto parecen ser ajenos a su profesión ni a su estudio. Éste es quizá el motivo de que de ellos se diga, como del orador dice Cicerón [1], que, encontrándose en todo género de disciplinas y en las artes en general tan pocos varones preclaros y famosos, tanta es, no diré más, la escasez de buenos y sólidos teólogos. En efecto, la teología ocupa el primer lugar entre todas las disciplinas y estudios del orbe, y los griegos llaman «theología» al tratado de Dios. Por lo cual no debe parecer extraño que se encuentren tan pocos dedicados a tema tan difícil en sí mismo. Por consiguiente, en este inmenso panorama y campo abierto a los escritos de todos los doctores, ofreciéndoseme infinitos temas, he elegido para mi relección uno de tal importancia que si consigo tratarlo de acuerdo con su dignidad será merecedor de vuestra atención, honorabilísimos y doctísimos señores.

En efecto, el tema es sobre la república; y aunque sobre ella ya han dicho muchas cosas muy serios y eru-

---

[1] *De oratore*, I, 2, 6.

ditos varones, quedan, sin embargo, muchas otras por decir. Y, puesto que es demasiado amplio para poder exponerlo en una sola disertación, hoy me he ceñido a estudiar el poder público y el privado, por el que se gobiernan las repúblicas.

El texto que se ha de releer y explicar es el que toma el Maestro de las Sentencias [2] de Pablo en su Carta a los Romanos: *Pues no hay autoridad sino bajo Dios* [3]. Y aunque pueden tratarse muchas cosas sobre este texto, toda nuestra disertación versará acerca de la potestad laica o secular y quedará circunscrita a algunos puntos para no divagar más de lo necesario. Así pues, la presente relección quedará toda ella reducida a tres conclusiones.

---

[2] Pedro Lombardo, *Sententiarum libri quattuor*, II, 44.
[3] 13, 1. La Vulgata, que cita Vitoria, dice: «Non est potestas nisi a Deo»; en el texto damos la versión de Nacar-Colunga. Pero se dan otras versiones; M. Petisco traduce: «no hay potestad que no venga de Dios».

PRIMERA PARTE

1. Primera conclusión. «Todo poder público o privado por el que se administra la república secular no sólo es justo y legítimo sino que tiene a Dios por autor, de tal suerte que no puede ser abrogada ni suprimida ni siquiera por el consenso de todo el mundo».

Antes de llegar a la prueba de esta conclusión, he de adelantar algunas observaciones necesarias para su exposición y comprensión. Sin embargo, no voy a tratar de todo lo que abarca este amplísimo tema, sino que expondré en resumen y con las palabras más precisas posibles, al estilo de la escuela, algunas cosas que son necesarias expresamente para nuestro propósito.

2. Siendo de dos clases la potestad, esto es, pública y privada, primero trataremos de la pública, después de la privada; y, teniendo en cuenta, como enseña Aristóteles, que pensamos que conocemos una cosa cuando conocemos sus causas [4], considero oportuno investigar las causas del poder civil y laico, del que va a tratar todo nuestro discurso y, una vez conocidas estas causas, fácil-

---

[4] *Física*, I, 1, 184a; cf. II, 3, 194a.

mente se comprenderá la fuerza y los efectos de dicho poder.

Por tanto, es necesario tener en cuenta, en primer lugar, lo que dice Aristóteles: que no sólo en los seres naturales, sino, sobre todo, en las cosas humanas la necesidad ha de ser considerada en relación al fin, que es la primera y principal de las causas[5]. Ese aserto, bien que deba atribuirse a Aristóteles, bien que lo recibiera de Platón, siempre fue un fuerte argumento filosófico que ha iluminado extraordinariamente todas las cuestiones.

Los antiguos filósofos, no sólo los mediocres sino también los más importantes, atribuían la necesidad de las cosas a la materia; y, por poner un ejemplo del mismo Aristóteles[6], como si pensaran que una casa ha sido construida necesariamente así, no porque así conviniese para el uso de los hombres, sino porque por su propia naturaleza las partes pesadas van abajo y las partes más ligeras arriba. Por lo cual las piedras y los cimientos están bajo tierra y encima prevalecen las maderas por su menor peso. Así también los hombres tienen los pies en la parte inferior del cuerpo no para andar, sino porque esa parte es la más pesada. Y de modo semejante los animales tienen huesos no porque así sea necesario para que la carne y los miembros del cuerpo tengan estabilidad, sino porque esa materia es más dura y más sólida.

Así pues, aquellos hombres, imbuidos ciertamente de tan burdas opiniones, se equivocaron absolutamente, de tal suerte que dejándose llevar de sus propias opiniones no podían dar razón de nada en absoluto; y de ningún modo con su método de filosofar podrían explicar, ni con sus mañas, lo mejor y más grande de la obra de la creación.

---

[5] *Física*, II, 3, 194a-195a; cf. *Política*, I, 2, 1253a.
[6] *Física*, II, 9, 199b-200a.

SOBRE EL PODER CIVIL 9

Pues ¿cómo podrán explicarme, para que yo no tenga que indagar por mí mismo, con qué variedad de materia se embellece la tierra colocada en el centro del mundo, sólida y redonda por todas partes, como un globo, con sus montes, revestida de flores, hierbas y árboles? ¿Cómo me van a explicar claramente dónde tienen su origen las fuentes de los hielos perpetuos, las cristalinas aguas, el verde manto de las riberas, la composición de cada una de las partes y miembros del hombre, atribuidos a una sola materia? ¿Cuál sea la fuerza de esa materia que al hombre entre todos los animales le puso los ojos en lo alto y le mandó mirar al cielo y mantener el rostro erguido hacia las estrellas? A esto responderán ellos que no de otra manera pudo ser, sino que el hombre anduviese erecto y los animales inclinados y mirando a la tierra; y no por ninguna finalidad ni utilidad, sino porque la materia y condición de los animales es diferente.

De este principio surgió la doctrina de Epicuro y de su discípulo Lucrecio, que afirmaban que ni los ojos estaban destinados a ver, ni los oídos a oír, sino que todo había sucedido de modo fortuito y debido a la concurrencia múltiple de los átomos que pululan por el vacío infinito, con tal osadía que no puede decirse ni imaginarse nada más necio ni aberrante, ni nada más propicio para que nos sintamos dispuestos a refutarlo como una evidente necedad. Así lo hicieron ya Cicerón [7] y Lactancio [8]. Pero ahora será suficiente para nuestro plan y de acuerdo con nuestro propósito que defendamos una verdad suprema, que si no se tiene muy en cuenta caeremos necesariamente en el error.

Aceptemos, pues, que no sólo el cielo y la tierra y las demás partes del universo y el hombre, príncipe de este

---

[7] *De natura deorum*, I, 57-I, 124; II, 82-II, 92; I, 18-I, 56.
[8] *Institutionum epitome*; *De opificio Dei*, 6,8.

universo, sino también todo lo que se contiene en el cielo, existe y ha sido hecho por algún fin y utilidad, y que todo ha sido hecho, y es necesario que así haya sido hecho, por un fin, y aquí hay que buscar su razón y necesidad.

3. Por consiguiente, nos queda el buscar e investigar cuál sea ese fin por el que este poder, del que vamos a tratar, ha sido constituido. Para ello conviene considerar que así como el hombre sobresale entre los demás animales por su razón, por su sabiduría y por su palabra, así también a este eterno inmortal y sabio animal la Providencia que todo lo gobierna le ha negado muchas cosas que atribuyó y concedió a los demás animales. Pues, en primer lugar para cuidar de la incolumidad y defensa de los vivientes, la madre naturaleza dotó ya desde el principio a todos los demás animales de sus propias pieles para que pudieran soportar más fácilmente el rigor de las nieves y los fríos. Y a cada una de las especies las dotó de sus propias defensas para que pudieran hacer frente a los ataques exteriores, a los más fieros para defenderse con sus armas naturales y a los más débiles para que pudieran escapar del peligro con su ligereza para la huida, o para defenderse con el pico a modo de lanza, o esconderse en sus madrigueras. Así algunos de ellos pueden permanecer en el aire con sus ligeras alas y otros van provistos de uñas o armados de cuernos. A ninguno le faltan medios para su propia defensa.

4. Habiendo concedido sólo al hombre la razón y la virtud, lo dejó frágil y débil, pobre y enfermo, desprovisto de todo auxilio, indigente, desnudo e implume. Más bien lo salvó como de un naufragio y esparció miserias por su vida, por lo que desde el mismo momento de su nacimiento no se puede presagiar otra cosa que la fragilidad de su condición, deplorada con lágrimas, según

aquellas palabras: *harto de inquietudes* [9], y al que sólo queda *dejar pasar los males*, como dijo el poeta [10]. Para socorrerlo, pues, en estas necesidades era necesario, en verdad, que los hombres no anduvieran errantes vagando por los desiertos, como las fieras, sino que viviendo en sociedad se prestaran ayuda mutua. *¡Ay del solo* —dice el Sabio—, *porque si se cayere no encontrará quien lo levante, pero si fuesen muchos se ayudarán mutuamente!* [11].

También Aristóteles en el mismo sentido advierte que sin doctrina y experiencia no puede perfeccionarse el entendimiento, y que esto no puede conseguirse de ninguna manera en la soledad [12]. Más aún, en este aspecto parece que somos inferiores a los mismos brutos animales, porque ellos pueden conocer por sí mismos las cosas que les son necesarias, pero los hombres no pueden en absoluto conocerlas.

Además la palabra es el mensajero del entendimiento, y Aristóteles enseña que sólo para ese uso nos ha sido dada, y que sólo por esto el hombre es superior a los demás animales, pero la palabra sería inútil si el hombre no viviera en sociedad. Además, si fuera posible que la sabiduría pudiera existir sin la palabra, la misma sabiduría sería desagradable e insociable. Así se dice en el Eclesiástico: *Sabiduría oculta y tesoro escondido ¿de qué sirven la una y el otro?* [13]. Por lo que Aristóteles declara que el hombre es por naturaleza civil y social [14]. Ahora bien, la voluntad cuyos ornamentos son la justicia y la amistad necesariamente quedará deforme y manca

---

[9] Job 14, 1.
[10] Lucrecio, *De rerum natura*, V, 227.
[11] Eclo 4, 9.
[12] *Ética a Nicómaco*, II, 1, 1103a.
[13] Eclo 20, 32.
[14] *Política*, I, 2, 1253a; cf. *Ética a Eudemo*, VII, 10, 1242a.

fuera de las sociedades humanas. La justicia, en efecto, no puede ser ejercida sino por una comunidad de hombres. Y la amistad sin la que no disfrutamos ni del agua, ni del fuego, ni del sol, como dice Cicerón en muchos lugares [15], y sin la que no existe ninguna virtud, según la sentencia del mismo Aristóteles, que afirma que sin la vida compartida todas las virtudes mueren [16]. Y aun admitiendo que la vida humana se bastase a sí misma, vivida en la soledad, sería desagradable y odiosa. En efecto, en la naturaleza ninguna cosa ama la soledad y, como dice Aristóteles [17], todos somos llevados por la naturaleza a la comunicación. Si alguno —dice Cicerón— subiese al cielo y contemplase la naturaleza del mundo y la belleza de los astros, no le sería dulce la contemplación de esa belleza sin un amigo [18]. Por eso Aristóteles considera a Timón, aquel ateniense que se apartaba deliberadamente de la sociedad, como hombre de naturaleza inhumana y brutal [19]; tales hombres son contados entre las fieras, pues, como dice Agustín: *Yo más que hombres llamaría bestias a los que dicen que hay que vivir de tal modo que a nadie se sirva de consuelo, ni que tampoco se sea una carga para nadie o causa de dolor, que no se reciba ningún deleite, que no se alegre uno por el bien ajeno, ni sea causa de amargura para otros por la propia maldad, y lo mismo a los que procuran no amar a nadie, ni por nadie ser amados* [20]. Habiéndose, pues, constituido las sociedades humanas

---

[15] Cf. *De amicitia*, VI, 22.
[16] *Política*, I, 1s, 1252a-1253a.
[17] *Política*, I, 2, 1253a.
[18] *De amicitia*, XXIII, 88. Dice Cicerón, citando una frase del filósofo Arquitas de Tarento, que le sería mucho más agradable si tuviera algún amigo a quien contárselo.
[19] Cf. *Política*, I, 2, 1253a; Cicerón, *De amicitia*, XXIII, 87.
[20] *De amicitia*, 8. ML 40, 836.

con el fin de que unos soporten las cargas de los otros, y para que, entre todas las sociedades, la sociedad civil sea aquella en la que los hombres con más facilidad hagan frente a sus necesidades, se sigue que la comunidad es, por decirlo así, una naturalísima comunicación muy conveniente a la naturaleza. Porque la familia, ella sola, no se basta a sí misma, aunque sus miembros se presten mutua ayuda, y sobre todo no es suficiente para rechazar la violencia y las injurias. Ésta fue la razón principal que alegaron Cam y Nemrod para reunir en ciudades a los primeros hombres, como se lee en el Génesis [21].

5. Queda claro, por consiguiente, que el origen de las ciudades y de las repúblicas no es una invención de los hombres, y que no hay que considerarlo algo artificial, sino como algo que brota de la naturaleza que sugirió este modo de vida a los mortales para su defensa y conservación. De este mismo capítulo se infiere enseguida que los poderes públicos tienen ese mismo fin y esa misma necesidad. Pues, si las comunidades y sociedades de los hombres son necesarias para la salvaguarda de los mortales, ninguna sociedad puede tener consistencia sin una fuerza o poder que la gobierne y la proteja. En efecto, la utilidad y finalidad del poder público y de la sociedad o comunidad son una misma cosa. Pues, si todos fueran iguales y ninguno estuviera sometido a la potestad de otro y dejándose llevar cada uno de su propia opinión y su albedrío a cosas diversas, necesariamente se disgregaría la república, y se aniquilaría la ciudad si no hubiera alguien que se preocupase de mirar por el bien común. *Todo reino en sí dividido, será desolado* [22]; y donde no hay uno que gobierne se disolverá el

---

[21] 10, 6 ss.
[22] Mt 12, 25; Lc 11, 17.

pueblo, como dice el Sabio[23]. Del mismo modo que el cuerpo humano no puede conservarse en su integridad si no hay una fuerza ordenada que organice todos y cada uno de los miembros para la utilidad de los demás, y sobre todo para el provecho de todo el hombre, eso ocurriría, sin lugar a duda, también en la ciudad si cada uno se preocupase sólo de su propio provecho y se despreocupase del bien público. Por consiguiente, tenemos como causa final y principalísima del poder civil y secular la utilidad, o más bien una gran necesidad a la que nadie puede oponerse, a no ser los dioses.

6. Por lo dicho fácilmente puede entenderse la causa eficiente de esta potestad civil. Pues, si hemos demostrado que el poder público se constituye por derecho natural, y el derecho natural reconoce por autor sólo a Dios, queda claro que el poder público tiene su origen en Dios y que no se contiene en la condición humana ni en ningún derecho positivo. Dios, en efecto, que *hizo las cosas según su sabiduría, que llega con fortaleza del uno al otro confín y lo dispone todo suavemente y cuyas obras están bien ordenadas*, como dice el Apóstol[24], hizo a los hombres de tal naturaleza y condición que no podrían vivir a no ser en sociedad. Más aún, como expone Escipión en un texto de Cicerón, nada hay más agradable a este príncipe, Dios, que gobierna todo el universo y que hizo cuanto existe en la tierra, que las reuniones y asociaciones de hombres que por derecho de sociedad se llaman ciudades[25]. Y, si las repúblicas y sociedades humanas están constituidas por derecho divino o natural, también lo estarán aquellos poderes, sin los que no

---

[23] Prov 11, 14.
[24] Cf. Sal 104, 24; Sab 8, 1.
[25] *De república*, VI, 13.

podrían subsistir las repúblicas. Y para que no quede ninguna duda, incluso de que son de derecho divino, vamos a confirmarlo con argumentos de razón y con testimonios de autoridad.

En primer lugar, Aristóteles afirma que tanto los cuerpos pesados como los ligeros se mueven no por otra causa que aquella natural inclinación que le viene del principio generador y por su tendencia necesaria al movimiento. Si, pues, dio Dios a los hombres tal necesidad e inclinación que no pudiesen vivir sino en sociedad y bajo un poder que los gobierne, necesariamente hemos de tener a Dios por autor de lo recibido. Ahora bien, lo que todos consideran natural, sin lugar a duda, procede de Dios, autor de la naturaleza; pues, como dice el mismo Aristóteles, da también todo lo que sigue a esa especie o forma [26]. Por lo cual también Pablo aconseja: *Quien resiste a la autoridad, resiste a la disposición de Dios* [27].

7. Por consiguiente, la república tiene este poder por institución divina. Y la causa material en la que reside tal poder por derecho natural y divino, es la misma república, a la que de suyo le compete gobernarse y administrarse a sí misma y dirigir todos sus poderes al bien común. Y esto se prueba del siguiente modo: porque, habiendo por derecho natural y divino un poder de gobernar la república y como, una vez eliminado el derecho positivo y humano común, no haya mayor razón para que aquel poder esté más en uno que en otro, la comunidad misma necesariamente será suficiente para sí misma y tendrá el poder de gobernarse. Pues, si antes de que los hombres se congregaran en ciudades no había nadie superior a los demás, no hay ninguna razón para que en esa

---

[26] *Física*, VIII, 4, 255b.
[27] Rom 13, 2.

sociedad civil uno se atribuya el poder sobre los otros; máxime teniendo en cuenta que cualquier hombre tiene por derecho natural potestad y derecho a defenderse. Y sin duda no hay nada más natural que el repeler la fuerza por la fuerza. Y ciertamente no hay ninguna razón por la que la república no pueda esgrimir este poder ante sus ciudadanos como miembros suyos para la integridad de la comunidad y salvaguarda del bien público.

Además el matar a un hombre está prohibido por derecho divino como consta por los preceptos del Decálogo[28]; luego la autoridad para dar muerte tiene que ser de derecho divino. Ahora bien, la república, como consta por el uso y la costumbre, tiene autoridad para dar muerte a un hombre. Luego la tiene por derecho divino. Y no es suficiente decir que el derecho divino no prohíbe en absoluto matar a un hombre, sino matar a un inocente; porque la conclusión es que no es lícito a una persona privada dar muerte a un hombre, aunque sea un criminal. Luego la república tiene una autoridad para dar muerte a un hombre que no tiene una persona privada; y tal autoridad no puede ser de derecho positivo, luego es de derecho divino.

Y puesto que este poder reside principalmente en los reyes, a quienes la república les encomienda hacer sus veces, hemos de tratar sobre el principado de los reyes y sobre su poder.

En cuanto a esto no faltan algunos, incluso entre los cristianos, que no sólo niegan que la potestad regia venga de Dios, sino que afirman que todos los reyes, jefes y príncipes son tiranos; y que tales piratas de la libertad son nefastos en todos los dominios y poderes, excluyendo únicamente la república. Pretenden probarlo incluso con argumentos de autoridad y de razón. En primer

---

[28] Ex 20, 13; Dt 5, 17.

lugar, porque el hombre ha sido creado en libertad, pues en aquel primer estado feliz de inocencia no había señores ni siervos. En segundo lugar, porque al principio se dijo a los hombres: *Dominad sobre los peces del mar y sobre las aves del cielo.* Y se añade después: *Hizo Dios al hombre para que domine sobre los peces,* etc.[29]. No dijo *dominad sobre los hombres.* En tercer lugar, porque no hemos leído que entre los que daban culto al verdadero Dios según la ley natural hubiera algún príncipe. En cuarto lugar, porque el principado tuvo origen en la tiranía. El primero que asumió la tiranía fue Nemrod, hijo de Cam, de la posterioridad reprobada de Noé [30].

Tampoco pasaron esto por alto los santos doctores, pues Gregorio [31] dice que es un gran abuso contra la naturaleza el querer someter al hombre, puesto que por naturaleza todos los hombres son iguales. Y también Isidoro [32] dice que la común posesión de todas las cosas y la libertad igual para todos son de derecho natural, así como el usar de la propia libertad. Y, aunque antes de la ley evangélica no estaba prohibida la soberanía regia, al menos los cristianos confiesan que Cristo les ha dado la libertad. Esto aparece claro en aquel pasaje donde dice el Señor: *Los reyes de la tierra ¿de quiénes cobran censos y tributos?, ¿de sus hijos o de los extraños?* Pedro responde: *De los extraños*[33]. De donde se deduce, dicen, que es cierto que los cristianos no deben pagar tributo, si no es por razón de escándalo. Y esto se confirma por aquellas palabras del Apóstol: *No estéis en deuda con*

---

[29] Gén 1, 26-28.
[30] Gén 10, 8.
[31] *Decretales Gregorii*, IX, *Regula pastoralis*, II, 6, 22 (ML 77, 36).
[32] *Etimologías*, V, 4, 1.
[33] Mt 17, 25.

nadie sino amaos los unos a los otros[34]. Y también: *Habéis sido comprados a precio. No os hagáis siervos de los hombres*[35]. Y de nuevo en la Carta a los Efesios: *Sólo un señor, una fe, un bautismo*[36]. Por consiguiente, no nos es lícito a los cristianos someternos a los príncipes. Por eso no nos debe extrañar que hombres violentos, corrompidos por la soberbia y la ambición, promuevan sediciones contra los príncipes.

8. Así pues, nosotros diremos mejor, con todos los entendidos, que la monarquía o potestad regia no sólo es justa y legítima, sino que los reyes tienen poder por derecho divino y natural y no recibido de la república, ni en modo alguno de los hombres. Esto se prueba porque, teniendo la república potestad sobre las partes de la república y no pudiendo ser ejercida por la multitud de los que la constituyen, puesto que la multitud no podría dictar leyes cómodamente, ni dar edictos, ni dirigir pleitos, ni castigar a los transgresores, fue necesario que se encomendara la administración de ese poder a alguno o algunos que se dedicaran a eso. Es indiferente que sea uno o sean varios a quienes se les encomiende. Por tanto, se puede encomendar a alguien esta potestad, que es la misma que la de la república.

Esto se prueba con argumentos de autoridad. En efecto, consta que el reino no es contrario al derecho natural, como ésos piensan; pues el derecho natural es inmutable, como prueba Aristóteles[37] y se contiene también en los Decretos[38], pues, si el reino fuese contra el derecho natural, no podría haber sido justo en ningún siglo

---

[34] Rom 13, 8.
[35] I Cor 7, 23.
[36] 4, 5.
[37] *Ética a Nicómaco*, V, 7, 1135a.
[38] *Decretum Gratiani*, I, 1, 7 (ed. Richter-Fredberg).

ni en ninguna edad; pero consta lo contrario en el Antiguo Testamento, donde es alabado Melquisedec, rey de Salem; y también José fue administrador del reino del Faraón, y recaudador de los tributos; y Jacob, varón justo, recibió del Faraón una región para que la habitase; y Daniel con sus compañeros fue constituido por Nabucodonosor prefecto de una provincia. Pero todo esto no lo habrían admitido aquellos santos varones si hubieran pensado que el reino es tiranía. En el Deuteronomio se dan leyes y se ponen condiciones a los reyes que han de reinar sobre los hijos de Israel, pero no se les prohíbe que se den reyes, sino solamente se exige que el que vaya a ser nombrado no sea extranjero. Se manda también allí que se someta a los preceptos y decretos del sacerdote, bajo pena, incluso pena capital [39]. Nada, pues, importa que sea sacerdote o sea rey, con tal que ostente la misma potestad. Y los levitas son también constituidos jueces con poder de vida y muerte. Y se lee en los libros de los Reyes que algunos son instituidos por Dios mismo, otros propuestas por un mandato suyo; pero esto nunca lo hubiera hecho el Señor si fuese contra el derecho natural. Además todos tienen a los Macabeos por hombres muy valerosos y santísimos, aun cuando recibieran el principado de sus padres o lo reivindicaran para sí por justas causas. En verdad es absurdo de todo punto el pensar que lo que es conveniente para la administración de las cosas humanas sea contrario al derecho natural y divino. Pues, como sabiamente dice Job, *Dios no arrojó de sí tímidamente la potestad, siendo él mismo poderoso* [40]. Ni tampoco la libertad evangélica es impe-

---

[39] Deut 17, 15 ss.
[40] Job 36, 5. Dice el texto de la Vulgata: «Deus potentes non abiicit, cum ipse sit potens»; en la traducción de Nacar-Colunga: «Mira, Dios es poderoso y no desprecia al de puro corazón.»

dimento a la potestad del rey, como algunos sediciosos susurran al oído del pueblo ignorante. Pues, como en otro lugar se demuestra, nada que sea lícito según la ley natural está prohibido por el Evangelio. En esto consiste, sobre todo, la libertad evangélica. Por consiguiente, si antes del Evangelio era lícito que las ciudades se dieran reyes, no hay que pensar que no sea lícito después del Evangelio. Y ciertamente, si los reyes no fuesen príncipes legítimos, nunca los Apóstoles de Cristo nos hubiesen encomendado que los obedeciéramos. Pues no otra cosa parece hacer Pablo cuando dice: *Todos han de estar sometidos a las autoridades superiores, ... No hay autoridad sino bajo Dios, ... Quien resiste a la autoridad resiste a la disposición de Dios*[41]. Y otras muchas cosas en el mismo sentido. Asimismo en la Carta a Tito dice: *Recuérdales que vivan sumisos a los príncipes y a las autoridades*[42]. Y en la I Timoteo: *Ante todo te ruego que se hagan peticiones, oraciones, súplicas y acciones de gracias por todos los hombres, por los reyes y por todos los constituidos en dignidad, a fin de que gocemos de vida tranquila y quieta*[43]. También en la I de Pedro se lee: *Por amor del Señor, estad sujetos a toda institución humana, ya al emperador*, etc.[44].

Parece, por consiguiente, que la potestad regia no viene de la república, sino de Dios mismo, como piensan los doctores católicos. Pues, aunque se constituya por la república (pues la república nombra al rey), transfiere al rey no su potestad, sino su propia autoridad; y no existen dos potestades una la regia, otra la de la comunidad. Por tanto, así como decimos que la potestad de

---

[41] Rom 13, 1-2.
[42] 3, 1.
[43] 2, 1-2.
[44] 2, 13-14.

la república ha sido constituida por Dios y por el derecho natural, así también hemos de afirmarlo necesariamente de la potestad regia, lo cual parece estar bastante de acuerdo con la Escritura y con la costumbre, que a los príncipes los llama ministros de Dios y no ministros de la república. En efecto, dice Salomón: *Por mí reinan los reyes* [45]. Y el Señor responde a Pilatos: *No tendrías ningún poder sobre mí si no te hubiera sido dado de lo alto* [46], es decir, del cielo. Parece, pues, que están equivocados los autores que admiten que el poder de la república es de derecho divino, pero no la regia potestad. Porque, si los hombres o la república no tuvieran poder recibio de Dios, sino que se pusieran todos de acuerdo por un pacto y quisieran constituir un poder sobre ellos mismos, por el bien público, ese poder vendría ciertamente de los hombres, como el que los religiosos otorgan a su abad. Pero no es así, pues en la república, incluso contra la potestad de todos los ciudadanos, se constituye una potestad para administrarse a sí misma y para desempeñar ese cargo están constituidos los soberanos civiles.

9. Mas se podrá dudar si se puede decir lo mismo tratándose de los poderes por los que se gobiernan las repúblicas de los infieles, es decir, si entre los paganos hay príncipes y magistrados legítimos. Y respondemos que parece que no, porque, si un cristiano se hiciese infiel, por su infidelidad queda privado, como dice el derecho, de toda pública potestad. Luego, si permanece en él la misma razón de infidelidad, le impediría el legítimo principado o potestad. Ricardo [47], por otra parte

---
[45] Prov 8, 15.
[46] Jn 19, 11.
[47] Richard Fitzralph (Armacanus), *De pauperie Salvatoris*, 2, 20. ML, CXCVI, 196.

hombre de eminente ingenio, también en su libro *Sobre la pobreza de Cristo*, sostiene que no sólo la infidelidad sino cualquier pecado mortal impide toda potestad y dominio y la jurisdicción tanto pública como privada, y cree que el título y fundamento de cualquier potestad es la gracia; pero omito sus razonamientos porque son tan débiles que no necesitan explicación. Además no hay que poner en duda que entre los paganos haya príncipes y señores legítimos, puesto que el Apóstol en los textos antes citados manda obedecer a los poderes y a los príncipes y servirles en todo tiempo; y éstos ciertamente entonces eran todos infieles. José y Daniel eran administradores y ministros de los príncipes paganos. Y los príncipes cristianos seculares o eclesiásticos no podrían privar a los infieles de tal potestad y principado sólo por el hecho de ser infieles, a no ser que hubieran recibido de ellos otra cualquier injuria.

10. Las tres causas del poder público secular se explican correctamente por la definición que dan los autores: «*La potestad pública es la facultad, autoridad o derecho de gobernar la república civil*». Por lo dicho fácilmente aparece clara la demostración de la misma.

En cuanto a lo que se refiere a los poderes públicos hemos demostrado que vienen de Dios y, por consiguiente, son justos y legítimos. De lo cual se sigue la prueba de la última parte de la conclusión arriba establecida, en la que decíamos que ningún poder de esa clase podía ser abrogado por consenso de los hombres. Pues, si el hombre no puede renunciar a su facultad y derecho de defenderse y de emplear sus propios miembros para su propio provecho, tampoco puede renunciar a su poder, ya que le compete por derecho natural y divino. Del mismo modo tampoco la república puede privarse de ese poder de administrarse y defenderse contra las injurias de propios y extraños, cosa que no podría hacer sin los poderes públicos. Y así, si todos los ciudadanos estuvieran de acuerdo en perder todos estos poderes y en no estar sometidos a ninguna ley, y que nadie estuviera sometido a mandatos, ese pacto sería nulo y no tendría ningún valor puesto que es contrario al derecho natural.

De lo anterior se sigue este *Corolario*, que no es despreciable sobre todo para los que viven sometidos a un mismo principado regio. Pues las ciudades que no tienen rey y se rigen por una administración popular suelen jactarse de su libertad.

11. El COROLARIO es: «que no hay menos libertad en el principado regio que en el aristocrático y en el democrático». Pues así divide Aristóteles el principado, en monarquía o principado de uno solo; aristocracia, es decir, principado de la nobleza; y democracia, es decir, principado popular, o de la multitud[48]. Digo, pues, que no hay menos libertad en el principado regio que en los otros. Se prueba porque, siendo el mismo poder, como se ha probado antes, ya esté en uno solo, o en muchos, y siendo tanto mejor estar sometido a uno que a muchos (pues tantos son los señores cuantos los superiores), se sigue que no hay menos libertad donde todos son súbditos de uno que donde son súbditos de muchos. Sobre todo porque, cuando hay muchos que dominan, son muchos los que ambicionan el poder, y así es inevitable que la república con harta frecuencia se vea convulsionada por sediciones y disensiones a causa de sus diversos pareceres. Dijo el poeta que no habrá lealtad entre los que se asocian para el poder[49]. Y el señor dijo por el Profeta: *Muchos pastores han entrado a saco en mi viña*[50]. Por consi-

---

[48] *Política*, III, 7, 1279b.
[49] Lucano, *Farsalia*, I, 89-93.
[50] Jer 12, 10.

guiente, óptimo es el gobierno de uno solo, así como todo el orbe es gobernado por un solo príncipe y señor sapientísimo. Pero es verdad que la administración y el principado más seguro parece ser mixto, compuesto de los tres, cual parece ser el de los españoles.

12. El segundo COROLARIO que puede inferirse de lo establecido antes es: «que toda la república puede ser lícitamente castigada por el pecado del rey». De donde, si el rey hace una guerra injusta contra otro príncipe, el que ha recibido la injuria puede saquear y llevar a cabo las demás acciones permitidas por derecho de guerra y dar muerte a los súbditos de aquel rey, incluso aunque todos sean inocentes. Porque, si el rey después de haber sido constituido por la república comete alguna tropelía, ésta se le imputa a la república; pues la república está obligada a no encomendar el poder sino a quien lo ejerza y lo use con justicia, de lo contrario se pone a sí misma en peligro.

13. Tercer COROLARIO: «Ninguna guerra es justa si consta que se hace con mayor detrimento que provecho y utilidad para la república, aun cuando por otra parte sobren títulos y razones para una guerra justa». Se prueba porque si la república no tiene potestad de hacer la guerra, a no ser para defenderse a sí misma y defender sus intereses, y protegerse a sí misma, está claro que cuando con la guerra más que fortalecerse se debilita y arruina, la guerra será injusta, tanto si es hecha por el rey como por la república. Más aún, siendo una república parte de todo el orbe, y sobre todo una provincia cristiana parte de toda la república, aunque la guerra fuese útil para una provincia o república pero nociva para el orbe o para la cristiandad, pienso que por esto mismo la guerra es injusta; como, por ejemplo, si la guerra fuese de los españoles contra los franceses, aunque

motivada por causas justas, y por lo demás ventajosa para el reino de las Españas, sin embargo, si se hace con mayor ruina y perjuicios para la cristiandad, por ejemplo, porque a la vez las huestes turcas ocupan el territorio de los cristianos, debiera desistirse de esa guerra. Baste esto para la explicación de la primera conclusión.

FRAGMENTO DEL REINO DE CRISTO

Pero, como hemos dicho muchas cosas acerca de los reyes y de la potestad real, no me parece fuera de lugar decir algo sobre el reino de Cristo, para que esta disertación no parezca más filosófica que teológica. Pues Él es *rey de reyes y Señor...* Sin embargo, por el momento, no trataré todas las cuestiones, sino sólo: «Por qué derecho Cristo fue rey y si su reino es de la misma especie que el de los príncipes temporales».

En efecto, entre los autores que tratan del reino de Cristo, Redentor y Señor nuestro, unos dicen que fue rey de los judíos no sólo en virtud de la unión hipostática o por el hecho de ser el Mesías (ya que por esta razón era rey de todo el orbe), sino por derecho hereditario y por su origen natural. Sobre esta cuestión puede consultarse a Armacano[51], quien sostiene que Cristo fue rey de los judíos por nacimiento y en virtud de su humanidad, y no sólo por la unión hipostática. De acuerdo con esto, dice que la dignidad real recayó por sucesión en la Virgen María, según la ley dada en el libro de los Números, donde se establece que la herencia pueda recaer en

---

[51] Richard Fitzralph (Armacanus), *Summa in quaestionibus armenorum*, 5, 15s, *De Christi dominio*.

las hijas, y habla finalmente de las hijas de Salfad, en estos términos: *Si uno muere sin hijos, haréis pasar su heredad a su hija; y, si no hay tampoco hija, haréis pasar la heredad a sus hermanos. Si no hay hermanos, daréis la heredad a los hermanos de su padre; y, si no hay hermanos de su padre, pasaréis la heredad al más próximo pariente de la familia*[52]. De este modo Cristo puede ser llamado con toda razón rey de los judíos, por parte de su madre y de los primogénitos.

Lo prueba Armacano con muchos argumentos. En primer lugar, porque los Profetas llamaron rey al Mesías. Así en los Salmos: *En tu poder se goza el rey, ¡Oh Yahvé!*[53]; *Al rey dedico mi poema*[54]; *Otorga al rey, ¡oh Dios!, tu juicio*[55]; y sigue más adelante: *Que domina de mar a mar*[56]. Y en Isaías: *Príncipe de la paz, para dilatar el imperio*; y también: *Porque Yahvé es nuestro juez, Yahvé es nuestro jefe, Yahvé es nuestro rey*[57]; y también Daniel[58] y Zacarías[59] dicen que tiene un reino. Todo esto lo confirma el mismo ángel Gabriel cuando dice a María: *... y le dará el Señor Dios el trono de David, su padre, y reinará en la casa de Jacob por los siglos*[60]. Por consiguiente, no es suficiente decir que fue llamado rey porque había de regir espiritualmente y dar una ley espiritual; pues, según eso, Moisés y Samuel debieron llamarse reyes, y el Mesías, más que rey, tendría que llamarse profeta, o sacerdote, o doctor. Asimismo, al preguntarle Pilato *¿Tú eres rey?*, respondió: *Tú dices que soy rey.*

---

[52] 27, 8-11.
[53] 20, 2.
[54] 44, 2.
[55] 71, 1.
[56] 71, 8.
[57] 33, 22.
[58] 7 *per totum.*
[59] 9, 9 ss.
[60] Lc 1, 32-33.

Yo para esto he venido al mundo, para dar testimonio de la verdad[61]. Con estas palabras Cristo parece reconocer que es rey en el mismo sentido en que Pilatos hablaba. En tercer lugar, porque si era llamado rey sólo por su potestad espiritual, o en virtud de la potestad temporal que Dios le concedió, dado que tal potestad se extiende a todo el orbe, no debería haberse llamado rey de Israel más que rey de los egipcios o de los romanos, ni de él debería decirse que se sentaría sobre el trono de David más que en el de César Augusto, o en el Capitolio de los romanos. Sin embargo, dice el Salmo: *Yo he constituido mi rey sobre Sión, mi monte santo*[62]. Y, en el pasaje de Lucas antes citado, el ángel dice en primer lugar que reinará en la casa de David su padre; y en Mateo: *De ti saldrá un caudillo, que apacentará a mi pueblo Israel*[63]; y en Zacarías: *Alégrate sobremanera, hija de Sión. Grita exultante, hija de Jerusalén. He aquí que viene a ti tu rey*[64]; y en Juan: *Pero los judíos gritaron, diciéndole: si sueltas a ése no eres amigo del César*, y añadiendo la causa, dijeron: *Todo el que se hace rey va contra el César*[65]. Es evidente que hablaban del reino de los judíos. Y no parece que los judíos se inventasen esta acusación sin ningún fundamento, pues sin duda se lo habían oído a él o a sus discípulos. A esto hace referencia también lo que se dice en Juan que todos quisieron apoderarse de él y hacerlo rey[66]. Pero esto no lo hubieran intentado a no ser por el motivo indicado, es decir, que se llamaba rey a sí mismo.

En quinto lugar, los Magos cuando buscaban a Cris-

---

[61] Jn 18, 37.
[62] 2, 6.
[63] 2, 6.
[64] 9, 9.
[65] 19, 12.
[66] Jn 6, 15.

to decían: *¿Dónde está el rey de los judíos que acaba de nacer?* [67].

Asimismo, en sexto lugar, a esto parece hacer referencia lo que Cristo dice, cuando le preguntaron los que recaudaban la didracma: *¿Vuestro maestro no paga la didracma?* Cristo, como Pedro hubiese entrado en casa, le dijo: *¿Qué te parece, Simón? los reyes de la tierra ¿de quienes cobran censos y tributos?, ¿de sus hijos o de los extraños?* Y contestó el: *De los extraños.* Y le dijo Jesús: *Luego los hijos están exentos. Mas para no escandalizarlos, vete al mar, echa el anzuelo y agarra el primer pez que pique, ábrele la boca y en ella hallarás un estater; tómalo y dalo por mí y por ti* [68]. Con lo cual Cristo parece manifestar que es hijo de rey y, consecuentemente, exento de tributo.

Sin embargo, a pesar de estas razones, parece un sinsentido y próximo al error de los judíos el decir que Cristo fue rey en virtud de sucesión carnal. En efecto, los judíos esperaban que nacería de una gran familia y que tendría un reinado temporal y restablecería el reino de David, cosas todas estas que son naturales y ellos entendían carnalmente. Sin embargo, según el Apóstol *la letra mata pero el espíritu da vida* [69], y Cristo no vino a la tierra por la república temporal, pues no vino a traer paz a la tierra, sino la espada, que es, sin embargo, el fin de la república temporal.

Así pues, dejando de lado la vanidad de los judíos, que se deslumbran con el sol, digo que el reino de Cristo era más excelente que el que pensaban los judíos. En efecto era monarca del mundo no por sucesión sino por don del Padre mediante la unión hipostática. No era de

---

[67] Mt 2, 2.
[68] Mt 17, 24-27.
[69] II Cor 3, 6.

esa especie de reinos que gozan los príncipes de la tierra. Y creo que ésta es la opinión de Santo Tomás [70]. Por consiguiente, el reino de Cristo se diferencia de los demás reinos. En primer lugar, el reino de Cristo se extiende a las almas, los demás reinos sólo a los cuerpos. Además, los otros reinos afectan únicamente a las cosas inferiores; el reino de Cristo también a las celestiales. Por eso Él mismo dijo: *Me ha sido dado todo poder en el cielo y en la tierra* [71].

En segundo lugar, por razón del fin, pues su fin es más importante y más inmediato a la capacidad humana; pues el fin principal e inmediato de los otros reinos es la felicidad humana y la paz en la república. Pero se da menos importancia a la salud espiritual. En el reino de Cristo, sin embargo, sucede lo contrario, pues tiene como fin primario y principal la salvación de las almas, aunque también secundariamente tenga en cuenta la felicidad humana.

En tercer lugar, porque los otros reinos se extienden sólo al tiempo presente; el de Cristo, sin embargo, también al tiempo futuro, porque *su reino no tendrá fin* [72].

En cuarto lugar, porque los otros reinos existen o bien por consenso del pueblo, o por sucesión; en cambio el reino de Cristo procede de Dios inmediatamente. A esto parece referirse lo que el ángel dijo a María: *Y le dará el Señor Dios el trono de David su padre* [73]; con lo cual abiertamente se declara que el reino debe corresponderle como don de Dios, no por otro cualquier derecho. También se dice en el Salmo: *Yo he constituido mi rey* [74]. Lo demuestra también el que si lo tuviese por derecho here-

---

[70] III, q. 8, a. 2; cf. *De regimine principum*, 3, 13.
[71] Mt 28, 18.
[72] Lc 1, 33.
[73] Lc 1, 32.
[74] 2, 6.

ditario, terminaría con su muerte; y sin embargo dice: *y su reino no tendrá fin*[75]. También porque si le correspondiese por derecho hereditario, bien sea por parte de la madre, como dice Armacano[76], bien por parte de José, no hubiese sido rey mientras ellos viviesen, pues el hijo del rey no es rey en tanto vivan su padre y su madre, de quienes recibe el reino. Del mismo modo en el Deuteronomio, se dice: *No podrás darte por rey un extranjero que no sea tu hermano*[77]. Y, sin embargo, si una mujer pudiera heredar el reino de los judíos podría tener a un extranjero por marido, y éste sería rey en contra de lo que establece la misma ley. Asimismo, esa mujer podría casarse con un primogénito de las tribus de Benjamín o Leví, y, cuando su hijo reinara, el reino pasaría de Judá a la tribu de Leví o a la de Benjamín.

Además es evidente que el reino de Cristo es de distinta especie que los reinos temporales; porque, según Aristóteles[78], los gobiernos se diferencian por sus diversos fines y distintos modos de gobernar. Luego, siendo distintas las leyes y distintos los fines en el reino de Cristo que en los otros reinos, se sigue que se diferencia específicamente de los otros. En efecto, el fin del reino de Cristo se declara suficientemente en el Salmo, donde, después de poner en sus labios *Yo he constituido mi rey*, añade: *Voy a promulgar un decreto de Yahré*[79], donde parece declararse la finalidad del reino de Cristo, es decir, predicar y gobernar el género humano conforme a los preceptos divinos. Lo mismo parece deducirse de aquello que respondió Jesús a Pilatos: *Tú dices que soy rey. Yo para esto he venido al mundo, para dar*

---

[75] Lc 1, 33.
[76] Ver nota anterior, 51.
[77] 17, 15.
[78] *Política*, I, 1, 1252a.
[79] 2, 7.

testimonio de la verdad[80], como si dijera, aunque soy rey, como dices, sin embargo, no me consideres rey para gobernar en los bienes temporales, sino rey para predicar la verdad. Asimismo: *Mi reino no es de este mundo*[81]. Con esto quiso manifestar dos cosas: primero, que no tenía reino recibido de este mundo, es decir, de sus padres; en segundo lugar, que no era un reino al modo y configuración de los reinos humanos.

A las pruebas aducidas por Armacano se responde fácilmente. A lo que dice sobre los hijos de Salfad[82] se contesta de dos maneras. Primero, que esa ley no se observa en cuanto a la herencia del reino, como enseña la misma Escritura; en efecto, nunca sucedió en el trono una hija; la razón es que el pueblo de Israel había pedido un rey y les fue dado para que los guiara, como consta en Samuel[83], función ésta que las mujeres no pueden desempeñar. Y también porque de ningún modo puede probarse que la Virgen María fuese consanguínea de los reyes de Israel; y tampoco se puede probar que lo fuese José; y, aunque de este último se probara, no por ello se probaría que Cristo fuese rey. A sus argumentos se responde del siguiente modo. Al primero, que no negamos a Cristo la potestad también en lo temporal, pero no la recibió de sus padres ni la recibió por un fin puramente temporal, sino, sobre todo, por un fin espiritual. Al segundo, que queda claro, por lo dicho, lo que Cristo quiso responder, pues no negó el reino, sino el modo y el fin del reino. Al tercero se responde que aunque Cristo viniera por todos los hombres y fuese monarca de todos, como después se dirá más extensamente, vino, sin embargo,

---

[80] Jn 18, 37.
[81] Jn 18, 36.
[82] Núm 27, 1 ss.
[83] I Sam 8, 19-22.

de manera especial para las ovejas de Israel. La respuesta al cuarto queda clara de lo dicho; pues no negamos que Cristo fuese rey de los judíos; y, en cuanto que no quiso ser rey según se dice en Juan[84], afirmamos que no quiso valerse de las cosas temporales, porque eso nada le ayudaba para el fin de su reino, sino que más bien era un obstáculo. Al quinto, está claro que los Magos entendieron la profecía más de acuerdo con el sentido genuino y verdadero que los judíos y los demás, porque lo encontraron reclinado en un pesebre y en una casa muy pobre y, sin embargo, esto no los disuadió de honrarlo como rey, como dice el Crisóstomo en su homilía sobre el Evangelio de Mateo[85]. Al sexto se puede responder de diversas maneras, pero baste con decir ahora o bien que Cristo quiso mostrar la libertad de la Iglesia y la inmunidad de los eclesiásticos, o bien que Él no estaba obligado, que es lo que nosotros sostenemos. Pero esto no fue por sucesión sino por un don de Dios, por la unión hipostática.

Sobre el reino de Cristo hay que hacer notar, con Santo Tomás, que Cristo, en primer lugar, tuvo potestad también en cuanto a su humanidad. Esto es evidente por las palabras: *Me ha sido dado todo poder en el cielo y en la tierra*[86]. Este texto, dicen Jerónimo[87], y Remigio[88], se entiende también de la humanidad, según aquello del Profeta: *Le diste el señorío sobre las obras de tus manos*[89]. Lo mismo dice Agustín, y el Apóstol[90],

---

[84] 6, 15.
[85] *In Matheum homiliae*, 6, 1s.; 8, 1-3 MG 57, 63s., 81-86.
[86] Mt 28, 18.
[87] *Comentarii in Evangelium secundum Matheum*, 4.
[88] Remigio de Auxerre (Altisiodorense), *Enarrationes in psalmos*. ML 131, 157.
[89] Sal 8, 6.
[90] I Cor 15, 25.

donde aplica a Cristo aquellas palabras: *Todo lo has puesto debajo de sus pies* [91]. Y Santo Tomás nos dice qué cosas sean propias de este reino donde, en el lugar citado, dice: *Aparece con bastante claridad que el dominio de Cristo se ordenaba a la salvación de las almas y a los bienes espirituales, aunque no se excluyesen los temporales, en tanto en cuanto se ordenan a los espirituales* [92]. En ese lugar se dice que César Augusto hizo las veces de Cristo, que era el verdadero monarca. Dice también que la monarquía de Cristo comenzó con el nacimiento, en señal de lo cual los ángeles servían a los pastores y los Magos venían a adorarlo. También dice que, aunque fuese señor del mundo, sin embargo ordenó su principado a la vida espiritual, según las palabras de Juan: *Yo he venido para que tengan vida y la tengan en abundancia* [93]. En el artículo 16 dice también que Constantino, movido por instinto divino, se sintió impulsado a entregar el poder a San Silvestre, al cual por derecho se le debía propiamente el reino o dominio temporal, no como se debe y lo tienen ahora en algunas tierras los papas, sino del modo que lo tienen en todo el mundo, es decir, en cuanto se requiere para el reino espiritual de las almas, pues Santo Tomás ni soñó que Cristo tuviera un reino por vía sucesoria, es decir, por herencia y del mismo modo que reinan otros reyes. Y donde trata de la potestad de Cristo [94] prueba que tuvo potestad sobre las cosas humanas, porque *a quien se le encomienda lo principal, se le encomienda también lo accesorio*. Pero todas las cosas humanas se ordenan al fin de la bienaventuranza que es la salvación eterna, a la que los hombres

---

[91] Sal 8, 7.
[92] *De regimine principum*, 3, 13 ss.
[93] Jn 10, 10.
[94] III, q. 59, a. 4.

son admitidos o rechazados por el juicio de Cristo[95]. Por todo lo cual queda claro que todas las cosas humanas caen bajo la potestad judicial de Cristo. Acerca de esta potestad se dice en Daniel que le dio la potestad, el honor y el reino[96]. En toda la III parte nunca se habla de otra potestad temporal de Cristo, aunque se habla aquí expresamente de Cristo. Por consiguiente, hay que rechazar absolutamente todas las demás fantasías. Más aún, yo creo que, cuando Santo Tomás escribió la III parte, se dejaba llevar de su fantasía al opinar que los emperadores eran vicarios de Cristo en cuanto a lo temporal, aunque dijera esto en el opúsculo *De regimine principum*, donde también dice que fueron tiranos todos los que no recibieron el imperio con el consentimiento de la Iglesia romana[97]. Pero pienso que esta verdad no se fundamenta en la potestad temporal propiamente dicha, sino en que el pueblo cristiano no consintió en ello, o porque pertenece al Papa algunas veces, de modo extraordinario por razón de la autoridad espiritual, un dominio temporal. Sin embargo, o se dice que los emperadores y reyes eran vicarios de Cristo y sus sucesores, en el sentido indicado, o estaban sometidos a Él, porque a Cristo, en cuanto Mesías y al Papa en cuanto su vicario, les ha sido dada la potestad de usar las cosas temporales y los reinos en tanto en cuanto sea necesario para su fin y para el cumplimiento de sus obligaciones, es decir, para el gobierno de la Iglesia. De este modo tendrían algún poder sobre los reyes y los emperadores. Pero no pienso que éstos tengan recibida del Papa la mera potestad temporal.

---

[95] Mt 25, 31-46.
[96] 7, 14.
[97] *De regimine principum*, 3, 10, 13.

Lyra[98] y Gorran[99] están de acuerdo en que el reino de Cristo no fue sólo por sucesión; pues quien quiera decir que los padres de Cristo fueron verdaderos reyes, tendrían que decir que los Macabeos fueron tiranos, ya que tenían el mando en el tiempo en que vivían los reyes. Santo Tomás, sin embargo, dice que ellos tuvieron su verdadero principado y poder, aun cuando fuesen de familia sacerdotal, pues lo merecieron por su celo por la patria y la ley[100]. A esto puede aplicarse también aquellas palabras del Señor al joven que le dijo: *Maestro, di a mi hermano que parta conmigo la herencia. Pero, hombre* —le respondió—, *¿quién me ha constituido juez o partidor entre vosotros?* [101]; con lo cual parece negar que él tuviera potestad temporal para juzgar. Véase también lo que dicen San Antonino[102] y Enrique de Gante[103], y las Glosas[104], sobre el capítulo 7 de Daniel; y el Burgense[105], donde, comentando el capítulo de Daniel en su totalidad, expone la doctrina sobre el reino espiritual de Cristo, y dice que derrotó a todos los reinos, no con guerras ni despojándolos de la potestad temporal, sino suprimiendo la idolatría que dominaba en aquellos cuatro reinos, y ejercía la tiranía sobre ellos, como nos ha

---

[98] Nicolás de Lyra, *Postilla super totam bibliam*, Coment. in Sam, Dan y otros lugares.
[99] Nicolás de Gorram, *Comentarium in quattuor evangelia*, in Jn 18, 36.
[100] *De regímine principum*, III, 4.
[101] Lc 12, 13-14.
[102] Antoninus de Florentia, *Secunda pars tertiae partis Sumae*, Venetiis, 1485, p. 1, tít. 3, 4, 5, 6.
[103] Enricus Goethals (Gandavense), *Quodlibeta*, Quodl. 6, q. 22-23.
[104] Glosas sobre Daniel; cf. *Relectiones*, Ulrich Horst..., vol. II, nota 38, p. 171.
[105] Pablo de Burgos, *Dialogus qui vocatur Escrutinium scripturarum*, I, 7, 1.

dejado escrito Bautista Mantuano [106] respondiendo a cierto judío. Mucho mayor poder se manifiesta en que los hombres cambien sus dioses que en que cambien sus reyes.

(Este escrito sobre el reino de Cristo, no se encontraba en la relección escrita. El mismo Maestro lo relató de otra manera, y mejor de memoria. Pero yo encontré entre sus escritos esto que quizá no tiene el mismo estilo que lo que le precede.)

14. SEGUNDA CONCLUSIÓN. «Así como la mayor parte de la república puede constituir rey sobre toda ella, incluso con la oposición de los otros, así también la mayor parte de los cristianos, incluso con el rechazo de los demás, puede crear un monarca, al que deban obedecer todos los príncipes y provincias». La *primera parte* de esta conclusión queda suficientemente clara por lo dicho antes. Pues si la república puede entregar el poder a uno cualquiera, y esto en provecho de la misma república, es cierto que no es obstáculo la discrepancia de uno o de algunos pocos, con tal que los demás puedan proveer al bien de la república. De otro modo la república no estaría suficientemente protegida si se exigiera que todos estuvieran de acuerdo, siendo así que eso no sucede casi nunca tratándose de una multitud de gente. Es suficiente, pues, que la mayor parte esté de acuerdo en una cosa, para que en derecho pueda hacerse.

Asimismo se prueba eficazmente, porque, si no se ponen de acuerdo dos partes, necesariamente ha de prevalecer la opinión de alguna de ellas; y, una vez que quieren cosas contradictorias y no debe prevalecer la opinión de la parte menor, ha de seguirse la de la mayoría.

---

[106] Bautista de Mantua (1448-1516), *carmelita, autor de numerosas obras teológicas y poéticas.*

Porque, si para nombrar un rey se requiere el consenso de todos, ¿por qué no se requiere también para no nombrarlo? Pues ¿por qué se ha de requerir más el consenso de todos para la afirmativa que para la negativa?

La *segunda parte* es que el rey así constituido está sobre toda la república. Quiero decir que en el principado regio el rey está no sólo sobre cada uno, sino también sobre toda la república, es decir, también sobre el conjunto. Y, aunque hay diversas opiniones y se discute mucho entre los filósofos acerca de esta condición de la república, yo, sin embargo, demostraré la parte de nuestra conclusión. Porque, si la república estuviera sobre el rey, sería, en consecuencia, un principado democrático, esto es, popular; y así no sería monarquía o principado de uno solo. Ésta parece ser la sentencia de Aristóteles [107].

Además la república puede entregar a uno el poder no sólo sobre cada uno, sino sobre todos en conjunto, y ése tendría el poder real y no habría otro poder que ese principado de uno solo, y no sería democrático ni aristocrático. Luego el rey está sobre todos. Además el rey no apela a la república, luego la república no es mayor ni superior al rey.

La *tercera parte* de la conclusión es que la mayor parte de los cristianos podría nombrar un monarca. Se prueba porque toda la Iglesia es, en cierto modo, una república y un cuerpo según las palabras del apóstol: *Todos formamos un solo cuerpo* [108]. Luego tiene la potestad de conservarse y guardarse y de constituir la organización que le parezca mejor para defenderse de los enemigos.

Asimismo, estando el fin temporal por debajo del

---

[107] Política, III, 14, 1284b-1285b; III, 7-8, 1279b-1280a.
[108] Rom 12, 5; I Cor 10, 17.

espiritual y ordenado a él, como en otro lugar se tratará más ampliamente, si el tener un solo monarca fuese conveniente para la defensa y propagación de la religión y la fe cristianas, no veo por qué no puedan aquellos a quienes corresponde lo espiritual delegar a los cristianos para que nombren a un solo monarca, así como los príncipes eclesiásticos, en beneficio de la fe, privan a los herejes de su principado, por otra parte legítimo.

Además se prueba porque el género humano tuvo alguna vez esta potestad de elegir un monarca, como es evidente que sucedió antes de hacerse la división de los pueblos. Luego ahora también puede hacerlo; porque, siendo esa potestad de derecho natural, no cesa.

De esta conclusión se infiere un COROLARIO: «que en las ciudades libres, como Venecia y Florencia, podría la mayor parte elegir un rey, aunque algunos otros se opusieran». Esto parece cierto, no sólo porque está claro que conviene a la república, sino también en el caso de que le conviniera más la política aristocrática o la democrática. Pues, desde el momento en que la república tiene el derecho de administrarse a sí misma, todo lo que hace la mayor parte lo hace toda ella. Luego puede aceptar la política que quisiere, incluso aunque no sea la mejor, como Roma tuvo la forma política aristocrática, que no es la mejor.

SEGUNDA PARTE

15. Tercera conclusión. «Las leyes y las constituciones de los príncipes obligan de tal manera que los transgresores son reos de culpa en el fuero de la conciencia; y esta misma fuerza abligatoria tienen los preceptos de los padres a los hijos y de los maridos a sus esposas». En este argumento y como materia de esta conclusión, si el tiempo lo permitiera, podrían decirse muchas cosas útiles dignas de ser comentadas. Pero por la premura del tiempo trataré de exponer el tema completo en las menos palabras posibles.

En primer lugar diré que hay quienes piensan que las leyes no tienen fuerza alguna para obligar a sus transgresores en el fuero de la conciencia, sino que llevan consigo solamente la obligación de que los príncipes y magistrados puedan castigar con justicia a los violadores de las leyes, y niegan que los súbditos tengan ninguna otra obligación ante Dios; igual que muchos religiosos dicen de sus constituciones, que obligan sólo bajo pena, no bajo culpa. Y no es que desvaríen, sino que lo prueban con razones y argumentos de valor.

Primero, porque de lo contrario, si obligara en el fuero de la conciencia, se seguiría que la potestad secular sería espiritual.

Segundo, porque el fin de la república y la potestad secular es sólo algo temporal, como por ejemplo la paz del Estado y la convivencia de los ciudadanos; y esto no afecta para nada a la conciencia.

Tercero, porque esa potestad secular sería defectuosa y manca, ya que podría obligar en conciencia y no podría absolver.

Cuarto, porque entonces alguno sería castigado dos veces por el mismo pecado, pues en este mundo lo castigarían los príncipes, y en el otro, Dios.

Quinto, porque el poder civil no puede imponer una pena espiritual. Luego tampoco puede obligar bajo culpa, pues no se ve mayor razón para lo uno que para lo otro.

Sexto, porque es potestad del príncipe obligar a culpa, o no. Si lo primero, en contra está el que los prelados pueden no obligar en el orden espiritual, como consta de las congregaciones religiosas. Si lo segundo, ¿cómo constará cuándo quieren obligar, si ellos no lo explican?

No obstante estas razones que han esgrimido serios doctores, no me parece que podamos poner en duda que las leyes civiles obligan en el fuero de la conciencia, siendo así que Pablo parece testificarlo claramente en la Carta a los Romanos: *Es preciso someterse no sólo por temor del castigo, sino por conciencia*[109]. Y también Pedro dice: *Por amor del Señor estad sujetos a toda institución humana; ya al emperador como soberano...*[110]. Esto no parece que pueda entenderse en manera alguna si las leyes obligaran sólo en el fuero contencioso, y no en el de la conciencia. Pero como alguien podría responder que no es lo mismo obligar en el fuero de la conciencia y obligar bajo culpa, sobre todo cuando los religiosos confiesan que sus leyes les obligan en

---

[109] 13, 5.
[110] I Pe 2, 13-14.

el fuero de la conciencia pero que no inducen a culpa, por eso digo también que «las leyes civiles obligan bajo pena de pecado y de culpa del mismo modo que las eclesiásticas». Esto se prueba claramente por lo que dice Pablo a los Romanos: *Y los que la resisten se atraen sobre sí la condenación* [111]. Ahora bien, no se incurre en condenación si no es por la culpa; luego los transgresores de las leyes incurren en verdadera culpa ante Dios.

16. Para más aclarar y confirmar lo que hemos dicho hay que advertir que la ley humana y la ley divina difieren en unas cosas y convienen en otras. En efecto, difieren puesto que la ley divina, como es dada sólo por Dios, así también nadie puede quitarla ni abrogarla; en cambio, la ley humana, como está puesta por el hombre, el hombre puede quitarla y anularla. Se diferencian también porque, para que la ley divina sea justa y por lo mismo obligatoria, basta la voluntad del legislador, pues la voluntad es razón suficiente. Sin embargo, para que la ley humana sea justa y pueda obligar, no es suficiente la voluntad del legislador, sino que es necesario que sea útil a la república y mesurada para los demás. También se diferencian en que la ley divina obliga de una manera más firme e intensa, pues en muchos casos obliga donde no llega a obligar la humana. Yo no podría ver ninguna otra diferencia entre ellas.

Convienen en lo siguiente: porque la ley divina constituye en su ser y género de virtud y de vicio algo de tal especie que por el mero hecho de que una cosa esté mandada por la ley divina, es buena y legítima y, por el hecho de estar prohibida, es mala e ilegítima; y esto no sería así sin el mandato o la prohibición, como se ve claro por

---

[111] 13, 2.

el ejemplo del bautismo y la confesión, y de los otros sacramentos, en los que no hay otra bondad que el mismo hecho de estar mandados por Cristo. También el consumo de carne y otros preceptos legales de la Antigua Ley no tenían ciertamente ninguna otra maldad sino el estar prohibidos por la ley. De donde queda claro que en esas cosas no hay nada de malo si no es por estar prohibidas por la ley, ni virtud alguna si no es por estar mandadas o alabadas por la ley. En efecto, toda la bondad de la voluntad humana, como prueban con firmeza los doctores, está en la conformidad con la voluntad y la ley divina; y toda malicia le viene de la disconformidad con la ley divina, que es la regla de todos los actos humanos. Así también la ley humana tiene la fuerza de hacer que algo se constituya en virtud y su contrario en vicio. En efecto, así como la ebriedad por estar prohibida en la ley divina es intemperancia, así el ayuno es un acto de virtud por estar recomendado en la misma ley; y es virtud la abstinencia de ciertos manjares porque está preceptuada por una ley humana. Y, para no poner solamente ejemplos de leyes eclesiásticas, diremos que el comprar a un magistrado por dinero es ambición, porque está prohibido por la ley humana. Asimismo vestir de seda es falta de moderación solamente porque está prohibido; y dar en un banquete más de lo que la ley permite será intemperancia; cosas que antes de la ley podrían haber sido templanza y magnificencia. Poca es la diferencia en cuanto a esto entre la ley humana y la divina, pues, como hay mérito en las obras de virtud, así también hay culpa en los vicios.

17. Por tanto, así como la ley divina tiene fuerza para obligar a culpa, así también la ley humana. Y, para que no parezca que decimos esto arbitrariamente, lo probamos del siguiente modo. La ley humana viene de Dios, luego obliga igualmente que la ley divina. Se prueba el

antecedente porque se llama obra de Dios no sólo lo que él produce por sí mismo, sino también lo que hace por medio de las causas segundas. Luego debe llamarse ley divina no sólo la que él mismo ha sancionado, sino también la que han dado los hombres con el poder de Dios; del mismo modo que se denominan leyes de los Pontífices no sólo las que el Papa por sí mismo ha dado, sino también las que han dado sus inferiores con la autoridad del Papa. En efecto, se denominan Constituciones papales las de las Universidades y Colegios, de las que consta que no las ha hecho el Papa personalmente, sino que otros las han redactado con su autoridad. O bien, para probarlo con mayor claridad, se arguye del siguiente modo: supuesto que el Papa tiene autoridad para hacer leyes que obliguen en el fuero de la conciencia, si encomendase a alguno que diese leyes a una comunidad con la obligación de ser obedecidas, ¿acaso los preceptos de ese delegado no tendrían la virtud de obligar en el fuero de la conciencia? Luego, con la misma razón, puesto que Dios dice: *Por mí los reyes reinan y los príncipes decretan lo justo* [112], ¿por qué los decretos de éstos no van a obligar igualmente en el fuero de la conciencia? Y, para que quede más claro, parece absolutamente absurdo conceder que los preceptos del Legado obligan bajo culpa si el Papa manda que en esta ciudad todos obedezcan al Cardenal Legado, como todos afirman, y se niegue que las leyes de los príncipes obliguen bajo culpa, siendo así que Cristo manda obedecerlos. En fin, los que admiten que las leyes de los Pontífices obligan bajo culpa, no pueden de ninguna manera negar que obliguen también las leyes civiles.

En efecto, el Señor instituyó los príncipes seculares para gobernar la república secular, del mismo modo que

---

[112] Sal 8, 15.

los pontífices para gobernar la república espiritual. Y la sentencia del Señor *El que os desecha a mí me desecha*[113] no se refiere sólo a los eclesiásticos, sino también a los magistrados civiles. Y en la Escritura se recomienda con igual interés la obediencia a los príncipes seculares que a los eclesiásticos. No hay, por consiguiente, ninguna diferencia, en cuanto a la obligatoriedad, entre las leyes humanas y las divinas; del mismo modo que sería verdadero igualmente un sacramento instituido por los Apóstoles o por la Iglesia, en el caso de que tuvieran esa potestad, que los instituidos por Cristo. Y no obliga menos la Ley Antigua, aunque fuera dada por los ángeles y no directamente por Dios, que la Ley Evangélica, dada directamente por Cristo mismo. Esto téngase por cierto.

18. «Podrá dudarse si las leyes civiles obligan bajo culpa mortal o solamente venial». Que algunas veces obligan bajo culpa mortal puede constar por las palabras de Pablo antes aducidas: *Los que resisten se atraen sobre sí la condenación*[114]. Además Datán y Abirón fueron devorados por desobedecer a Moisés y Aarón; y no parece que fueran castigados con pena de muerte por una falta venial.

Pero para probar lo contrario, es decir, que parecen no obligar nunca a mortal, se dan los siguientes argumentos. Si hubiese conflicto entre algún precepto divino que obligase sólo a venial con cualquier ley humana, sería necesario transgredir la ley humana más bien que, por ejemplo, mentir. Pero si una ley humana obligase bajo mortal, más bien habría que obedecerla antes que el precepto de venial, puesto que el mortal debe ser evitado.

---

[113] Lc 10, 16.
[114] Rom 13, 2.

A esta seria duda se responde con lo dicho poco antes. Pues hemos dicho que en cuanto a la obligatoriedad hay que pensar lo mismo de las leyes humanas que de las divinas. Y para determinar cómo y cuánto obligan las leyes humanas hay que considerarlas como si fuesen divinas, pues una ley humana que, si fuese divina, obligaría bajo venial, obliga bajo venial, y una ley humana que, si fuese divina, obligaría bajo mortal, obliga también bajo mortal. Hemos dicho, en efecto, que en cuanto a esto no hay diferencia, pues obligan como si hubiesen sido dadas por Dios, aunque no tan firmemente. Luego, como de las leyes divinas unas obligan bajo mortal y otras bajo venial, así también hay que decir de las leyes humanas, que unas obligan bajo venial y otras bajo mortal.

19. Pero ¿cómo podremos discernir cuándo las leyes humanas obligan bajo venial y cuándo bajo mortal, siendo así que la ley civil misma no lo determina y el legislador ni siquiera pensó en esto cuando la dio?

Se responde que ni siquiera en la ley divina, y sobre todo en la ley natural, se determina qué precepto sea obligatorio bajo mortal y cuál bajo venial, y entre los mortales mismos tampoco se establece la gravedad de uno respecto al otro, es decir, cuál de ellos sea más grave; pues lo mismo que se nos dice «no matarás», se nos dice «no hurtarás», «no mentirás» y «darás cuenta de cualquier palabra ociosa», etc. Luego la regla es la misma para distinguir la gravedad de cualquier pecado, puesto que debe averiguarse atendiendo a la materia del precepto. Así como en la ley natural y divina se considera mortal aquello que va contra el honor de Dios o la caridad del prójimo, como la blasfemia o el homicidio, y se considera venial lo que es disconforme con la razón y la ley, pero no va contra el honor de Dios o la caridad para con el prójimo, como es una palabra ociosa, o cosas parecidas, así también será en las leyes humanas. Si en ellas se manda algo que sea muy necesario para la paz de los ciudadanos, para el incremento del bien público, para la honestidad de las costumbres, su trasgresión parece que será pecado mortal. Pero si lo que se establece en la ley no es una cosa tan necesaria, sino algo más bien leve, será venial. Los ejemplos de las leyes humanas no los tenemos tan al alcance de la mano como los de las leyes divinas. Pero puede ponerse el ejemplo de los tributos que se consideran necesarios absolutamente para la defensa de la república y para otras funciones y obras públicas, y por eso el no pagarlos sería mortal; aunque Dios no hubiera dado ninguna ley sobre esto, sino que todo el cuidado de hacerlo lo hubiera encomendado a los hombres, y se tratara de una ley civil, como, por ejemplo, no matarás y no mentirás, la primera obligaría bajo culpa mortal, y la segunda venial, como ahora que son leyes divinas. Asimismo si alguien cazase, o vistiese de lino fino contra lo dispuesto por una ley civil, no parece ser mortal. Se podrían aducir otros ejemplos más sencillos aún, pues no depende esto de la voluntad del legislador, sino de la naturaleza y cualidad de la cosa, y de la materia.

De aquí se sigue claramente qué gran error es el de algunos teólogos jóvenes que afirman que la gravedad de los pecados debe tomarse y medirse por la cuantidad de la obligación, cuando ha de hacerse precisamente lo contrario, pues la gravedad de la obligación se ha de tomar de la cuantidad de la materia, y obviamente no sabemos qué obligación es mayor, si la de no matar o la de no robar, a no ser por la materia misma, y no al contrario. Y no hay que mirar si aquello que se manda o se prohíbe causa ahora o sólo alguna vez un gran beneficio o un gran mal para la república, sino que hay que tener en cuenta qué pasaría si comúnmente muchos o todos lo hicieran. En efecto, si se prohíbe que nadie saque el dinero fuera del reino, los que lo sacan pecan mortalmente, aunque el sacarlo una sola vez dañe poco a la república; pero, como el que se hiciera comúnmente esquilmaría el reino, esto es suficiente para que la ley común obligue bajo culpa mortal; lo mismo que una sola fornicación poco daño causaría, pero, si se hiciera de manera generalizada, haría mucho daño.

Ahora bien, contra lo dicho se arguye con vehemencia que, si la gravedad del pecado hay que tomarla de la materia, la ley no influye en la culpa, pues, si aquella transgresión es un daño para la república después de dada la ley, también lo sería antes de que se diera la ley. Luego era pecado antes de la ley y tan grave como después de la ley.

A lo primero se responde que la ley no sólo obliga prohibiendo sino también mandando; y así algo que antes de la ley era bueno para la república, aunque no fuera necesario, la ley puede mandarlo y así, después de dada la ley, la trasgresión de lo mandado que no era pecado será pecado.

En segundo lugar digo que, como queda claro por los ejemplos propuestos, puede una cosa, antes de la ley, ser en parte mala y en parte no serlo, pero, una vez dada la ley, aquello será malo en absoluto, porque hubo una razón suficiente para prohibirlo para todos, como, por ejemplo, que no se lleven vestidos de seda o de oro, que antes de la ley ya era malo para un noble pobre; después de la ley es malo para todos, porque hubo una razón suficiente para prohibirlo a todos; aunque antes de suyo no hubiera ningún inconveniente en que algunos magnates tuvieran vestidos de oro o de seda.

20. Aún nos queda una duda: «si el rey podría no obligar bajo culpa si quisiera». Se responde que indudablemente puede hacerlo, del mismo modo que puede el legislador eclesiástico, que a veces hace unos estatu-

tos sin obligación alguna, como el prelado de los religiosos lo hace para sus frailes. Sería contra razón afirmar que las constituciones del prelado eclesiástico no siempre obligan bajo culpa y las de los seculares tienen siempre que obligar. En efecto, algunas veces el legislador, bien sea eclesiástico, bien secular, en sus leyes no quiere exigir a los súbditos la obediencia debida, sino simplemente ordenar lo que debe hacerse, diciendo y orientando más bien que mandando. De este género de cosas parece que hay muchas en las leyes y pragmáticas civiles y eclesiásticas, del mismo modo que el acreedor no siempre que pide el dinero lo exige queriendo obligar.

21. Finalmente se pregunta «si las leyes civiles obligan a los legisladores, y sobre todo a los reyes». A algunos les parece que no, puesto que están sobre toda la república y nadie puede ser obligado si no es por un superior. Pero lo más seguro y lo más probable es que estén obligados a cumplirlas.

Esto se prueba, en primer lugar, porque haría injuria a la república y a los demás ciudadanos si él, siendo parte de la república, no llevase parte del peso de la misma; de acuerdo, sin embargo, con su persona, con su categoría y con la dignidad de su persona. Pero esta obligación es indirecta, por consiguiente se prueba de otro modo: porque las leyes dadas por el rey tienen la misma fuerza que si estuvieran dadas por toda la república, como se ha dicho antes. Ahora bien, las leyes dadas por la república obligan a todos. Luego, si son dadas por el rey, obligan también al rey mismo.

Y se confirma porque en el principado aristocrático los decretos del senado obligan también a los mismos senadores, que son sus autores, y en los regímenes populares los plebiscitos obligan al pueblo mismo. Luego del mismo modo las leyes del rey obligan al rey. Y, aunque depende de su voluntad el dar una ley, sin embargo no está en su voluntad el quedar o no quedar obligado a cumplirla. Ocurre como en los pactos, que uno pacta libremente, pero una vez hecho el pacto hay obligación de cumplirlo.

De todo lo dicho se infiere el siguiente COROLARIO: «Que el derecho de gentes tiene fuerza no sólo por el pacto y consenso entre los hombres, sino también tiene fuerza de ley». En efecto, el orbe entero, que en cierto modo es una república, tiene potestad de dar leyes justas y convenientes para todos, como son las del derecho de gentes. De aquí se sigue claramente que pecan mortalmente los que violan el derecho de gentes, tanto en la paz como en la guerra. Incluso en los asuntos más graves, como es la inviolabilidad de los embajadores, tampoco es lícito a un reino no atenerse al derecho de gentes, puesto que ha sido dado con la autoridad de todo el orbe.

22. Acerca de la tercera conclusión se duda de «si cuando cesa la razón de la ley cesa la obligación». Como, por ejemplo, si está prohibido por una ley que nadie lleve de noche armas, y la razón es el peligro de llevarlas en horas de la noche, pero yo sé que en mi caso no hay ningún peligro en que las lleve, y surge la duda de si, llevándolas, caigo en culpa.

Se responde que la razón de la ley puede cesar de dos maneras. Una, porque universalmente cesa la razón por la que fue dada la ley, como, por ejemplo, si se prohíbe introducir armas en territorio francés en tiempo de guerra, no obligará esa ley en tiempo de paz. Pues la misma razón se requiere para que la ley obligue y para que dure esa obligación que para que se cumpla el fin para el que se da; si cesa el fin, también cesa la razón de darla, luego también la razón de conservarla.

Y se confirma: porque una cosa se corrompe por las

mismas causas por las que fue engendrada. Además, porque si una ley no es útil a la república ya no es ley.

En segundo lugar, puede cesar la razón de la ley para alguno en particular y no cesar, sin embargo, para todos en absoluto; o para muchos, como en el caso propuesto. No obstante, ese tal estará también obligado a la ley. En efecto, el que muchas veces se sigan peligros de llevar armas por la noche es razón suficiente para que se prohíba a todos. De lo contrario la ley no tendría ninguna eficacia, pues cada cual juzgaría que aquella ley no había sido dada para él, sino para otros. Del mismo modo en los demás preceptos no hay que atender a la razón particular, sino a la general.

23. «Se duda de si obligan las leyes dadas por los tiranos». Y se responde que parece que los tiranos no tienen potestad alguna.

Pero en contra está el siguiente razonamiento: que, como la república está bajo la opresión del tirano y no es dueña de sí misma, ni puede por sí misma dar leyes, ni cumplir las ya dadas, si no obedeciera al tirano, la república perecería.

Ciertamente, parece que las leyes que son convenientes a la república obligan aun cuando las dé un tirano, no porque las dé un tirano sino por el consenso de la república, puesto que es mejor cumplir las leyes dadas por un tirano que no cumplir ninguna. Y sin duda sería la ruina de la república el que príncipes que no tienen justo título ocuparan el reino y sus leyes no obligaran, que no hubiera juicios y que los malhechores no pudieran ser castigados o reprimidos de algún modo, por el hecho de que el tirano no fuera juez legítimo.

24. La última parte de la conclusión es «que los preceptos de los padres obligan como las leyes civiles, y lo mismo los mandatos de los maridos a sus esposas».

Se prueba lo referente a los hijos: porque, así como se manda la obediencia a las autoridades, así también se recomienda obedecer a los padres, como queda claro por las palabras de Pablo: *Hijos, obedeced a los padres* [115]. Luego, si constituye culpa el no obedecer a los superiores, también el no obedecer a los padres. Y, entre los crímenes y pecados en los que se dice que Dios permitió caer a los gentiles, se enumera también el no obedecer a los padres [116]. Además, porque las leyes mandan la obediencia a los padres. Luego, si las leyes obligan bajo culpa, también será culpa el no obedecer a los padres; y ciertamente esto parece estar incluido en el precepto de honrar a los padres y, como antes se ha dicho, que las leyes obligan unas veces bajo pecado mortal, otras bajo venial, otro tanto parece que hay que decir de los mandatos de los padres. De donde se infiere con certeza que, si un padre mandara algo que importara mucho a la organización familiar, la trasgresión de ese precepto parece que sería mortal, y más aún las cosas que se refieren al gobierno de los propios hijos. Pero, como se ha dicho que no toda ley obliga a culpa, por ejemplo la que pretende más orientar que imponer, esto tiene mucha más fuerza tratándose de los padres, que no siempre pretenden exigir el deber de obediencia, sino que al mandar algo pretenden solamente manifestar su voluntad.

Hay que advertir, sin embargo, que, siendo la familia parte de la república, las leyes pueden determinar en qué los hijos están obligados a obedecer a los padres, y en qué no, como han determinado hasta qué edad obliga la obediencia; y, así, en otras cosas no será culpa el no obedecer a los padres. Del mismo modo corresponde a las leyes determinar con qué penas puede el padre

---

[115] Ef 6, 1; Col 3, 20.
[116] Cf. Rom 1, 30.

castigar y corregir al hijo que no obedece, para que el padre no se exceda en el castigo.

Se puede probar también que los maridos pueden dar preceptos a sus esposas. Porque de lo contrario la familia no podría subsistir si no hubiera una cabeza a quien todos estén obligados a obedecer. Eso es precisamente el varón, que es cabeza de la casa y de la esposa, según dice Pablo. En ese mismo lugar dice: *Las casadas estén sujetas a sus maridos como al Señor*. Y después: *La mujer reverencie a su marido* [117]. Además, puesto que esto lo mandan las leyes están obligadas a cumplirlo. Y a las leyes corresponde también determinar cómo y hasta dónde está obligada la esposa a obedecer al marido, y si puede el marido castigar con azotes a la mujer, como hemos dicho de los hijos.

---

[117] Ef 5, 22-23 y 33.

Relección primera
SOBRE LOS INDIOS
recientemente descubiertos

PRIMERA PARTE

SUMARIO

1. Cómo en materia dudosa debe consultarse a quienes corresponde enseñar estas cosas, para que la duda sea segura en conciencia.

2. En materia dudosa, después de consultar la duda debe seguirse el parecer de los entendidos; de otro modo no habrá seguridad.

3. Si, después de consultar a los entendidos en materia dudosa, deciden que es lícito lo que en realidad es ilícito, si para estar seguros en conciencia hay que seguir su parecer.

4. Si los indios bárbaros antes de la llegada de los españoles eran verdaderos dueños privada y públicamente; y si entre ellos había verdaderos príncipes y señores de los demás.

5. Se examina el error de algunos que afirmaban que nadie que estuviera en pecado mortal podría tener dominio sobre ninguna cosa.

6. El pecado mortal no impide el dominio civil ni el verdadero dominio.

7. Si se pierde el dominio por razón de la infidelidad.

8. El hereje no pierde el dominio sobre sus bienes, por la herejía en que ha caído.

9. Si el hereje por el derecho humano pierde el dominio de sus bienes.

10. El hereje desde el día en que comete el delito incurre en la pena de confiscación de sus bienes.

11. No es lícito al fisco ocupar los bienes de los herejes antes de la condena, aunque conste del delito.

12. Dada la sentencia condenatoria aun después de la muerte del hereje, se retrotrae la confiscación de los bienes al tiempo en que se cometió el delito, cualquiera que sea el poseedor al que hayan venido a parar.

13. Las ventas, donaciones y cualquier otra clase de enajenación de los bienes del hereje son inválidos desde el día en que se cometió el delito, etc.

14. Si el hereje es dueño de sus bienes en el fuero de la conciencia antes de ser condenado.

15. El hereje puede lícitamente vivir de sus bienes.

16. El hereje puede por título gracioso transferir sus bienes, por ejemplo donándolos.

17. No es lícito al hereje transferir sus bienes por título oneroso, por ejemplo vendiéndolos o dándolos en dote, si su delito puede llegar a juicio.

18. En qué caso el hereje puede, incluso por título oneroso, enajenar sus bienes lícitamente.

19. No se puede impedir a los bárbaros, ni por el pecado de infidelidad ni por otros pecados, el ser verdaderos dueños tanto pública como privadamente.

20. Si se requiere tener uso de razón para que uno sea capaz de dominio.

21. Si el niño puede ser dueño antes del uso de razón.

22. Si el demente puede ser dueño.

23. No se puede impedir a los bárbaros bajo el pretexto de demencia el ser verdaderos dueños, puesto que no son dementes.

24. Los indios bárbaros eran, antes de la llegada de los españoles, verdaderos dueños pública y privadamente.

El texto que hay que comentar es el del capítulo último de Mateo: «*Enseñad a todas las gentes, bautizándolas en el nombre del Padre y del Hijo y del Espíritu Santo*»[1].

Se plantea sobre este texto la siguiente cuestión: «Si es lícito bautizar a los hijos de los infieles contra la voluntad de sus padres». Tratan de esto los doctores comentando el Libro IV de las Sentencias[2], y a Santo Tomás[3].

Toda esta controversia y esta relección se ha planteado por causa de esos bárbaros del Nuevo Mundo, llamados vulgarmente indios, que desconocidos antes en nuestro mundo han venido hace cuarenta años a poder de los españoles. Acerca de ellos la presente disertación tendrá tres partes: en la PRIMERA se tratará del derecho por el que han llegado los bárbaros a ser dominio de los españoles; en la SEGUNDA, qué potestad tienen los Reyes de España sobre ellos en lo temporal y en lo civil; en la TERCERA, qué potestad tienen sobre ellos los mismos reyes o la Iglesia en lo espiritual y en lo que concierne a la religión, donde se responderá a la cuestión propuesta.

En cuanto a la primera parte hay que notar ante todo que esta controversia parece inútil y ociosa, no sólo entre nosotros a quienes no corresponde ni discutir si en la administración se llevan correctamente todos los asuntos de aquellos hombres, ni poner en duda tal asunto, ni enmendar los posibles errores de alguien; sino incluso para aquellos a quienes corresponde considerar

---

[1] Mt 28, 19.
[2] Pedro Lombardo, *Sententiarum libri quattuor*, IV, 4.
[3] II, II, q. 10, a. 12; III, q. 68, a. 10.

y administrar todo este negocio. En primer lugar, porque ni los Reyes de España ni sus consejeros están obligados a examinar de nuevo desde el principio los derechos y títulos sobre los que ya se ha deliberado y se sentenció, máxime tratándose de cosas que los príncipes ocupan de buena fe y están en pacífica posesión, porque, como dice Aristóteles, «si uno tuviera que estar consultando siempre un problema no terminaríamos nunca»[4], ni los príncipes ni sus consejeros podrían estar seguros ni tener certeza en su conciencia. Y nada podría tenerse por averiguado si fuera necesario revisar los títulos de su jurisdicción desde su origen. Y además, como nuestros reyes Isabel y Fernando, que fueron los primeros en ocupar aquellas regiones, fueron cristianísimos, y el emperador Carlos es un príncipe justísimo y muy religioso, no es de creer que no tengan bien investigado y averiguado todo lo que puede afectar a la seguridad de su Estado y de su conciencia, máxime en asuntos de tanta importancia. Por consiguiente, puede parecer no sólo inútil sino hasta temerario disputar sobre esta cuestión. Sería como buscar un nudo en el junco[5] o la iniquidad en casa del justo.

Para resolver esta objeción hay que tener en cuenta lo que Aristóteles dice[6], que, así como no hay lugar a la deliberación y consulta sobre lo imposible y lo necesario, así tampoco cabe consulta moral sobre las cosas que cierta y notoriamente son lícitas y honestas, ni tampoco sobre las que consta con evidencia que son ilícitas y deshonrosas. Pues no sería, pues, correcta una consulta sobre si se debe vivir con templanza, fortaleza y justicia, o por el contrario obrar injusta y deshonestamente; ni tampoco habrá que consultar si hay que vivir

---

[4] *Ética a Nicómaco*, III 3, 1113a.
[5] Plauto, *Menaechni*, 2, 1, 247; Terencio, *Andria*, 5, 4, 941.
[6] *Ética a Nicómaco*, III, 3, 1112b.

cometiendo adulterios o faltando a los juramentos, o si hay que obedecer a los padres, o cosas por el estilo. En verdad tales consultas no serían propias de un cristiano. Pero cuando tenemos que hacer algo de lo que razonablemente se puede dudar si es bueno o malo, justo o injusto, entonces es cuando es necesario consultar y deliberar y no hacer nada temerariamente antes de haber preguntado y aclarado qué es lícito y qué no lo es. Tales son las cosas que por una parte parecen buenas y por otra parecen malas, como son muchos géneros de compraventas, contratos y negocios. En todos estos asuntos, si uno ejecutase tal o cual cosa antes de haber deliberado y estar seguro legítimamente de que es una cosa lícita, pecaría, aun cuando quizá la cosa de suyo fuese lícita; y no estaría excusado por ignorancia, puesto que, como está claro tal ignorancia no sería invencible, ya que él no hizo lo que estaba de su parte para averiguar si es lícito o no lo es. Pues en cuanto a este punto, para que un acto sea bueno, si, por lo demás, no hay certeza es necesario que se obre de acuerdo con la decisión y determinación de los entendidos, pues ésta es una de las condiciones del acto bueno [7], y por consiguiente, si ese tal no consulta a los entendidos en un asunto dudoso, no puede tener excusa. Es más, dado que tal acto fuese lícito en sí mismo, después de que se ha dudado razonablemente acerca de él, está obligado a consultar y obrar de acuerdo con el criterio de los expertos aunque quizá se equivoquen.

Por consiguiente si uno, sin aconsejarse de los entendidos, hiciera un contrato de cuya licitud duda normalmente la gente, pecaría sin duda, incluso si el contrato, por otra parte, fuese lícito, y así lo creyera él, no fundándose en la autoridad del experto sino por su propia

---

[7] *Ética a Nicómaco*, II, 5-8, 1106a s.; III, 1, 1110a, 3, 1112a.

inclinación y criterio. Y por la misma razón, si uno en un asunto dudoso ha consultado a los entendidos y ellos juzgaron que aquello no era lícito, si él, siguiendo su propio parecer, lo hiciera, pecaría, aunque realmente aquello en sí mismo fuese lícito. Como, por ejemplo, si uno, dudando de que tal mujer fuese su esposa, consulta a los doctores si está obligado o le está permitido dar el débito conyugal, o incluso si podría exigirlo, y le respondiesen que de ninguna manera le es lícito, él, sin embargo, llevado del cariño a esa mujer, o de su pasión, no les da crédito, sino que piensa que le es lícito, ciertamente pecaría teniendo relaciones con ella, aun cuando de suyo le fuese lícito, como lo es de hecho, porque ese tal obra contra la conciencia a la que debiera atenerse.

En efecto, en las cosas que miran a la salvación hay obligación de creer a los que la Iglesia ha puesto para enseñar; y en caso de duda su parecer es ley, porque, así como en el fuero contencioso el juez está obligado a juzgar de acuerdo a lo alegado y probado, así en el fuero de la conciencia hay obligación de juzgar no según el propio parecer, sino de acuerdo con motivos de probabilidad o la autoridad de los entendidos; de lo contrario su juicio es temerario y se expone al peligro de equivocarse, y por eso mismo yerra. Pues, así como en el Antiguo Testamento se preceptuaba: «*Si una causa te resultare difícil de resolver entre sangre y sangre, entre contestación y contestación, entre herida y herida objeto de litigio en tus puertas, te levantarás y subirás al lugar que Yahvé, tu Dios, haya elegido, y te irás a los sacerdotes hijos de Leví y al juez entonces en funciones, y le consultarás; él te dará la sentencia que haya de darse conforme a derecho. Obrarás según la sentencia que te hayan dado en el lugar que Yahvé ha elegido y pondrás cuidado en ajustarte a lo que ellos te hayan enseñado. Obrarás conforme a la ley que ellos te enseñen y a la sentencia que te hayan dado, sin apartarte ni a la derecha ni a la izquierda de lo que te hayan dado a conocer*»[8].

Así, digo, en las cosas dudosas cada cual está obligado a consultar a los que la Iglesia ha constituido para esto, como son los prelados, los predicadores, los confesores, los expertos en la ley divina y humana. En efecto, en la Iglesia unos son los ojos, otros los pies, etc.[9]. Y también: «*Él constituyó a unos apóstoles; a otros profetas; a estos evangelistas; a aquellos pastores y doctores*»[10]. Y también: «*En la cátedra de Moisés se han sentado los escribas y fariseos. Haced lo que os digan*»[11]. Y Aristóteles prescribe lo mismo con palabras de Hesiodo: «*Pero quien ni reflexiona por sí mismo, ni oyendo a otro lo toma en consideración, éste, por el contrario, es hombre inútil*»[12].

Así pues, no es suficiente para la tranquilidad de la vida y de la conciencia que uno piense que obra bien, sino que en las cosas dudosas es necesario que se apoye en la autoridad de aquellos a quienes corresponda juzgar. Pues no es suficiente que los comerciantes se abstengan de hacer lo que a ellos les parece ilícito, si, por otra parte, hacen contratos ilícitos sin el asesoramiento de entendidos.

Por eso no considero exacto lo que afirma el cardenal Cayetano[13] que si en realidad una cosa es lícita en sí misma, si uno la pone en duda, aun cuando los predi-

---

[8] Deut 17, 8-11.
[9] Cf. I Cor 12, 20: *Los miembros son muchos pero uno es el cuerpo*.
[10] Ef 4, 11.
[11] Mt 23, 2-3.
[12] *Ética a Nicómaco*, I, 4, 1095b (Hesiodo, *Trabajos y días*, II, 297-299, ed. Adelaida y María Ángeles Martín Sánchez, Madrid, 1994, p. 78).
[13] I, II, q. 19, a. 5.

cadores y confesores (que, por otra parte, tienen autoridad para juzgar en estos asuntos) digan que eso es ilícito, o bien digan que es mortal lo que es venial, no obstante, si dejándose llevar de su inclinación a aquello no les da crédito, sino que se forma la conciencia de que no es mortal, no peca. Y pone el ejemplo de las mujeres que usan maquillaje y otros adornos superfluos, cosa que en realidad no es pecado mortal; suponiendo que los predicadores y confesores dijeran que es mortal, si una mujer por el deseo de adornarse no los cree sino que piensa o que es lícito o que no es mortal, no pecaría mortalmente adornándose así. Esta afirmación digo yo que es muy peligrosa, porque esa mujer está obligada a creer a los entendidos en las cosas que son necesarias para la salvación, y se expone al peligro haciendo lo que según la opinión de los entendidos es pecado mortal.

Por el contrario, si uno en un asunto dudoso consultara con los entendidos y sacara la conclusión de que es una cosa lícita, debe estar tranquilo en conciencia, hasta que quizá de nuevo se le aconseje, bien por una persona autorizada, bien con razones de tal peso que deba moverse razonablemente a dudar o incluso a creer lo contrario. Esto está claro puesto que él ha hecho lo que estaba en su mano, y así su ignorancia es invencible.

De todo esto se deducen las siguientes proposiciones:

1. *Primera.* «En materia dudosa hay obligación de consultar a aquellos a quienes corresponde dictaminar sobre el caso; de lo contrario no puede haber seguridad de conciencia, ya sea que haya duda en una materia de suyo lícita, o bien ilícita».

2. *Segunda.* «Si una vez consultada la duda los expertos dictaminaran que aquello es ilícito, hay que ate-

nerse a su parecer, y el que hiciere lo contrario no tiene excusa, incluso si en realidad aquello fuese lícito».

3. *Tercera.* «Si, por el contrario, una vez consultada la duda, los sabios sentenciaran que es lícito, quien sigue su opinión obra con seguridad, incluso si de hecho aquello fuese ilícito».

Volviendo, pues, a nuestro asunto propuesto sobre los bárbaros, diremos que no es tan evidentemente injusto que no pueda plantearse el problema de su justicia, ni tampoco es justo con tanta evidencia que no pueda dudarse de su justicia; más bien parece haber apariencia de verdad tanto en uno como en otro sentido. Porque, en primer lugar, viendo que todo este asunto es tratado por hombres doctos y honestos, es creíble que todo se haga con rectitud y justicia. Como, por otra parte, oímos hablar de tantas matanzas y expolios de hombres inofensivos, de tantos señores despojados de sus posesiones y dominios particulares, se puede dudar con razón si todo esto se ha hecho con derecho o con injusticia. Así pues, esta discusión no parece del todo inútil, y así queda clara la respuesta a la objeción.

Y ante todo, admitiendo que no hubiese ninguna duda sobre toda esta cuestión, no es ninguna novedad el que se planteen discusiones teológicas acerca de materias ciertas. En efecto, disputamos hasta de la Encarnación del Señor y demás artículos de la fe, pues no siempre las disputas teológicas son del género deliberativo, sino que muchísimas pertenecen al género demostrativo, es decir, son suscitadas no con el fin de indagar sino de enseñar.

Y si alguno nos saliese al paso diciendo: «aunque alguna vez haya habido alguna duda sobre este asunto, todo esto ha sido tratado y resuelto por los expertos y conforme a su parecer se gobierna todo esto, y no es necesario un nuevo examen», se le responde, en primer lugar, que, si es así, «bendito sea Dios», y que nuestra disertación no se opone a nada, ni yo quiero promover nuevas querellas.

En segundo lugar digo que el veredicto sobre este asunto no corresponde a los juristas, o al menos no sólo a ellos; porque, no estando aquellos bárbaros sometidos al derecho humano, como diré enseguida, sus asuntos no pueden ser analizados por las leyes humanas, sino por las divinas, en las que los juristas no son lo suficientemente competentes como para definir por sí mismos tales cuestiones. Ni tengo tampoco la certeza de que teólogos de garantía, que pudieran ser oídos en asunto de tanta importancia, hayan sido llamados para discutir y definir esta cuestión. Y, como se trata del fuero de la conciencia, corresponde dar el fallo a los sacerdotes, es decir a la Iglesia. Por eso se manda en el Deuteronomio que el rey reciba de manos del sacerdote un ejemplar de la ley [14].

En tercer lugar, para que toda esta cuestión quede totalmente estudiada y aclarada, pueden en asunto de tanta importancia presentarse algunas otras dudas concretas que deban razonablemente debatirse. Por consiguiente, pienso que no sólo no haría algo ocioso e inútil, sino más bien una obra de gran valor, si pudiera tratar esta cuestión con la dignidad que merece.

4. Volviendo, pues, a nuestro asunto, para proceder ordenadamente preguntaré primero: «si los bárbaros antes de la llegada de los españoles eran verdaderos dueños, tanto privada como públicamente», esto es, si eran verdaderos dueños de las cosas y de las posesiones privadas, y si había entre ellos verdaderos príncipes y señores de los demás.

---

[14] 17, 18.

Pudiera parecer que no, porque los siervos no tienen dominio sobre las cosas, pues «el siervo no puede tener nada propio», se dice en *Instituciones*[15] y *Digesto*[16]. Por lo cual «lo que adquiere lo adquiere para su dueño»[17]. Ahora bien, esos bárbaros son siervos, luego...

Y se prueba la premisa menor, porque, como atestigua Aristóteles en estilo elegante y preciso, «*algunos son siervos por naturaleza, para quienes es mejor servir que mandar*»[18]. Éstos son los que no tienen capacidad suficiente ni siquiera para gobernarse a sí mismos, sino sólo para recibir órdenes y cuya fuerza está más en el cuerpo que en el espíritu. Y en verdad si hay algunos que sean así son, sobre todo, esos bárbaros, que ciertamente parecen distinguirse poco de los brutos animales y son absolutamente ineptos para gobernar. Sin duda es mejor para ellos el ser gobernados por otros que gobernarse a sí mismos. Aristóteles dice que es de justicia natural que estos tales sean esclavos[19]. Luego éstos no pueden ser señores.

No es obstáculo el que antes de la llegada de los españoles no tuvieran otros señores, pues no repugna el que haya siervo sin señor, como advierte la glosa sobre un texto de *Pandectas*[20]. Es más, así se dice expresamente en la misma ley; *Digesto*[21] declara expresamente que un siervo que haya sido abandonado por su señor y nadie

---

[15] *Institutiones*, II, 9, 3, «per quas personas nobis adquiritur», § «item vobis».
[16] *Digesto*, 29, 2, 79, ff., *De acquirenda «vel omittenda» hereditate, l. placet.*
[17] *Instituciones*, I, 8, 1, *De his qui sunt sui vel alieni iuris,* § *nam apud omnes.*
[18] *Política*, I, 5, 1254b.
[19] *Política*, I, 5, 1255a.
[20] *Digesto*, 40, 12, 23 l. *Si usum fructum, ff. de liberali causa.*
[21] *Digesto*, 45, 3, 36.

se haya apropiado de él, cualquiera se lo puede apropiar. Luego si aquéllos eran siervos los españoles pudieron adueñarse de ellos.

5. La prueba en contra es que ellos estaban en pacífica posesión de sus bienes pública y privadamente, luego, a no ser que conste lo contrario, hemos de considerarlos verdaderos dueños. Y mientras dura esta discusión no se les puede despojar de sus posesiones.

Para la solución de este problema no voy a traer a colación las abundantes enseñanzas de los doctores sobre la definición y división del dominio, que yo mismo traté largamente, en la materia de la restitución [22]. Omito todo eso no sea que por ello deje de decir cosas más necesarias. Por consiguiente, dejando esas cosas a un lado, hay que observar que, si los bárbaros no tuvieran dominio, no parece que pudiera alegarse otra causa que o son pecadores o infieles, o bien son dementes e idiotas.

En efecto, hubo algunos autores que defendieron que el título de dominio es la gracia y, consiguientemente, que los pecadores, al menos los que están en pecado mortal, no tienen dominio sobre cosa alguna. Éste fue el error de «los pobres de Lyon» o waldenses y, después, de Juan Wicleff, uno de cuyos errores condenado en el Concilio de Constanza dice: «Nadie es dueño civilmente mientras está en pecado mortal» [23]. La misma sentencia defendió Armacano [24]. Contra él escribió Waldo [25]. Lo

---

[22] *Coment. Sentencias*, 4, 15; Francisco de Vitoria, *De iustitia*, Coment. II, II, q. 62, ed. Beltrán de Heredia, I, Madrid, 1934, pp. 63-67.

[23] Mansi, 27, 633.

[24] Richard Fitzralph (Armacanus), *De quaetionibus armenorum*, 10, 4; Diálogo *Defensorium pacis*; cf. *CHP*, p. 15, notas 20 y 21.

[25] Thomas Netter (Waldensis), I, *Doctrinalis antiquitatum*, 3, 82-83; II, 3, De castitate.

prueba Armacano porque tal dominio lo reprueba Dios, según las palabras de Oseas: «*Se dieron reyes, pero no elegidos por mí, constituyeron príncipes sin yo saberlo*» y se añade el motivo: «*de su oro y su plata se hicieron ídolos, mas para su perdición*»[26]. Por consiguiente, dice Armacano, estos pecadores ante Dios carecen del justo dominio.

Es cierto, sin embargo, que todo dominio existe por la autoridad divina, puesto que Dios es el creador de todas las cosas y nadie puede tener dominio, sino aquel a quien Él se lo haya dado. Pero no es decoroso que se lo dé a los transgresores de sus preceptos, como tampoco los príncipes terrenales dan sus bienes, como son villas o castillos, a los rebeldes, y, si se los hubieren dado, se los quitan. Ahora bien, por lo humano debemos juzgar lo divino[27]. Por consiguiente, Dios no concede dominio a los desobedientes. Prueba de ello es que Dios a veces arroja del poder a estos desobedientes, como lo hizo con Saúl[28] y con Nabucodonosor y Baltasar[29]. Asimismo en el Génesis se dice: «*Hagamos al hombre a nuestra imagen y a nuestra semejanza para que domine sobre los peces del mar, etc.*»[30]. Queda claro, por consiguiente, que el dominio se funda en la imagen de Dios. Ahora bien, ésta no se encuentra en el pecador, luego no tiene dominio.

Asimismo, el pecador comete crimen de lesa majestad, luego merece perder el dominio.

Además dice Agustín que el pecador no es digno del pan que come, luego mucho menos será digno de dominio[31].

---

[26] 8, 4.
[27] Cf. Rom 1, 20.
[28] I Re 15 y 16.
[29] Dan 4 y 5.
[30] 1, 26.
[31] *Enarratio in Psalmos*, V, 15 (PL 36, 88).

Asimismo el Señor había dado a los primeros padres el dominio del paraíso y los privó de él por causa del pecado[32]. Luego...

Es verdad que tanto Wicleff como Armacano no hablan con claridad y parecen referirse más bien al dominio de soberanía que pertenece a los príncipes. Pero, como los argumentos tienen igual valor probatorio para todos los dominios, parecen opinar de todos los dominios en general. Conrado así entiende esta teoría[33]. Y el Armacano es bastante explícito en este punto. Por consiguiente, quien siguiera esta sentencia podría decir que los bárbaros no tenían dominio, porque siempre estaban en pecado mortal.

6. Pero en contra de esta sentencia se establece la siguiente proposición: «El pecado mortal no impide el dominio civil ni el verdadero dominio».

Aunque esta proposición está definida por el Concilio de Constanza[34], Almain[35] arguye, sin embargo, siguiendo a Aliaco[36], que entonces uno que estuviese en pecado mortal y en extrema necesidad de comer pan se hallaría perplejo porque por una parte se vería obligado a comer pan, y por otra parte, si no tiene dominio, tomaría de lo ajeno. Luego no puede escapar del pecado mortal. Pero este argumento tiene poca fuerza, en primer lugar, porque ni Armacano ni Wicleff parecen hablar de dominio natural, sino de dominio civil. En segundo lugar, hay

---

[32] Gén 1.
[33] Conrad Summenhart (Conradus), *Septipertitum opus, De contractibus*, l. 1, 7.
[34] *Fidem Catholicam*, VII, 15 (Mansi, 27, 633).
[35] Jacques Almain, *Moralia*, IV, 15, 2.
[36] Pedro de Ailly (Alliacus), *Quaestio de legitimo dominio*, en Jean Charles Gerson, *Opera omnia*; cf. *CHP*, p. 17, nota 27.

que negar la consecuencia y decir que en caso de necesidad se puede tomar lo ajeno. En tercer lugar, no estaría perplejo, porque puede arrepentirse y, por tanto, es preciso argumentar de otro modo.

Primero, que si el pecador no tiene el dominio civil, del que parecen hablar, tampoco el natural. Pero el consiguiente es falso, luego también el antecedente. Pruebo la consecuencia, porque también el dominio natural es un don de Dios como el civil, y más aún que el civil porque éste parece que es de derecho humano. Luego, si por una ofensa a Dios el hombre perdiera el dominio civil, por la misma razón perdería también el dominio natural. Pero se prueba la falsedad del consecuente porque no pierde el dominio sobre los propios actos y sobre los propios miembros, puesto que el pecador tiene el derecho de defender su propia vida.

En segundo lugar, la Sagrada Escritura llama con frecuencia reyes a hombres malos y pecadores, como es evidente de Salomón, Acab y otros muchos. Ahora bien, no es rey quien no es dueño. Luego...

En tercer lugar doy la vuelta al argumento de la parte contraria. El dominio se funda en la imagen de Dios. Ahora bien el hombre es imagen de Dios por naturaleza, es decir, por las potencias racionales. Luego no la pierde por el pecado mortal. La menor se prueba por lo que dice Agustín [37] y por otros doctores.

En cuarto lugar, David llamaba a Saúl su señor y rey al tiempo que le perseguía [38]. Más aún, el mismo David pecó alguna vez y no por eso perdió el reino.

En quinto lugar, en el Génesis se dice: «*No faltará de Judá el cetro, ni de entre sus pies el báculo. Hasta que*

---

[37] *De Trinitate*, IX, 12, 17 (PL 42, 970).
[38] I Rey 16, y otros lugares.

venga aquel cuyo es, y a él darán obediencia los pueblos»[39]. Y sin embargo muchos fueron reyes malos; luego...

En sexto lugar, la potestad espiritual no se pierde por el pecado mortal, luego tampoco la civil, que mucho menos que la espiritual parece que se funde en la gracia. El antecedente es claro, puesto que un presbítero malo consagra la Eucaristía, y el mal obispo ordena a los sacerdotes, como es cierto; y, aunque lo niegue Wicleff[40], lo concede el mismo Armacano[41].

Por último, no es en absoluto verosímil, que estando preceptuado obedecer a los príncipes, como dice Pablo[42], y también se dice en la I de Pedro: «*Los siervos estén con todo temor sujetos a sus amos, no sólo a los bondadosos y afables, sino también a los rigurosos*»[43], y además, habiendo precepto de no tomar lo ajeno, quisiera Dios que fuera tan incierto e inseguro quiénes fuesen verdaderos príncipes y señores.

En suma, esto es herejía manifiesta y, como Dios hace salir el sol sobre los buenos y sobre los malos y caer la lluvia sobre los justos y sobre los injustos[44], así también da los bienes temporales a los buenos y a los malos; y esto no se discute porque haya alguna duda sobre ello, sino para que por un solo crimen, esto es, por tan insensata herejía, conozcamos a todos los herejes.

7. Pero queda la duda de «si se pierde el dominio al menos por razón de infidelidad». Así es aparente-

---

[39] 49, 40.
[40] *Conclium Constanciense, Fidem Catholicam*, VIII, 4 (Mansi 27, 632).
[41] *In quaestionibus armenorum*, XI, 82-95.
[42] Rom 13, 5.
[43] 2, 18.
[44] Mt 5, 45.

mente, porque los herejes no tienen dominio. Luego tampoco los demás infieles porque no parecen ser de mejor condición. El antecedente está claro, por las *Decretales*[45], donde se ordena que los bienes de los herejes, por derecho sean confiscados.

Respondo por medio de las siguientes proposiciones:

PRIMERA. «La infidelidad no es impedimento para ser verdadero dueño».

Esta conclusión es de Santo Tomás[46]. Y se prueba también, en primer lugar, porque la Escritura llama reyes a algunos infieles como Senaquerib, el Faraón y muchos otros. Además, porque pecado más grave que la infidelidad es el odio a Dios; ahora bien, el odio no es obstáculo para ser rey, luego tampoco la infidelidad. Asimismo Pablo[47] y Pedro[48] mandan prestar obediencia a los príncipes, que entonces eran todos infieles, y a los siervos obedecer a sus señores. También Tobías mandó devolver un cabrito, recibido por su mujer de los gentiles, por creerlo robado[49], lo cual no tendría sentido si los gentiles no tuvieran dominio. Asimismo José hizo toda la tierra de Egipto tributaria del Faraón, que era infiel[50].

También se prueba por la razón que da Santo Tomás: que la fe no quita el derecho natural ni el humano; ahora bien, el dominio es de derecho natural o de derecho humano, luego los dominios no se pierden por falta de fe. Y para terminar diré que éste es un error tan evidente como el anterior.

---

[45] *Sextus Decretalium*, cap. *Cum secundum leges, De haereticis*, V, 2, 19.
[46] II, II, q. 10, a. 10 (o 12).
[47] Rom 13, 5.
[48] I Pe 2, 18.
[49] Tob 2, 13.
[50] Gén 47, 20-21.

De lo cual se deduce claramente que no es lícito despojar a los sarracenos, a los judíos y a cualesquiera de los infieles de los bienes que poseen, sólo por el hecho de ser infieles. El hacerlo es hurto o rapiña como si se hiciera a los cristianos.

8. Mas, como la herejía presenta especial dificultad formularemos la SEGUNDA PROPOSICIÓN: «Según el derecho divino el hereje no pierde el dominio de sus bienes». Esta proposición es admitida por todos y es evidente. Pues, siendo la pérdida de los bienes una pena, y no habiendo por ley divina ninguna pena para esta vida, es claro que según el derecho divino no se pierden los bienes por causa de herejía. Asimismo esta proposición queda clara por la primera, porque, si por causa de otra cualquiera infidelidad no se pierde el dominio, tampoco por causa de la herejía, pues nada se ha determinado especialmente acerca de la herejía en el derecho divino en cuanto a este punto.

9. Pero «¿y por derecho humano?». Ciertamente Conrado [51] parece sostener que el hereje por el mismo hecho de serlo pierde el dominio de sus bienes de tal manera que en el fuero de la conciencia queda sin dominio. De lo cual deduce que ni puede enajenar ni tiene valor la enajenación, si la hace. Se prueba por las *Decretales* [52], donde el Papa dispone que los autores de ciertos delitos señalados en las leyes pierden, por el hecho mismo de la comisión del delito, el dominio de sus bienes; y decreta el Papa que así sea también por el crimen de herejía. Y esto mismo parece sostener Juan Andrés

---

[51] Conrad Summenhart, *De contractibus*, I, 7, 2-3.
[52] *Sextus Decretalium*, cap. *Cum secundum leges*, V, 2, 19.

SOBRE LOS INDIOS 75

en dicho capítulo *Cum secundum leges*[53]; y parece deducirlo también de otro texto del Código[54], donde se prohíbe a los herejes la venta y donación y cualquier otra especie de contrato de sus bienes.

Además las leyes obligan en el foro de la conciencia como enseña Santo Tomás[55].

10. Y, para aclararlo, servirá la PROPOSICIÓN TERCERA: «El hereje incurre en la pena de confiscación de bienes desde el día en que incurre en ese delito».

Ésta es la opinión común de los doctores y se determina en el *Directorio de los inquisidores*[56], y en la *Suma Babtistana*[57]; y parece establecida también en las *Decretales*[58] y en la citada ley *De hereticis*[59].

11. CUARTA PROPOSICIÓN: «Sin embargo, aunque conste del delito de herejía, no es lícito al fisco incautarse de los bienes de los herejes antes de la condena».

Esto es también doctrina común, y lo determina el citado capítulo *Cum secundum*; incluso iría contra el derecho divino y natural el que se ejecutara la pena antes de que uno sea condenado.

12. De la tercera conclusión se sigue que «aunque la condena sea dada después de la muerte, se retrotrae la confiscación de sus bienes al tiempo en que se cometió el delito, quienquiera que sea el que tenga ahora el

---

[53] *In Sextum Decretalium librum Novellae Comentaria*, vol. V, fol. 141 v, col. 1.
[54] *Codex*, I, 5, 4, 2-4; 4, *De hereticis*.
[55] I, II, q. 96, a. 4.
[56] Nicolaus Eymerici, *Directorium inquisitorum*, 3, 9.
[57] Baptista de Salis, v. «*absolutio*», 17.
[58] *Sextus Decretalium*, V, 2, 19, cap. *Cum secundum leges*.
[59] *Codex*, I, 5, 4, 3-5.

dominio. Este corolario es también admitido por todos, y particularmente por el Panormitano [60] en el capítulo último *De haereticis*.

13. Se sigue en segundo lugar que son inválidas las ventas, donaciones y cualquiera otra enajenación de bienes desde el día en que se cometió el delito de herejía. Así pues, una vez dada la condena todos esos actos son rescindidos por el fisco, y los bienes son ocupados por el mismo fisco, incluso sin restituir el precio a los compradores. También esto es doctrina común y en particular del Panormitano en el lugar antes citado, y consta también en la ley 4 del *De haereticis* [61].

14. QUINTA PROPOSICIÓN: «El hereje, no obstante, antes de que se le condene es dueño de sus bienes en el fuero de la conciencia».

Esta proposición parece ir contra Conrado, contra el *Directorium* y contra Juan Andrés; en cambio, la sostiene Silvestre [62]. La sostiene también y la defiende largamente Adriano [63] y lo mismo parece decir Cayetano [64].

Se prueba, en primer lugar, porque el hecho mismo de ser privado de los bienes en el fuero de la conciencia ya es una pena. Luego de ningún modo debe imponerse antes de la condena. Y no sé bien si el derecho humano puede hacerlo. Además se prueba claramente porque, como está claro en el capítulo *Cum secundum leges* [65], de este modo son confiscados los bienes *ipso facto*, por

---

[60] Nicolás Tudeschis (Panormitano), *Commentaria in quartum et quintum Decretalium*, VII, 122 r y v.
[61] *Codex*, I, 5, 4, 4-5.
[62] Sylverter Prierias, *Summa summarum*, I, 8, v. «*haeresis*».
[63] *Quaetiones quodlibeticae*, XII, 6, 2.
[64] *Summa moralis*, v. «*poena*» (Lugduni, 1544).
[65] *Sextus Decretalium*, V, 2, 19.

SOBRE LOS INDIOS 77

matrimonio incestuoso; y también si una mujer honesta es raptada y se casa con el raptor; más aún, si uno no paga los tributos acostumbrados por las mercancías importadas se le confiscan sin más los bienes. Y lo mismo si exporta mercancías ilícitas, como armas o hierro a los sarracenos, como consta todo esto en dicho capítulo *Cum secundum leges*, en varios textos del Código[66], y en las *Decretales*[67], y en la ley final del *Digesto*[68]. Más aún el Papa en dicho capítulo *Cum secundum*[69] dice expresamente que quiere que la confiscación por herejía se haga como en esos otros casos. Ahora bien, nadie niega que el incestuoso, el raptor, el que provee de armas a los sarracenos y el que no paga los tribunos continúan como dueños de sus bienes en el foro de la conciencia. Entonces, ¿por qué no el hereje? El mismo Conrado[70] habla en este mismo sentido de esos casos y del hereje. Y realmente más grave sería obligar a un hombre ya arrepentido de su herejía a entregar sus bienes al fisco.

15. De aquí se deduce un COROLARIO: «que el hereje puede vivir lícitamente de sus bienes».

16. En segundo lugar se sigue también que «por título gracioso puede transferir sus bienes, por ejemplo donándolos».

17. En tercer lugar, que «por título oneroso, como es vender o dar en dote, no puede transferirlos si por su

---

[66] *Codex*, V, 5, 3, cap. *De inceptis nuptiis*, l. *cum ancillis*; IX, 13, 1, cap. *De raptu virginum*, l. *una*.
[67] *Decretalia Gregorii*, IX, 5, 6, 6, *De iudaeis*, cap. *ita quorundam*.
[68] *Dig.*, 39, 4, 16.
[69] *Sextus Decretalium*, V, 2, 19.
[70] Conrad Summenhart, *De Contractibus*, I, VI, 2.

delito puede ser llevado a juicio». Es evidente, porque engañaría al comprador y lo pondría en peligro de perder la cosa y el precio en el caso de que el vendedor fuera condenado.

18. Por último se deduce que «si realmente no hubiera peligro de confiscación podría enajenar sus bienes también por título oneroso, como, por ejemplo, un católico en Alemania podría comprárselos a un hereje». Pues grave cosa sería el que un católico en una ciudad luterana no pudiera comprar ni vender lícitamente un campo a un hereje; y esto sería lo que habría que decir, sin embargo, si los herejes no fueran verdaderos dueños en el fuero de su conciencia.

19. De todo esto se sigue esta CONCLUSIÓN: «Que ni el pecado de infidelidad ni otros pecados mortales son obstáculo para que los bárbaros sean verdaderos dueños tanto pública como privadamente, y que por este título los cristianos no puedan ocupar sus bienes y sus tierras, como extensamente y con elegancia expone Cayetano[71].

Pero queda aún la duda de si no puedan ser dueños por idiotas o dementes.

20. Acerca de esto se plantea la cuestión de «si para que uno sea capaz de dominio se requiere el uso de razón». Conrado[72] establece la conclusión de que el dominio conviene a la criatura irracional tanto a la sensitiva como a la no sensitiva. Se prueba porque el dominio no es otra cosa que el derecho de usar la cosa en provecho propio. Ahora bien, los brutos tienen derecho sobre

---

[71] II, II, q. 66, a. 8.
[72] *De Contractibus*, I, VIII, 1.

SOBRE LOS INDIOS 79

las hierbas y plantas, según las palabras del Génesis: «*(Dijo también Dios) ahí os doy cuantas hierbas de semillas hay sobre la haz de la tierra toda, y cuantos árboles producen fruto de simiente, para que todos os sirvan de alimento. Y también a todos los animales de la tierra*» [73]. Asimismo los astros tienen derecho a iluminar «*y los puso en el firmamento de los cielos para alumbrar la tierra y presidir el día y la noche*» [74]. Y el león tiene derecho o dominio sobre todos los animales que andan, por lo cual se llama rey de los animales. Y el águila es la señora entre las aves, de donde dice el Salmo: «*La casa del águila es su guía*» [75]. La misma opinión tiene Silvestre [76], donde dice que los elementos se dominan mutuamente. Pero yo respondo mediante las siguientes PROPOSICIONES.

PRIMERA: «Las criaturas irracionales no pueden tener dominio». Está claro, porque el dominio es derecho, como afirma incluso Conrado. Ahora bien, las criaturas irracionales no pueden tener derecho; luego tampoco dominio. Se prueba la menor, porque no pueden sufrir injuria; luego no tienen derecho. Se prueba esto último, porque quien prohibiera al lobo o al león su presa, o al buey el pasto no les haría ninguna injuria, ni tampoco le hace injuria al sol quien cierra la ventana para que no ilumine la habitación.

Y se confirma, porque, si los brutos tuvieran dominio, cometería hurto quien quitara la hierba al ciervo,

---

[73] 1, 29-30.
[74] 1, 17-18.
[75] 104, 17; *Vulgata*, 103, 17. Pero el versículo citado, en la versión de Nacar-Colunga dice: «y los cipreses domicilio de las cigüeñas», traduciendo la variante del Instituto Bíblico «Ciconiae domus sunt abietes».
[76] *Summa summarum*, v. «*Dominium*».

porque se apoderaría de lo ajeno contra la voluntad de su dueño. Además las fieras no tienen dominio de sí mismas; luego mucho menos de las otras cosas. Se prueba esto porque es lícito matarlas, incluso como diversión; por lo que el Filósofo dice que la caza de fieras es justa y natural [77].

Además las fieras y los irracionales están todos bajo la potestad del hombre, mucho más que los siervos; luego, si los siervos no pueden tener nada propio, mucho menos los irracionales.

Y se confirma la proposición por la autoridad de Santo Tomás [78], que sostiene que la criatura racional tiene dominio sobre sus actos, puesto que, como él mismo dice, «uno es dueño de sus actos porque puede elegir entre esto y lo otro» [79], de donde, como él mismo dice en ese lugar, no somos dueños en cuanto al apetito del último fin. Ahora bien, si los brutos no tienen dominio sobre sus actos, tampoco sobre las demás cosas.

Y, aunque parezca sólo cuestión de nombre el atribuir dominio a los irracionales es un lenguaje impropio en absoluto y fuera del uso común, pues no decimos que nadie sea dueño sino de aquello de que puede disponer. En efecto, decimos «no está en mi facultad, no está en mi poder», cuando no soy dueño de algo. Y, como las bestias no se mueven a sí mismas, sino que más bien son movidas, como afirma Santo Tomás en el lugar citado, por la misma razón tampoco tienen dominio.

Y no vale lo que dice Silvestre, que a veces el dominio no significa derecho, sino poder solamente. Y así el fuego tiene dominio sobre el agua. Pero, si para el dominio bastara eso, el asesino tendría dominio para matar a

---

[77] *Política*, I, 8, 1256b.
[78] I, II, q. 1, a. 1-2; q. 6, a. 2; I Contra Gent 3, 110.
[79] I, II, q. 82, a. 1, ad 3.

un hombre, puesto que puede hacerlo, y el ladrón para robar dinero. En cuanto a que los astros tengan dominio, y el león sea el rey de la selva, se dice sólo en sentido metafórico y por translación.

21. Pero cabe la duda de «si el niño antes del uso de razón puede ser dueño». Porque parece que en nada se diferencia de los irracionales. Y el Apóstol en la Carta a los Gálatas dice: «*Mientras el heredero es niño, siendo el dueño de todo, no difiere del siervo*»[80]. Ahora bien, el siervo no tiene dominio; luego tampoco el niño.

Acerca de esto establezcamos la SEGUNDA PROPOSICIÓN: «Los niños antes del uso de razón pueden ser dueños». Esto es evidente porque pueden sufrir injurias, luego también tienen derecho sobre las cosas; luego también dominio, que no es sino derecho. Además los bienes de los pupilos no se cuentan entre los bienes de los tutores, y tienen dueño; ahora bien, los dueños no son otros, luego son los mismos pupilos. Además los niños son también herederos, y el heredero es quien sucede en el derecho al difunto, y es dueño de la herencia, como se enseña en las *Pandectas*[81] y en las *Instituciones*[82]. Asimismo dijimos que el fundamento del dominio es la imagen de Dios, que también está en los niños. Y el Apóstol en el mismo lugar dice: «*Mientras el heredero es niño, siendo el dueño de todo, no difiere del siervo*». Pero no se puede decir lo mismo de la criatura irracional, porque el niño

---

[80] 4, 1.
[81] *Digesto*, 44, 3, 11, 1. *Cum heres ff. De diversis temporalibus praescriptionibus.*
[82] *Institutiones*, II, 19, 7, *De heredum qualitate et differentia*, § final.

no existe para utilidad de otro, como el bruto, sino por razón de sí mismo.

22. Pero «¿qué decir de los dementes?», me refiero a los dementes crónicos, que no tienen uso de razón ni hay esperanza de que lo tengan. Sobre ellos establezcamos la TERCERA PROPOSICIÓN: «Parece que, a pesar de todo, pueden ser dueños, puesto que pueden sufrir injurias; luego tienen derechos». Pero acerca de si pueden tener dominio civil, me remito a los juristas.

23. Y, sea de esto lo que fuere, formularemos la CUARTA PROPOSICIÓN: «Tampoco por esta causa los bárbaros se hallan impedidos de ser verdaderos dueños».

Se prueba porque en realidad no son dementes sino que a su manera tienen uso de razón. Está claro, porque tienen cierto orden en sus cosas, una vez que poseen ciudades establecidas ordenadamente, y tienen matrimonios claramente constituidos, magistrados, señores, leyes, artesanos, mercaderes, cosas todas ellas que requieren el uso de razón; asimismo tienen una especie de religión, no yerran en cosas que son evidentes para los demás, lo cual es indicio de uso de razón. Además ni Dios ni la naturaleza fallan a la mayor parte de la especie en las cosas necesarias. Ahora bien, en el hombre lo más importante es la razón, y es inútil la potencia que no se reduce al acto. Asimismo, estarían, sin propia culpa, fuera del estado de salvación durante tantos miles de años, puesto que nacerían en pecado y no tendrían el bautismo, ni el uso de razón para preocuparse de lo necesario para la salvación. Por lo cual el que parezcan tan retrasados y tan romos se debe, creo yo, a su mala y bárbara educación, ya que entre nosotros también vemos campesinos poco diferentes de los brutos animales.

Por consiguiente, de todo lo dicho nos queda que, sin lugar a dudas, los bárbaros eran pública y privadamente tan dueños como los cristianos, y que tampoco por este título ni sus príncipes ni los particulares pudieron ser despojados de sus posesiones como si no fueran verdaderos dueños. Y sería inicuo negarles a éstos, que nunca nos hicieron ninguna injuria, lo que no negamos ni a los sarracenos ni a los judíos, enemigos perpetuos de la religión cristiana, a quienes no negamos que tengan verdadero dominio de sus cosas si, por otra parte, no han ocupado tierras de cristianos.

Falta, pues, que respondamos a los argumentos en contra, donde se argüía que estos bárbaros parecían ser siervos por naturaleza, por ser poco capaces de gobernarse incluso a sí mismos con su razón. A ello contesto que ciertamente Aristóteles[83] no quiso decir que los que tienen poco ingenio sean por naturaleza siervos, y no tengan dominio ni de sí mismos ni de las cosas. Pues aquí se trata de la servidumbre civil y legítima, y por esta servidumbre nadie es siervo por naturaleza[84]. Tampoco pretende el Filósofo que sea lícito apoderarse de los bienes y patrimonio y reducir a esclavitud y vender a los que la naturaleza hizo cortos de ingenio, sino que quiere enseñar que tienen necesidad de ser dirigidos y gobernados por otros; y que es bueno para ellos el estar sometidos a otros como los hijos, antes de la edad adulta, necesitan estar sometidos a los padres, y la mujer al marido[85]. Es evidente que ésta es la intención del Filósofo, porque del mismo modo dice que algunos son señores por naturaleza, es decir, que sobresalen por su inteligencia[86]. Pero ciertamente no entiende que éstos puedan arrogarse el mando sobre otros por el título de ser más

---

[83] *Política*, I, 6, 1254a.
[84] *Política*, I, 2, 1255b.
[85] *Política*, I, 12, 1259a-1259b.
[86] *Política*, I, 2, 1252a.

capaces, sino que por naturaleza tienen la facultad de mandar y regir. Y aun así, supuesto que esos bárbaros sean tan ineptos y romos como se dice, no por eso se puede negar que tengan verdadero dominio, ni han de contarse en el número de los siervos civiles. Es verdad que por esta razón y por este título podría generarse algún derecho para someterlos, como diremos después.

24. Nos queda todavía esta conclusión cierta: «Que antes de la llegada de los españoles ellos eran verdaderos señores, tanto pública como privadamente».

SEGUNDA PARTE

TÍTULOS NO LEGÍTIMOS POR LOS QUE LOS BÁRBAROS DEL NUEVO MUNDO PUDIERON VENIR A PODER DE LOS ESPAÑOLES

SUMARIO

1. El Emperador no es señor de todo el orbe.
2. Aunque el Emperador fuese dueño del mundo no por eso podría ocupar las provincias de los bárbaros, ni establecer nuevos señores, ni destituir a los antiguos, ni cobrar tributos.
3. El Papa no es señor civil o temporal de todo el orbe, si entendemos el dominio y poder civil en sentido propio.
4. Aunque el Sumo Pontífice tuviese poder temporal en el mundo, no podría darlo a los príncipes seculares.
5. El Papa tiene poder temporal en orden al espiritual.
6. El Papa no tiene ningún poder temporal sobre los indios bárbaros ni sobre los demás infieles.
7. Si los bárbaros no quisieran reconocer dominio

alguno del Papa, no por eso podría hacérseles la guerra ni ocupar sus bienes.

8. Si los bárbaros, antes de haber oído nada de la fe de Cristo, cometían pecado de infidelidad por el hecho de no creer en Cristo.

9. Qué se requiere para que la ignorancia se le pueda imputar a uno y sea pecado, es decir, ignorancia vencible. Y qué decir de la ignorancia invencible.

10. Si los bárbaros están obligados a creer al primer anuncio de la fe cristiana, de tal modo que pecarían mortalmente si no creyeran en el Evangelio de Cristo, simplemente por haberles sido anunciado, etc.

11. Si los españoles no podrían hacer la guerra y proceder contra los bárbaros por derecho de guerra, por la única razón de que no quisieran aceptar la fe con sólo habérseles anunciado.

12. Cómo no se excusan de pecado mortal los bárbaros que no quieren escuchar, una vez que se les ha rogado y advertido pacíficamente que escuchen a los que les hablan de la religión.

13. Cuándo estarían obligados a recibir la fe de Cristo bajo pena de pecado mortal.

14. Según el autor, no está suficientemente claro si hasta el presente la fe cristiana se les ha propuesto y anunciado a los bárbaros de tal modo que estén obligados a creer bajo pena de un nuevo pecado.

15. Aunque les haya sido anunciada la fe a los bárbaros suficientemente y con toda la probabilidad posible y no quieran aceptarla, sin embargo no por eso sería lícito perseguirlos con la guerra y despojarlos de sus bienes.

16. Tampoco pueden los príncipes cristianos, ni siquiera con la autoridad del Papa, reprimir a los bárbaros por los pecados contra la ley natural, ni castigarlos a causa de ellos.

Demostrado, pues, que eran verdaderos dueños, queda por ver por qué títulos hayan podido los españoles entrar en posesión de ellos y de su región.

Examinaré en primer lugar los títulos que pudieran alegarse, pero que no son idóneos ni legítimos. En segundo lugar trataré de aquellos otros legítimos, en virtud de los cuales los bárbaros hayan podido caer bajo el dominio de los españoles. Y son siete los títulos no idóneos que se pueden alegar; y siete u ocho los justos y legítimos.

El PRIMER TÍTULO podría ser «que el Emperador es señor del mundo». Así, si en tiempos pasados hubiera algún abuso en la posesión, habría sido ya subsanado por el César, Emperador cristianísimo. Porque, dado que los indios fueran verdaderos señores, podrían tener señores superiores, como los príncipes inferiores tienen un rey y algunos reyes tienen sobre ellos al Emperador, porque varios pueden tener dominio sobre la misma cosa. De aquí la conocida distinción de los juristas: dominio alto, bajo, directo, útil, simple y mixto.

Por tanto, la duda que se plantea es si ellos podrían tener algún otro señor superior. Y, como la duda sólo puede versar acerca del Emperador o del Papa, de ellos nos ocuparemos.

En primer lugar, puede parecer que el Emperador es señor de todo el orbe y, por consiguiente, también de los bárbaros. Primero por el título que comúnmente se da al Emperador, «Divino Maximiliano», o «Carlos siempre Augusto» y «Señor del orbe». Además, por aquella palabra del Evangelio: *«Salió un edicto de César Augusto para que se empadronase todo el mundo»* [87]. Ahora bien, los emperadores cristianos no deben estar en desventaja.

---

[87] Lc 2, 1.

Asimismo parece que el Señor consideró al César como verdadero señor de los judíos: «*Dad* —dijo— *al César lo que es del César, etc.*»[88]. Ahora bien, no parece que pudiera tener derecho sino por ser Emperador; la consecuencia es clara. Sobre esto Bartolo al comentar la Extravagante *Ad reprimendum*, de Enrique VII[89], sostiene expresamente que el Emperador es por derecho señor de todo el orbe. Y lo mismo sostiene la glosa al capítulo *Per venerabilem*, título *Qui fili sint legitimi*[90]. Y lo mismo dice extensamente la glosa al capítulo *Venerabilem*, título *De electione*[91]. Y lo prueban en primer lugar apoyándose en el Decreto de Graciano[92], donde Jerónimo dice que las abejas tienen una sola reina y en el mundo hay un solo Emperador. Asimismo en el *Digesto*, donde el emperador Antonino dice «Yo, en verdad señor del mundo...»[93]. Y en la ley *Bene a Zenone*[94] se dice: «se entiende que todas las cosas son del príncipe».

Y también se podría probar porque primero Adán y luego Noé parecen haber sido señores del orbe, según el Génesis: «*Hagamos al hombre a nuestra imagen y a nuestra semejanza, para que domine sobre los peces del mar, sobre las aves del cielo (sobre los ganados y sobre todas las bestias) de toda la tierra*»[95]. Y dice después: «*Procread y multiplicaos y henchid la tierra; someted-*

---

[88] Lc 20, 25.
[89] Bartolus a Sassoferrato, *Tractatus extravagantis ad reprimendum* (*in Consilia, quaestiones et tractatus*, Lugduni, 1550), fol. 90, col. 2, n. 8.
[90] Glosa X, 4, 17, 13.
[91] Glosa X, 1, 6, 34.
[92] *Decretum Gratiani*, II, 7, 1, 41, can. *In apibus*.
[93] *Digesto*, 14, 2, 9; ff. *De lege Rhodia*, l. *deprecatio*.
[94] *Codex*, VII, 37, 3, 1; l. *Bene a Zenone*, c. *De quadriennii praescriptione*.
[95] 1, 26-28.

la, etc.»[96]. Este mismo fue el mandato que se impuso a Noé[97]. Ahora bien, aquellos tuvieron sucesores. Luego es patente la consecuencia.

Además, porque no es creíble que Dios no haya instituido en el mundo el mejor sistema de gobierno, de acuerdo con las palabras del Sabio: «*Todas las (obras) hiciste con sabiduría*»[98]. Ahora bien, el mejor sistema de gobierno es la monarquía, como muy bien expone Santo Tomás[99]. Y también parece ser la opinión de Aristóteles[100]. Luego parece que por institución divina debe haber en el orbe un solo Emperador. Asimismo, las instituciones humanas deben imitar las naturales. Pero en las naturales hay siempre un solo rector, como el corazón en el cuerpo, la razón en el alma. Luego del mismo modo en el orbe debe haber un solo rector, como hay un único Dios.

1. Pero esta opinión carece de todo fundamento. Por consiguiente, sea ésta la PRIMERA CONCLUSIÓN: «El Emperador no es señor de todo el orbe».

Se prueba porque el dominio no puede ser sino de derecho natural, bien sea divino, bien humano. Ahora bien, por ninguno de esos derechos hay un solo señor de todo el orbe. Luego... Se prueba la menor, primero respecto al derecho natural, porque, como bien dice Santo Tomás, los hombres son libres por derecho natural, si exceptuamos el dominio paterno y el marital, ya que por derecho natural el padre tiene dominio sobre los hijos y el marido sobre la mujer[101]. Luego no hay nadie que

---

[96] 1, 28.
[97] Gén 8, 17.
[98] Sal 104, 24.
[99] *De regimine principum*, 1, 2.
[100] *Política*, III, 18, 1288a-b; *Ética a Nicómaco*, VIII, 10, 1160a.
[101] I, q. 92, a. 1 ad 2; y q. 96, a. 4.

tenga por derecho natural el imperio del orbe. Y, como dice también Santo Tomás, el dominio y la jerarquía han sido introducidos por el derecho humano [102]. Luego no son de derecho natural. Y no habría razón para que tal dominio correspondiera más a los alemanes que a los franceses.

Además, dice Aristóteles [103] que la potestad es doble: una, familiar, como es la del padre respecto a sus hijos, y la del marido respecto a su mujer, y ésta es natural; la otra es la civil, la cual, aunque tenga su origen en la naturaleza y, por consiguiente, pueda denominarse de derecho natural, como lo hace Santo Tomás [104] al decir que el hombre es animal civil, no está, sin embargo, constituida por la naturaleza, sino por la ley.

Pero tampoco se lee que antes de la venida de Cristo Redentor hubiera por derecho divino emperadores que fueran señores del mundo, aunque la citada glosa de Bartolo, en la Extravagante *Ad reprimendum*, cita el texto de Daniel referido a Nabucodonosor, del que se dice: «*Tú, ¡oh rey!, eres rey de reyes, porque el Dios de los cielos te ha dado el imperio, el poder, la fuerza y la gloria, y ha puesto en tus manos a los hijos de los hombres, dondequiera que habitasen*» [105]. Pero lo cierto es que Nabucodonosor recibió de Dios el imperio de un modo especial, si no igual que los demás príncipes, como dice Pablo: «*No hay autoridad sino bajo Dios*» [106], y en los Proverbios se dice: «*Por mí reinan los reyes y los príncipes decretan lo justo*» [107]. Ni tampoco tuvo el impe-

---

[102] II, II, q. 10, a. 10.
[103] *Política*, I, 7, 1255b.
[104] *De regimine principum*, 1, 1.
[105] 2, 37-38.
[106] Rom 13, 1.
[107] 8, 15.

rio sobre todo el orbe por derecho, como cree Bartolo, pues los judíos no le estaban sometidos por derecho.

Además, de todo esto se deduce claramente que nadie era por derecho divino dueño de todo el mundo, puesto que la nación judía era libre de todo poder extranjero; es más, su ley les prohibía tener señor extranjero, como se dice en el Deuteronomio: «*No podrás darle por rey un extranjero*» [108]. Y, aunque Santo Tomás parece decir que Dios dio el imperio a los romanos por su justicia y amor a la patria, y por las óptimas leyes que tenían [109], no hay que entender esto en el sentido de que tuvieran el imperio por donación o institución divina, como dice también Agustín [110], sino que llegaron a obtener el imperio del mundo por la providencia divina. Pero no obtuvieron de Dios el reino del modo que lo obtuvieron Saúl y David, sino en virtud de otro derecho, a saber, el de la guerra justa o por otras razones. Y fácilmente comprenderá esto quien considere por qué títulos y en virtud de qué sucesión los imperios y dominios del mundo hayan llegado hasta nosotros.

En efecto, prescindiendo de todos los acontecimientos que precedieron al diluvio, después de Noé el orbe se dividió en varios territorios y reinos, bien sea porque el mismo Noé, que sobrevivió al diluvio trescientos cincuenta años, según nos dice el Génesis [111], lo ordenara, y enviara colonos a diversas regiones, como consta por Beroso Babilónico [112], o bien, cosa que es más verosímil, por el mutuo consenso de las gentes, diversas familias ocuparon los distintos territorios, como se ve en el Génesis: «*Dijo, pues, Abraham a Lot... "¿No tienes ante*

---

[108] 17, 15.
[109] *De regimine principum*, 3, 4-5.
[110] *De civitate Dei*, 18, 20 (o 22), PL 41, 577.
[111] 9, 28.
[112] *Fragmenta historicorum graecorum*, ed. Didot, 501-502, n. 7.

ti toda la región?..., si tú a la izquierda, yo a la derecha, si tú a la derecha, yo a la izquierda" »[113]. Por eso en el Génesis[114] se refiere que las regiones y naciones fueron divididas por los descendientes de Noé, bien sea que en algunas regiones comenzó a haber señores valiéndose de la tiranía, como parece que fue el caso de Nemrod, del que se dice en el Géneris que fue el primero que comenzó a ser poderoso en la tierra[115]; o bien que, reuniéndose muchos en un lugar para formar una república nombraron de común acuerdo un príncipe. Cierto es que de este modo, o de modo semejante, comenzaron los dominios e imperios en el mundo, y después, bien sea por derecho hereditario, o bien por derecho de guerra, o por cualquier otro título, han llegado hasta nuestra época, al menos hasta la venida del Salvador. Esto demuestra claramente que nadie tuvo por derecho divino el imperio del orbe antes de Cristo, ni hoy puede por ese título el Emperador arrogarse el dominio del mundo y, por consiguiente, tampoco el dominio de los bárbaros.

Pero alguien podría pretender que después de la venida del Señor hubiera un solo Emperador en la tierra por concesión de Cristo, puesto que Cristo fue también en cuanto hombre señor del orbe, según aquellas palabras de Mateo: «*Me ha sido dado todo poder, etc.*»[116], palabras que, según Agustín[117] y Jerónimo[118], hay que entenderlo referidas a la humanidad. Y también por las palabras que le atribuye el Apóstol: «*Ha puesto todas las*

---

[113] 13, 8-9.
[114] 10 *per totum*.
[115] 10, 8-9.
[116] 28, 18-19.
[117] *In Ioannis Evangelium*, PL 25, 1904.
[118] *In Evangelium secundum Matheum*, PL 26, 226.

cosas bajo sus pies»[119]. Luego, del mismo modo que dejó en la tierra un solo vicario para las cosas espirituales, lo mismo hizo para las temporales; y éste es el Emperador.

También Santo Tomás dice que Cristo desde su nacimiento era verdadero señor y monarca del mundo, cuyo vicario era Augusto, sin saberlo[120]. Es evidente que hacía sus veces no en lo espiritual sino en lo temporal. Por tanto, si el reino de Cristo fue temporal, se extendía a todo el orbe, y también Augusto era señor del orbe y por la misma razón también sus sucesores lo son.

Pero tampoco esto puede sostenerse de ningún modo. En primer lugar porque es dudoso el que Cristo, en cuanto hombre, sea señor temporal del orbe. Lo más probable es que no lo sea, y parece que el Señor mismo así lo afirma, cuando dice: «*Mi reino no es de este mundo*»[121]. Por eso el mismo Santo Tomás dice, refiriéndose a ese texto, que el dominio de Cristo se ordena directamente a la salvación del alma y a los bienes espirituales, aunque no se excluyan los temporales en tanto en cuanto se ordenan a los espirituales. Con esto queda claro que no es doctrina de Santo Tomás que el reino de Cristo sea de la misma naturaleza que el reino civil y temporal, sino que era tal que tenía omnímoda potestad para el fin de la redención también en lo temporal. Pero fuera de ese fin no tenía ninguna potestad. Además, concediendo que fuese señor temporal sería una suposición gratuita el decir que dejó esa potestad al emperador, ya que de ello no se hace ninguna mención en toda la Escritura.

Y en cuanto a lo que Santo Tomás dice, que Augusto hacía las veces de Cristo, diré, en primer lugar, que

---

[119] I Cor 15, 28.
[120] Cf. *De regimine principum*, 3, 13.
[121] Jn 18, 36.

sí lo dijo en ese texto; pero en la III parte de la *Suma*, cuando se trata ex profeso de la potestad de Cristo, no hace mención de esta potestad temporal de Cristo.

En segundo lugar Santo Tomás entiende que Augusto hacía las veces de Cristo en cuanto la potestad temporal está sujeta y puesta al servicio de la potestad espiritual. En este sentido incluso los reyes están al servicio de los obispos, del mismo modo que el arte fabril se subordina al arte ecuestre y militar; sin embargo, ni el soldado ni el jefe son artesanos, pero les compete tener el mando sobre el artesano en la fabricación de armas. Y Santo Tomás expresamente dice, en el comentario a un pasaje del Evangelio, que el reino de Cristo no era temporal tal como lo entendía Pilatos, sino reino espiritual, como lo declara el Señor mismo en ese lugar: «*Tú dices que soy rey. Yo para esto he venido al mundo, para dar testimonio de la verdad*»[122]. Queda claro así que es pura fantasía el decir que por donación de Cristo hay en el mundo un solo Emperador y señor del mundo.

Todo lo cual se confirma claramente, porque, si esto estuviese en el derecho divino, ¿cómo es posible que se dividiera el imperio en oriental y occidental? Primero se dividió entre los hijos de Constantino el Grande, y después por el papa Esteban, quien transfirió el imperio occidental a los germanos, como se encuentra en el citado capítulo *Per venerabilem* de las *Decretales*[123].

Es, por consiguiente, improcedente y nada científico lo que la Glosa[124] dice allí, que después de esto los griegos no fueron emperadores; pues nunca los emperadores germanos pretendieron ser señores de los griegos por este título. Y Juan Paleólogo, emperador de Cons-

---

[122] Jn 18, 37.
[123] *Decretales Gregorii*, IX, 4, 17, 13.
[124] Glosa X, 4, 6, 34.

tantinopla fue tenido por legítimo Emperador en el Concilio de Florencia [125].

Además, el patrimonio de la Iglesia, como confiesan los mismos juristas, incluso Bartolo, no está sometido al Emperador. Porque, si todo estuviera sometido al Emperador por derecho divino, no podría nadie ser eximido de la sumisión a él, por una donación o por cualquier otro título, del mismo modo que el Papa no puede eximir a nadie de la potestad papal.

Asimismo el reino de España no está tampoco sujeto al Emperador, ni tampoco el de Francia, como se ve también en dicho capítulo *Per venerabilem*, aunque la Glosa añada por su cuenta que esto no es de derecho sino de hecho.

Asimismo admiten los doctores que las ciudades que alguna vez han estado sometidas al imperio pudieron, por derecho consuetudinario, ser eximidas de esa sumisión, cosa que no podría darse si esa sumisión fuera de derecho divino [126].

Consta, sin embargo, que por derecho humano el Emperador no es señor del orbe, porque lo sería sólo por la autoridad de la ley, y no existe tal ley; y aunque la hubiera sería ineficaz, puesto que la ley supone la jurisdicción; ahora bien, si antes de la ley el Emperador no tenía jurisdicción sobre el orbe, la ley no pudo obligar a los que no eran súbditos. Ni tampoco el Emperador tuvo el dominio por legítima sucesión, ni por donación, ni por permutación o compra, ni por guerra justa, ni por elección u otro cualquier título legal, como es evidente. Luego nunca el Emperador fue señor de todo el orbe.

2. SEGUNDA CONCLUSIÓN: «Aun admitiendo que el Emperador fuese señor del mundo, no por eso podría

---

[125] Mansi, 31 A, 477.
[126] Cf. Cayetano, II, II, 30, 1.

ocupar los territorios de los bárbaros ni establecer allí nuevos señores, deponer a los antiguos y cobrar tributos».

Se prueba porque ni siquiera los que atribuyen al Emperador el dominio del orbe dicen que sea señor con dominio de propiedad, sino sólo con dominio de jurisdicción. Pero este derecho no llega hasta poder convertir los territorios en utilidad propia ni hacer donación de los pueblos o las haciendas a su capricho. De todo lo dicho se infiere claramente que por este título los españoles no pueden ocupar aquellas provincias.

El SEGUNDO TÍTULO que se alega y, en verdad, se defiende con gran vehemencia para justificar la posesión de territorios, es «la autoridad del Sumo Pontífice». En efecto, dicen que el Sumo Pontífice es monarca de todo el orbe, temporal incluso, y, consiguientemente pudo nombrar a los reyes de España príncipes de aquellos bárbaros y de aquellas regiones; y así lo ha hecho.

Acerca de esto opinan algunos juristas que el Papa tiene plena jurisdicción en lo temporal en todo el orbe de la tierra, y añaden que el poder de todos los príncipes seculares dimana del Papa. Esto es lo que defiende el Hostiense [127], el Arzobispo [128] y Agustín de Ancona [129]. Lo mismo sostiene Silvestre, quien con mucha mayor largueza y condescendencia atribuye esta potestad al Papa [130]. Verdaderas maravillas dice en esos pasajes sobre este asunto, como, por ejemplo, que la potestad del Empe-

---

[127] Enrique de Segusio (Hostiensis), *In tertium Decretalium librum commentaria*, 8 (*Quod super his, De voto*), 14-16, fol. 128.

[128] Antonino de Florencia, *Secunda pars tertiae partis Summae*, 23, 6. Cf. *CHP*, V, p. 43, nota 101.

[129] *Summa de potestate eclesiastica*, I, 3, 2-3.

[130] Silvestre Prierias, *Summa Summarum*, v. «*infidelitas*», 7; v. «*Papa*», 7, 10, 11 y 14; v. «*legitimus*», 4.

rador y de todos los demás príncipes es subdelegada del Papa, y deriva de Dios mediante el Papa; y que todo su poder depende del Papa; y que Constantino donó tierras al Papa en reconocimiento de su dominio temporal, y en reciprocidad el Papa donó a Constantino el imperio en usufructo, como compensación. Y, aún más, dice que Constantino no donó nada, sino que devolvió lo que le había sido quitado al Papa; y que, si el Papa no ejerce su jurisdicción en lo temporal fuera del patrimonio de la Iglesia, no es porque le falte autoridad, sino para evitar el escándalo de los judíos y para fomentar la paz; y otras muchas más cosas sin sentido y más absurdas dice allí.

Toda la argumentación de los que esto defienden se basa en las palabras: «*De Yahvé es la tierra y cuanto la llena*» [131], y en aquellas otras: «*Me ha sido dada toda potestad en el cielo y en la tierra*» [132]; y en que el Papa es vicario de Dios y de Cristo; y también en el texto de la Carta a los Filipenses: «*Se humilló hecho obediente hasta la muerte, y muerte de cruz*» [133]. De esta misma opinión parece ser Bartolo [134] en la Extravagante *Ad reprimendum*, y parece también apoyarla Santo Tomás [135], cuyas últimas palabras, para solucionar el cuarto argumento, que es el último de todo el libro, son para decir que el Papa tiene la supremacía de una y otra potestad, es decir de la secular y la espiritual. De la misma opinión es también Herveo [136] en *De potestate Ecclesiae*.

Establecido, pues, este fundamento, dicen los autores de esta sentencia: Primero, que el Papa, como supremo señor temporal, pudo constituir como príncipes de

---

[131] Sal 24, 1.
[132] Mt 28, 18.
[133] 2, 8.
[134] Cf. *CHP*, V, p. 45, nota 106.
[135] *Commentarium in II sentenciarum*, 44, 2, 3 ad 4.
[136] San Ireneo de Lyon, *Adversus haereses*, III, 16, 6 PG 7, 925 s.

los bárbaros a los reyes de España. Segundo, dicen que aun cuando esto no fuera posible, al menos porque los bárbaros no quisieran reconocer el dominio temporal del Papa sobre ellos, puede hacerles la guerra por esta razón e imponerles príncipes. En efecto, ambas cosas han sucedido: primero el Sumo Pontífice concedió a los reyes de España aquellos territorios; en segundo lugar, también les ha sido propuesto y manifestado que el Papa es vicario de Dios y hace sus veces en la tierra y, por consiguiente, que deben reconocerlo como soberano; y que, si ellos rechazaran esto, habría ya un título para hacerles la guerra y ocupar sus territorios, etc.; todo esto según lo que dice el Hostiense en los textos citados, y en la *Suma* Angélica [137].

3. Mas, como ya he tratado extensamente acerca del dominio temporal del Papa en la relección *De potetate eclesiastica*, aquí responderé brevemente, por medio de las siguientes proposiciones.

PRIMERA: «El Papa no es señor civil ni temporal de todo el orbe, si entendemos el dominio y la potestad civil en sentido propio». Esta conclusión es de Torquemada [138], de Juan Andrés [139] y de Hugo de San Víctor [140]. Y el doctísimo Inocencio en el citado capítulo *Per venerabilem* confiesa no tener potestad temporal sobre el reino de Francia. Ésta parece ser también la opinión de

---

[137] Angelus de Clavasio, v. «*infideles*», n. 7 (ed. Roma, 1519).

[138] *De Potestate Papae et Concilii Generalis*, lib. 2, cap. 113 (Biblioteca Maxima Pontificia, Roma, 1696, t. XIII, p. 459). Esta obra, falsamente atribuida a Juan de Torquemada, es de Raphael de Pornaxio. Cf. *CHP*, V, p. 46, nota 112.

[139] *In quartum Decretalium librum Novella Comentaria*, vol. IV, *Per venerabilem*, fols. 57-60.

[140] *Tertius operum M. Hugonis a S. Victore Tomus* (Parisiis, 1526), *De sacramentis*, II, II, 4 ss. (dist. 69, can. *Cum ad verum*).

Bernardo [141]. Y hasta parece que la opinión contraria se opone al precepto del Señor que dice: «*Vosotros sabéis que los príncipes de las naciones las subyugan y que los grandes imperan sobre ellas. No ha de ser así entre vosotros*» [142]. Y también contra el precepto del Apóstol: «*No como dominadores sobre la heredad sino sirviendo de ejemplo al rebaño*» [143]. Y si Cristo no tuvo el dominio temporal, como antes hemos defendido como lo más probable, y también de acuerdo con la sentencia de Santo Tomás, mucho menos lo tendrá el Papa, que es su vicario [144]. Pero esos autores atribuyen al Sumo Pontífice el dominio que él mismo nunca reconoció; antes bien, el Papa afirma lo contrario en muchas ocasiones, como he expuesto en la relección citada y queda suficientemente probado, como antes acerca del Emperador, porque no puede convenirle el dominio si no es por derecho natural, bien sea divino, bien humano. Por derecho natural humano, es cierto que no; si por derecho divino, no consta en ninguna parte; luego es una afirmación gratuita y sin fundamento. Y en cuanto a lo que el Señor dijo a Pedro: «*Apacienta mis ovejas*», manifiesta bien claramente que se trata de potestad en lo espiritual, no en lo temporal.

Pero además se prueba que el Papa no es señor de todo el orbe, puesto que el Señor mismo dijo que al final de los tiempos habrá un solo rebaño y un solo pastor [145]. Con esto queda suficientemente claro que en el presente no todas las ovejas son de un único rebaño. Además, dado que Cristo tuviera esta potestad, consta que no fue

---

[141] S. Bernardo de Claraval, *De consideratione ad Eugenium*, II, 6, 9-11, PL, 182, 747.
[142] Mt 20, 25-26; cf. Lc 22, 25-26.
[143] I Pe 5, 3.
[144] *De Regimine principum*, 3, 13.
[145] Jn 10, 16.

transmitida al Papa. Esto es evidente porque el Papa no es menos vicario de Cristo en lo espiritual que en lo temporal: ahora bien, el Papa no tiene jurisdicción espiritual sobre los infieles, como confiesan incluso los adversarios, y parece sentencia expresa del Apóstol: «*Pues ¿qué a mí juzgar a los de fuera?*»[146]. Luego tampoco en lo temporal.

En verdad no constituyen ningún argumento probatorio las palabras que se aducen: «Cristo tuvo potestad temporal en todo el orbe, luego el Papa también la tiene». Porque Cristo sin lugar a dudas tuvo la potestad espiritual en todo el orbe no menos sobre los fieles que sobre los infieles, y pudo dar leyes que obligaran a todo el orbe, como lo hizo en cuanto al bautismo y los artículos de la fe. El Papa, sin embargo, no tiene tal potestad sobre los infieles, ni podría excomulgarlos, ni prohibirles los casamientos permitidos por el derecho divino. Luego está clara la consecuencia. Además, porque, según la opinión de los doctores, Cristo tampoco comunicó la potestad de excelencia a los Apóstoles. Luego ningún valor tiene la consecuencia «Cristo tuvo potestad temporal en el orbe, luego también el Papa».

4. SEGUNDA PROPOSICIÓN: «Aun admitiendo que el Sumo Pontífice tuviera tal potestad secular en todo el orbe, no podría dársela a los príncipes seculares»

Esto es evidente, porque iría aneja al papado, y no podría el Papa separarla del cargo del Sumo Pontífice, ni tampoco privar a su sucesor de aquella potestad, porque un Sumo Pontífice no puede ser inferior a su predecesor. Y, si un Sumo Pontífice cediese esta potestad, o tal cesión sería nula, o el siguiente Pontífice podría anularla.

---

[146] I Cor 5, 12.

5. TERCERA PROPOSICIÓN: «El Papa tiene potestad temporal en orden a las cosas espirituales, es decir, en cuanto sea necesario para administrar las cosas espirituales». También esta proposición es de Torquemada en el lugar citado, y de todos los doctores. Se prueba porque el arte a la que corresponde un fin superior es imperativa y preceptiva de las artes a las que corresponden fines inferiores subordinados a este fin superior, como se lee en Aristóteles [147]. Ahora bien, el fin de la potestad espiritual es la felicidad última; en cambio el fin de la potestad civil es la felicidad social. Por consiguiente, el poder temporal está sometido al espiritual. Inocencio IV acude a este argumento [148].

Se confirma, porque a quien se le ha encomendado el desempeño de algún cargo, se entiende que se le conceden todos los medios necesarios, sin los que no puede llevarse a buen término esa función [149]. Ahora bien, siendo el Papa, por delegación de Cristo, pastor espiritual, y pudiendo esta misión ser obstaculizada por el poder civil, y como Dios y la naturaleza no pueden fallar en las cosas necesarias, no hay duda de que le fue transmitida al Papa la potestad temporal en cuanto es necesaria para el gobierno de lo espiritual.

Por esta razón puede el Papa invalidar las leyes civiles, que fomentan el pecado, como derogó las leyes sobre prescripción de mala fe, tal como puede verse en *De Praescriptione*, capítulo final [150]. Y por la misma razón, si están en discordia los príncipes en cuanto al derecho sobre algún principado y abocados a una guerra, puede

---

[147] *Ética a Nicómaco*, I, 1, 1904a.
[148] *Decretalia Gregorii*, IX, I, 36, 6 (cap. *Solitae, De maioritate et obedientia*).
[149] Ibíd., I, 29, 1, *De oficio delegati*.
[150] Ibíd., 2, 26, 20.

ser juez y examinar el derecho de las partes y dictar sentencia, que están los príncipes obligados a aceptar, sin duda para evitar tantos daños espirituales como necesariamente causan las guerras entre príncipes cristianos. Y, aunque el Papa no lo haga o lo haga con poca frecuencia, no es porque no pueda hacerlo, como dice Durando [151], sino por miedo al escándalo, no sea que crean los príncipes que lo hace por ambición, o por temor a la rebelión de los príncipes contra la Sede Apostólica. Por la misma razón puede también en ocasiones deponer reyes y nombrar otros, como ha sucedido alguna vez. En verdad ningún verdadero cristiano debiera negar esta potestad del Papa. Esto es lo que sostienen Paludano [152], Durando [153] y Enrique Gandavense [154]; y en este sentido hay que entender los cánones que dicen que el Papa tiene las dos espadas, que son muchos; y esto lo afirman también los más antiguos doctores, como también Santo Tomás [155], citado antes.

Más aún, no dudo de que del mismo modo tengan también los obispos autoridad temporal en su obispado, por la misma razón que la tiene el Papa en todo el orbe. Y por eso hablan mal y obran mal los príncipes y gobernantes que intentan impedir a los obispos apartar a los seglares de sus pecados por medio de penas pecuniarias, o con el destierro, u otras penas temporales, pues esto no está fuera de su competencia con tal de que no lo

---

[151] Durando de San Porciano, *Decisionum super quattor libros sentenciarum* (Lugduni, 1533), fol. 226, col. 2.

[152] Petrus Palude (Paludano), *Tertium scriptum super tertium sententiarum* (Parisiis, 1517), 40, 2, 4.

[153] *Op. cit., De potestate ecclesiastica.* Ver nota 151.

[154] Enricus Goethals (Gandavense), *Quodlibeta Magistri Henrici Goethals a Gandavo doctoris Boloniensis* (Parisiis, 1518), Quodl. 6, 23.

[155] *In II Sententiarum*, d. 44, q. 2, a. 3 ad 4.

hagan por avaricia y lucro, sino por necesidad y para provecho del gobierno espiritual.

De aquí puede tomarse un nuevo argumento para la primera conclusión. Pues, si el Papa fuese señor de todo el orbe, también el obispo sería señor temporal en su obispado, porque también es vicario de Cristo en él, cosa que, sin embargo, niegan los adversarios.

6. CUARTA CONCLUSIÓN: «El Papa no tiene ninguna potestad temporal sobre esos bárbaros, ni sobre otros infieles».

Esto se desprende claramente de la primera y segunda conclusión, puesto que no tiene potestad temporal a no ser en orden a lo espiritual. Mas no tiene potestad espiritual sobre ellos, como ha quedado claro por las palabras de San Pablo [156]. Luego tampoco temporal.

7. De aquí se sigue un COROLARIO que, «aun cuando los bárbaros no quisieran reconocer ningún dominio del Papa, no por eso él puede hacerles la guerra ni ocupar sus bienes». Esto es evidente, porque no tiene ninguna clase de dominio sobre ellos.

Y se confirma claramente, porque (como se dirá después y confiesan los adversarios), en el supuesto de que los bárbaros no quisieran aceptar a Cristo por señor, no por eso se les puede hacer la guerra, ni causarles daño alguno. Y nada más absurdo que lo que dicen esos mismos, que, aun cuando impunemente pueden no aceptar a Cristo, están, sin embargo, obligados a aceptar a su vicario, bajo pena de ser obligados con la guerra y ser despojados de todos sus bienes, e incluso pueden ser condenados a suplicio.

---

[156] Cf. I Cor 5, 12-13.

Esto se confirma también porque, según esos autores, la causa por la que no pueden ser obligados, si no quieren aceptar a cristo y su fe, es porque no se les puede probar por razones naturales de manera evidente. Ahora bien, mucho menos puede probarse el dominio del Papa; luego no se les puede obligar a que reconozcan tal dominio. Y el mismo Silvestre [157], aunque habla extensamente de la potestad del Papa, sin embargo sostiene expresamente, contra el Hostiense, que los infieles no pueden ser obligados con la guerra a reconocer este dominio, ni por tal título se les puede despojar de sus bienes. Lo mismo sostiene Inocencio IV [158]. No hay duda de que ésta es la doctrina de Santo Tomás [159]; y también de Cayetano [160] al comentar expresamente esta doctrina de Santo Tomás, donde dice que los infieles no pueden ser despojados de sus bienes a no ser los que por leyes legítimas sean súbditos de príncipes temporales, y sólo por las causas legales por las que también los demás súbditos podrían ser privados de ellos.

Ni siquiera los sarracenos que viven entre los cristianos han sido nunca despojados de sus bienes por este título ni han tenido que soportar ninguna molestia. Pues si este título fuese suficiente para hacerles la guerra, sería lo mismo que decir que pueden ser desposeídos por razón de infidelidad. Pues es cierto que ningún infiel reconoce el dominio del Papa; no obstante no hay ningún doctor, ni aun entre los adversarios, que admita que por el solo título de infidelidad puedan ser desposeídos. Luego es puro sofisma lo que dicen esos doctores, es decir, que si los infieles reconocen el dominio del Romano Pontí-

---

[157] *Op. cit.*, v. «*infidelis*», 7.
[158] *Op. cit.*, I, 33, 6, cap. *Quod super his, De voto.*
[159] II, II, q. 66, a. 8 ad 2.
[160] II, II, q. 66, a. 8 ad 2.

fice no se les puede hacer la guerra, pero sí en el caso contrario. En efecto, ninguno lo reconoce.

De lo cual se desprende claramente que tampoco este título es idóneo contra los bárbaros; ya sea que se funden en que el Papa donara aquellas provincias como señor absoluto, bien en que no quisieran reconocer el dominio del Papa, los cristianos no tendrían causa suficiente de guerra contra ellos. Esta sentencia también la defiende extensamente Cayetano. Y tampoco hay que dar mucha importancia a la autoridad de los canonistas que tienen opinión contraria, porque, como se ha dicho antes, estas cosas hay que tratarlas según el derecho divino; y, además, muchos, y los de más prestigio, sostienen lo contrario, entre los que se encuentra también Juan Andrés; y ellos no tienen ni un solo texto a su favor. Ni tampoco debe aceptarse aquí la gran autoridad del Arzobispo de Florencia, pues no hace más que seguir la opinión de Agustín de Ancona, como otras veces sigue a los canonistas.

De lo dicho se desprende claramente que los españoles, cuando por primera vez llegaron navegando a las tierras de los bárbaros, no llevaban consigo ningún derecho para ocupar sus territorios.

TÍTULO TERCERO. Por eso, otro TÍTULO que puede alegarse es el «derecho de descubrimiento». Y no otro era el que se alegaba al principio, y con este solo título se hizo a la mar Colón el genovés. Parece que es idóneo, porque las tierras desiertas vienen a ser de los que las ocupan por derecho de gentes y natural [161]. Ahora bien, como los españoles fueron los primeros que descubrieron y ocuparon aquellas provincias, se sigue que las po-

---

[161] *Instituciones*, II, 1, 12, *De rerum divisione*, § *ferae bestiae*.

seen con derecho, del mismo modo que si hubiesen encontrado un desierto, deshabitado hasta entonces.

Pero sobre este título, que es el tercero, no es preciso hablar mucho, pues, como se ha probado antes, los bárbaros eran verdaderos dueños tanto pública como privadamente. Ahora bien, es de derecho de gentes que se conceda al ocupante lo que no es de nadie como se dice expresamente en el texto citado de las *Instituciones*. De donde se concluye que, como aquellos bienes tenían dueño, no caían bajo este título. Y de este modo, aunque este título puede tener algún valor, unido a otro, como se dirá después, sin embargo él solo en nada justifica la posesión de los bárbaros, no más que si ellos nos hubieran descubierto a nosotros.

CUARTO TÍTULO. Y por eso se alega un CUARTO TÍTULO: «que se niegan a recibir la fe de Cristo, no obstante habérseles propuesto, y haberles rogado insistentemente que la acepten».

Parece que este título es legítimo para ocupar las tierras de los bárbaros. En primer lugar, porque los bárbaros están obligados a aceptar la fe de Cristo, según aquellas palabras: «*el que creyere y fuere bautizado, se salvará; el que no creyere se condenará*» [162]. Pero nadie se condena si no es por pecado mortal. Y se dice en los Hechos de los Apóstoles. «*Ningún otro nombre nos ha sido dado bajo el cielo, entre los hombres, por el cual podamos ser salvos*» [163]. Por consiguiente, siendo el Papa ministro de Cristo, al menos en las cosas espirituales, parece que podrían ser obligados por la autoridad del Papa a aceptar la fe de Cristo. Y, si al ser requeridos no quisieran recibirla, se podría actuar contra ellos por derecho

---

[162] Mc 16, 16.
[163] 4, 12.

de guerra. Aún más, parece que también los príncipes podrían hacerlo con su autoridad, porque son ministros de Dios y «*vengadores para castigo del que obra mal*»[164]. Ahora bien, éstos obran pésimamente no abrazando la fe de Cristo. Luego los príncipes pueden obligarlos.

En segundo lugar, porque si los franceses no quisieran obedecer a su propio rey, puede el rey de España obligarlos a que obedezcan. Luego, si no quieren obedecer a Dios, que es el verdadero y supremo Señor, los príncipes cristianos pueden obligar a esos bárbaros a obedecer. Pues no parece que deba estar en peores condiciones la causa de Dios que la de los hombres.

Se confirma esto porque, como arguye Escoto[165] tratando del bautismo de los niños de los infieles, antes se debe obligar a obedecer a un señor superior que a uno inferior; si, pues, se puede obligar a los bárbaros a obedecer a sus príncipes, mucho más se les podrá obligar a que obedezcan a Cristo y a Dios.

En tercer lugar, porque si blasfemasen públicamente contra Cristo, podría obligárseles con la guerra a desistir de tales blasfemias, como admiten los doctores, y es verdad. En efecto, podríamos perseguirlos con la guerra si escarnecieran públicamente el crucifijo, o afrentaran con burlas, de cualquier modo que fuere, las cosas de los cristianos, como haciendo parodia de los sacramentos de la Iglesia, para reírse, u otras cosas semejante.

Esto también está claro, porque si injuriasen a un rey cristiano, incluso después de muerto, podríamos vengar la injuria; luego con más razón si hiciesen injuria a Cristo, que es rey y señor de los cristianos. Esto es induda-

---

[164] Rom 13, 4.
[165] Joannes Duns Scoto, *Quaetiones quarti voluminum scripti Oxoniensis super Sentencias*, IV, d. 4, q. 9.

ble, porque, si Cristo viviera entre los mortales y los paganos le injuriasen, no hay duda de que podríamos vengar la afrenta con la guerra. Luego también ahora podríamos. Pero mayor pecado es la infidelidad que la blasfemia, porque, como dice Santo Tomás y lo prueba [166], la infidelidad es el más grave de los pecados que se dan en la perversión moral, porque se opone directamente a la fe, mientras que la blasfemia no se opone directamente a la fe sino a la confesión de la fe. Además la infidelidad destruye el principio de conversión a Dios, es decir, la fe, no así la blasfemia. Si, pues, por la blasfemia contra Cristo pueden los cristianos perseguir a los infieles con las armas, también pueden por la infidelidad misma. Y se confirma que la blasfemia no es pecado tan grave como la infidelidad; porque por la infidelidad las leyes civiles imponen al cristiano la pena capital, pero no por la blasfemia.

8. Para responder establezcamos la PRIMERA PROPOSICIÓN: «Los bárbaros, antes de tener noticia alguna de la fe de Cristo, no cometían pecado de infidelidad por no creer en Cristo».

Esta proposición es literalmente de Santo Tomás [167], donde dice que para los que no han oído hablar de Cristo la infidelidad no tiene razón de pecado, sino más bien de pena, porque tal ignorancia de las cosas divinas tiene su origen en el pecado de los primeros padres, pues «los que son infieles —dice— de este modo, se condenan por otros pecados pero no por el pecado de infidelidad». Por eso dice el Señor: «*Si no hubiera venido y les hubiera hablado, no tendrían pecado*» [168]. San Agustín [169], expo-

---

[166] II, II, q. 10, a. 3.
[167] II, II, q. 10, a. 1.
[168] Jn 15, 22.
[169] *In* Joannem, *Tract.*, 89, super 15, 22 PL 35, 1857.

niendo este texto, dice que habla del pecado de los que no creyeron en Cristo. Y lo mismo parece decir Santo Tomás[170].

Esta proposición es contraria a lo que dicen muchos doctores, y en primer lugar el Altisiodorense[171], donde sostiene que nadie puede tener ignorancia invencible no sólo de Cristo, sino de cualquier artículo de la fe, porque si hace lo que está de su parte el Señor lo iluminará mediante una ilustración interior o externa. Y así siempre es pecado mortal creer algo contrario a los artículos de la fe. Pone el ejemplo de una viejecilla a quien el obispo le predicase algo contrario a un artículo de la fe. Y dice que, en general, a nadie excusa la ignorancia en lo que es de derecho divino.

De esta misma opinión fue Guillermo Parisiense[172], quien argumenta de idéntica manera: Pues ese tal, o bien hace lo que está de su parte y será iluminado, o no lo hace, y entonces no tiene excusa. De la misma opinión parece haber sido Gerson, quien dice: «Están de acuerdo los doctores en sostener que en las cosas de derecho divino no cabe ignorancia invencible, pues al que hace lo que está de su parte Dios siempre le asiste, pronto a ilustrar su mente cuanto sea necesario para la salvación y para evitar el error»[173]. Hugo de San Víctor[174] también enseña que la ignorancia no excusa a nadie del precepto de recibir el bautismo, porque, si no pone obs-

---

[170] II, II, q. 10, a. 6; q. 34, a. 2 ad 2.
[171] Wilhelm de Auxerre (Altisiodorensis), *Summa Aurea Sententiarum* (Parisiis, 1500), III, 2, 5; in q. *Utrum fidei possit subesse falsum*.
[172] *Postilla super Epistolas et Evangelia* (Hispali, 1547), *In principium erat Verbum*, pássim. Cf. *CHP*, V, p. 58, nota 143.
[173] Iean Charlier (Gersonius), *Opera Omnia...* (Antwerpiae, 1706), t. III, pars prima, col. 40; *De spiritualis vita animae*, lect. 4.
[174] *Op. cit., De sacramentis*, II, 6, 5.

táculo por su culpa, podrá oír y saber lo necesario, como se ve en el ejemplo de Cornelio [175]. Adriano VI [176] pone objeciones a esta teoría y opinión, donde dice: «En las cosas que son de derecho divino hay que distinguir dos clases: unas hay que Dios no obliga a todos a conocerlas de manera universal, como son las minucias sutiles del derecho divino, y las dificultades acerca del mismo derecho divino y de la Sagrada Escritura y los mandamientos; en estas cuestiones bien puede darse ignorancia invencible, aunque uno haga todo lo que está en su mano. Hay otras cosas que Dios obliga a todos en general a conocerlas, como son los artículos de la fe, y los preceptos universales de la ley; y es verdad lo que los doctores dicen de estas cosas, a saber, que nadie puede ser excusado por ignorancia, pues Dios iluminará a quien haga lo que está de su parte por una ilustración interior o exterior».

Mas, a pesar de todo, la conclusión propuesta parece ser la doctrina expresa de Santo Tomás. Se prueba porque esos que nunca oyeron nada de la fe tienen ignorancia invencible, por muy pecadores que, por otra parte, sean. Luego tal ignorancia no es pecado. El antecedente es claro por aquellas palabras de la Carta a los Romanos: «*¿Y cómo creerán sin haber oído nada de Él? ¿Y cómo oirán si nadie les predica?*» [177]. Luego si no se les ha predicado la fe tienen ignorancia invencible, pues no pueden conocerla.

Y no condena Pablo a los infieles porque no hagan lo que está de su parte para ser iluminados por Dios, sino porque habiendo oído no creyeron: «*Pero digo yo: ¿es que no han oído? Cierto que sí, "Por toda la tierra se*

---

[175] Act 10, 4-5.
[176] *Quaestiones quodlibeticae*, XII, q. 4, fol. 65v.
[177] 10, 14.

difundió su voz y hasta los confines del orbe sus palabras"»[178]. Por eso los condena, porque el Evangelio ha sido predicado en toda la tierra; de lo contrario no los condenaría por más que tuvieran otros muchos pecados.

Por eso también se equivoca Adriano VI en otro punto sobre esta materia de ignorancia, pues dice en el mismo *Quodlibeto* «que ni siquiera en materia de costumbres es suficiente para ser excusado en materia de ignorancia el que uno ponga todo su cuidado y diligencia para saber lo que conviene hacer, si no se dispone por la contrición de los pecados para que Dios le ilumine»[179]. Como si uno que dudara de la licitud de algún contrato y consultara a los entendidos, y procurara además averiguar la verdad por otros medios, y llegara a la conclusión de que es lícito, si lo hiciera, y, si por casualidad no lo fuera, no estaría excusado si quizá por otra parte estuviere en pecado, porque no hace todo lo que está en su mano para vencer la ignorancia. Y si se da el caso de que, aun disponiéndose a la gracia, no sea iluminado, no es excusado, sin embargo, mientras no quite ese impedimento, es decir, el pecado. Por eso si Pedro y Juan en el mismo asunto y contrato dudan y ponen la misma diligencia humana, y los dos piensan que es ilícito, pero Pedro está en gracia y Juan está en pecado, Pedro tiene ignorancia invencible, Juan tiene ignorancia vencible; y si los dos hacen el contrato Pedro es excusado y Juan no lo es.

Digo que en esto se equivoca Adriano, como he argumentado extensamente en el comentario a la materia «de ignorancia»[180]. Pues sería sorprendente afirmar que el infiel no puede tener ignorancia invencible en ninguna materia de derecho divino y, más sorprendente aún, que

---

[178] 10, 18.
[179] *Op. cit.,* XII, 4, fol. 74r-76r.
[180] Francisco de Vitoria, Coment., I, II, q. 76, a. 1-4, ed. Beltrán de Heredia, *op. cit.,*

tampoco cualquiera que estuviera en pecado mortal. Y, aún más, se seguiría que aquel Pedro, que estaba en gracia y tenía ignorancia invencible sobre algo referente a la usura y a la simonía, sólo por el hecho de caer en pecado mortal, aquella ignorancia invencible se convertiría en vencible, lo cual es absurdo.

9. Por lo cual afirmo que para que la ignorancia se impute a uno y sea pecado, es decir, vencible, se requiere que haya negligencia acerca de la materia ignorada, por ejemplo, que no quiera escuchar, o no quiera creer lo que ha oído; y, al contrario, para que haya ignorancia invencible es suficiente que haya puesto la diligencia humana normal en indagar, aunque por otra parte esté en pecado mortal.

De aquí se deduce que en este punto el juicio ha de ser el mismo para el que está en pecado que para el que está en gracia, y lo mismo ahora que inmediatamente después de la venida de Cristo y de su pasión. No puede negar Adriano que poco después de la pasión del Señor los judíos que estuviesen en la India o en España ignorasen con ignorancia invencible la pasión del Señor, por más que estuviesen en pecado mortal. Además, él mismo admite esto en el tema de la observancia de las cosas legales [181]. Y es cierto que los judíos ausentes de Judea, estuviesen o no en pecado, tenían ignorancia invencible acerca del bautismo, o de la fe de Cristo; luego, lo mismo que entonces se podía caer en ignorancia invencible acerca de esto, también pueden tenerla aquellos a quienes no se les ha hecho el anuncio del bautismo.

El error de esos doctores está en creer que, si admitimos que pudiera darse ignorancia invencible respecto del bautismo o de la fe en Cristo, se seguiría necesaria-

---

[181] *Op. cit.*, I, ad. 4, fols. IVv-Vv.

mente que alguien podría salvarse sin el bautismo o la fe de Cristo. Pero esto no es así, pues los bárbaros se condenarán por sus pecados mortales o por la idolatría, pero no por el pecado de infidelidad, como afirma Santo Tomás, en el lugar antes citado, porque, si hacen lo que está de su parte viviendo honestamente de acuerdo con la ley natural, Dios proveerá y les iluminará acerca del nombre de Cristo. No se sigue, sin embargo, que si viven mal se les impute como pecado la ignorancia o la infidelidad en relación con el bautismo y la fe cristiana.

10. SEGUNDA PROPOSICIÓN: «Los bárbaros no están obligados a creer al primer anuncio que se les haga de la fe de Cristo, de suerte que pequen mortalmente si no creen sólo por el hecho de que se les anuncie y proponga que la fe cristiana es la verdadera religión y que Cristo es el Salvador y Redentor del mundo, sin que en confirmación medien milagros o cualquiera otra prueba».

Se prueba esta conclusión por la primera. Pues, si eran excusados antes de que nada hubieran oído acerca de la religión cristiana, no van a ser obligados después por esta simple propuesta y por el solo anuncio, ya que éste no es ningún argumento ni motivo para creer. Es más, como dice Cayetano: «Obrará con temeridad e imprudencia quien creyere algo, referido sobre todo a la salvación, a no ser que sepa que lo afirma una persona fidedigna»[182]. Y esto no lo saben los bárbaros, pues ignoran quiénes y de qué condición son los que les proponen la nueva religión. Se confirma porque, como afirma Santo Tomás, «las cosas referentes a la fe son conocidas y evidentes a la luz del criterio de credibilidad, pues los fieles no las creerían si no vieran que deben ser creídas, bien por la evidencia de los signos, o bien por otra razón

---

[182] II, II, q. 1, a. 4.

semejante»[183]. Luego cuando no se da esta clase de signos, ni algún otro motivo de persuasión, los bárbaros no están obligados a creer.

Esto se confirma porque si los sarracenos también propusieran simplemente su secta a los bárbaros, como los cristianos, es cierto que no estarían obligados a creerlos. Luego tampoco a los cristianos que les propongan la fe sin aducir razones que los persuadan, porque ni pueden ni están obligados a adivinar qué religión es más verdadera, si no se presentan motivos más convincentes por una u otra parte. Pues eso sería asentir con ligereza, cosa propia de «espíritus superficiales», o, como dice el Eclesiástico, de «*el que es fácil en creer de ligero*»[184]. Y se confirma por lo que dice Juan: «*Si no hubiera hecho entre ellos obras que ningún otro hizo, no tendrían pecado*»[185]. Por consiguiente, donde no se dan signos o motivos para creer tampoco hay pecado.

11. De esta proposición se infiere que «si se propone la fe a los bárbaros solamente de ese modo y no la aceptan, no por eso pueden los españoles hacerles la guerra ni proceder contra ellos por derecho de guerra». Esto está claro, porque en cuanto a esto son inocentes, y no han hecho ninguna injuria a los españoles.

Y se confirma este corolario porque, como afirma Santo Tomás[186], para una guerra justa se requiere una causa justa, es decir, que los que son atacados sean merecedores del ataque por alguna culpa. Por eso dice San Agustín: «Suelen definirse como guerras justas las que vengan las injusticias, por ejemplo si hay que doblegar

---

[183] II, II, q. 1, a. 4 ad 2; q. 1, a. 5 ad 1.
[184] 19, 4.
[185] 15, 24.
[186] II, II, q. 40, a. 1.

a alguna nación o ciudad por no haber querido satisfacer por el mal que los suyos han hecho, o devolver lo injustamente arrebatado»[187]. Luego, si con anterioridad no hay una injusticia de los bárbaros, no habrá causa de guerra justa. Ésta es la sentencia común de todos los doctores, no sólo de los teólogos, sino también de los juristas, como el Hostiense, Inocencio y otros. Y Cayetano lo expone claramente[188]; y yo no sé de ninguno que tenga opinión contraria. En consecuencia, no es este un título legítimo para ocupar los territorios de los bárbaros y expoliar a sus antiguos dueños.

12. TERCERA PROPOSICIÓN: «Si se ha rogado y aconsejado a los bárbaros que escuchen a los que pacíficamente les hablan de la religión, y no quisieren escuchar, no están excusados de pecado mortal».

Se prueba porque, como suponemos, ellos tienen gravísimos errores que aceptan sin razones verosímiles o probables. Luego, si alguien les aconseja que escuchen y reflexionen acerca de las cosas concernientes a la religión, están obligados, al menos, a escuchar y reflexionar. Asimismo, les es necesario para la salvación creer en Cristo y bautizarse, como se dice en el último capítulo de Marcos[189]: «*El que creyere, etc.*». Ahora bien, «*no pueden creer si antes no han oído*»[190]; luego están obligados a escuchar; de lo contrario estarían fuera del plan de salvación sin culpa propia.

13. CUARTA PROPOSICIÓN: «Si se propone la fe cristiana a los bárbaros de un modo probable, es decir, con

---

[187] *Quuasestiones in Heptateucum*, 1, 83 PL 34, 781.
[188] Coment., II, II, q. 66, a. 8.
[189] 16, 16.
[190] Rom 10, 14.

argumentos probables y razonables, y con una vida honesta y de acuerdo con la ley natural, que es un gran argumento para confirmar la verdad, y esto no una sola vez y a la ligera, sino con diligencia y cuidado, están obligados a aceptar la fe de Cristo bajo pena de pecado mortal».

Se prueba por la tercera conclusión, porque, si están obligados a escuchar, también lo estarán a asentir a lo que oyen, si es razonable. Y también está claro por aquellas palabras de Marcos en el capítulo último:«*Id por todo el mundo y predicad el Evangelio a toda criatura. El que creyere y fuere bautizado se salvará, mas el que no creyere se condenará*» [191]. Y también por aquellas de los Hechos de los Apóstoles: «*Pues ningún otro nombre nos ha sido dado bajo el cielo, entre los hombres, por el cual podamos ser salvos*» [192].

14. QUINTA PROPOSICIÓN: «No estoy muy persuadido de que la fe cristiana hasta el presente haya sido propuesta a los bárbaros de tal manera que estén obligados a creer bajo pena de un nuevo pecado».

Digo esto porque, como queda claro por la segunda proposición, no están obligados a creer si no se les propone la fe con motivos probables de persuasión. Pero milagros y otros signos yo no he oído que allí se den, ni tampoco ejemplos de vida tan religiosa como para moverlos a creer. Por el contrario, tengo noticias de muchos escándalos, crueles delitos, y muchos actos de impiedad. Por lo cual no parece que la religión cristiana les haya sido predicada con la suficiente piedad y de manera conveniente como para que ellos estén obligados a asentir. Bien es verdad que muchos religiosos y otros

---

[191] 16, 15-16.
[192] 4, 12.

eclesiásticos parecen haber puesto en este cometido dedicación y cuidado suficiente, tanto con su vida como con su ejemplo y diligente predicación, de no haber sido estorbados por otros cuyos intereses son muy ajenos a ese fin.

15. SEXTA PROPOSICIÓN: «Aunque la fe les haya sido anunciada a los bárbaros con signos suficientes de probabilidad y no hayan querido aceptarla, no por esa razón es lícito perseguirlos con la guerra y despojarlos de sus bienes». Esta conclusión es expresamente de Santo Tomás cuando dice que los infieles que nunca han abrazado la fe, como son los gentiles y los judíos, de ningún modo pueden ser obligados a abrazarla a la fuerza [193]. Es esta conclusión opinión común de los doctores, incluso de los canonistas y civilistas.

Se prueba porque el creer es un acto de la voluntad, y el temor disminuye mucho la voluntariedad del acto [194], y es sacrilegio acercarse solamente por temor servil a los misterios y sacramentos de Cristo. Además se prueba en las *Decretales*: «Sobre los judíos ordena el santo Sínodo que en adelante a nadie se le haga fuerza para que crea, pues Dios hace misericordia a quien quiere, y endurece el corazón de quien quiere» [195]. No hay duda de que la doctrina del Concilio de Toledo es que no se trate de que los judíos abracen la fe atemorizándolos con amenazas.

Lo mismo dice expresamente Gregorio: «Los que con sincera intención desean atraer a la fe perfecta a los apartados de la fe cristiana deben intentarlo con blandura y no con aspereza; porque quienes obran de otro

---

[193] II, II, q. 10, a. 8.
[194] Cf. *Ética a Nicómaco*, 1, 1109b, 1110a.
[195] *Decretum Gratiani*, I, 45, 5, can. *De judaeis*.

modo y quisieren con estas actitudes apartarlos de las prácticas y ritos de su religión, demuestran que se preocupan más de sus propios intereses que de los de Dios»[196].

Se prueba además esta proposición por la práctica y costumbre de la Iglesia. En efecto, nunca los emperadores cristianos, que han tenido por consejeros a muy santos y sabios Pontífices, hicieron la guerra a los infieles porque no quisieran abrazar la religión cristiana. Además, la guerra no es ningún argumento en favor de la verdad de la fe cristiana; luego por la guerra los bárbaros no pueden ser movidos a creer, sino fingir que creen y aceptan la fe cristiana, lo cual es un abominable sacrilegio. Y, aunque Escoto dice que actuarían religiosamente los príncipes que obligaran con amenazas y con el terror a abrazar la fe[197], parece que esto no ha de entenderse sino de los infieles, que, por otra parte, ya son súbditos de príncipes cristianos, de los que trataremos después. Pero no es éste el caso de los bárbaros; por lo que pienso que ni Escoto mismo afirmaría eso de estos bárbaros. Es evidente, pues, que tampoco este título es idóneo y legítimo para ocupar los territorios de los bárbaros.

QUINTO TÍTULO. Otro título se alega con más seriedad, y es el TÍTULO QUINTO, a saber, «los pecados de los mismos bárbaros». En efecto, dicen que, aunque no pueda hacérseles la guerra por razón de su infidelidad, o porque no aceptan la fe cristiana, pueden, sin embargo, ser atacados con las armas por otros pecados mortales, ya que cometen muchos y gravísimos, según cuentan. Y en cuanto a los pecados mortales hacen una distinción: dicen

---

[196] *Decretum Gratiani*, I, 45, 5, can. *Qui sincera*, en la misma distinción.
[197] *Op. cit.*, IV, d. 4, q. 9.

que hay algunos pecados, que no van contra la ley natural sino sólo contra la ley divina positiva; por estos últimos no se puede hacer la guerra a los bárbaros. Pero otros son pecados contra la naturaleza, como el comer carne humana, el concúbito indiscriminado con la madre con las hermanas o con varones; por estos pecados sí puede hacérseles la guerra para obligarles a que desistan de esas prácticas. La razón del doble criterio es que en relación con los pecados que van contra la ley positiva no se les puede demostrar que obran mal. Pero en cuanto a los que van contra la ley natural puede demostrárseles que ofenden a Dios y, por consiguiente, se les puede obligar para que no le ofendan más.

Además se les puede obligar a que observen la ley que profesan, y ésta es la ley natural. Ésta es la opinión del Arzobispo de Florencia [198], siguiendo a Agustín de Ancona [199]. Lo mismo sostiene Silvestre [200] y es también la opinión de Inocencio en el capítulo *Quod super his, de voto*, donde dice expresamente: «Creo que los gentiles, que no tienen sino la ley natural, si obran contra ella, podrían ser castigados por el Papa. Y se da el argumento del Génesis donde los sodomitas son castigados por Dios [201]. Y, como los juicios de Dios son ejemplares para nosotros, no veo por qué no pueda hacerlo el Papa, que es vicario de Cristo» [202]. Esto dice Inocencio. Y por la misma razón podrán ser castigados por los príncipes cristianos con la autoridad del Papa.

---

[198] *Op. cit.*, III, 23, 6. Cf. *CHP*, V, p. 68, nota 163.
[199] *Op. cit.*, quaest. 23, arg. 4.
[200] *Op. cit.*, v. «*Papa*», n. 7.
[201] 19, 15-19.
[202] *Apparatus preclarissimi Iuris canonici in VI Decret.*, cap. *Quod super his, De voto* (fol. 164). Cf. *CHP*, V, p. 69, nota 166.

16. Pero yo establezco la siguiente CONCLUSIÓN: «Los príncipes cristianos, ni aun con la autoridad del Papa, pueden por la fuerza apartar a los bárbaros de sus pecados contra la ley natural, ni castigarlos a causa de ellos».

Se prueba, en primer lugar, porque esos autores se basan en un supuesto falso, es decir, que el Papa tenga jurisdicción sobre ellos, como ya hemos dicho antes. En segundo lugar, porque o hablan de pecados contra la ley natural en sentido universal, como el hurto, la fornicación, el adulterio, o en el sentido particular refiriéndose a los pecados contra la naturaleza de los que habla Santo Tomás[203], no sólo porque vayan contra la ley natural, sino también contra el orden natural, que según la Glosa, en la II carta a los Corintios[204], se llama «inmundicia», como el concúbito con los niños o con las bestias, o el de mujer con mujer, de los cuales se habla en la Carta a los Romanos[205].

Si se entiende en el segundo sentido, se arguye en contra que el homicidio es pecado tan grave o más, y es evidente que lo que es lícito por aquellos pecados también por el homicidio. Asimismo la blasfemia es pecado tan grave y tan manifiesto.

Si se entiende en el primer sentido, esto es, en general por cualquier pecado contra la ley de la naturaleza, se replica que ese castigo no es lícito por la fornicación; luego tampoco por los otros pecados contra la ley natural. El antecedente es claro por la I Carta a los Corintios: «*Os escribí en carta que no os mezclarais con los fornicarios*»; y además: «*lo que ahora os escribo es que no os mezcléis con ninguno que, llevando el nombre de*

---

[203] II, II, q. 154 a 11 y 12.
[204] II Cor 12, 21.
[205] 1, 24 s.

hermano, sea fornicario, avaro, idólatra»; y después: «*¿Qué a mí juzgar a los de fuera?*» [206]. Santo Tomás, comentando esto, dice: «Los prelados recibieron potestad solamente sobre aquellos que se sometieron a la fe» [207]. Donde consta claramente que Pablo dice que no le corresponde a él el juzgar de los infieles fornicarios e idólatras.

Además tampoco pueden precisarse con evidencia, al menos para todos, los pecados contra la ley natural; y esto valdría tanto como decir que es lícito hacer la guerra a los bárbaros por razón de infidelidad, pues todos son idólatras.

Asimismo tampoco es lícito al Papa hacer la guerra a cristianos porque sean fornicarios o ladrones, ni siquiera porque sean sodomitas; ni tampoco por ese motivo puede confiscar sus tierras y dárselas a otros príncipes. De lo contrario, habiendo en todas las provincias muchos pecadores, los reinos podrían cambiar todos los días.

Esto se confirma porque tales pecados son más graves para los cristianos, que saben que son pecado, que para los bárbaros, que lo ignoran. Además es extraño que el Papa no pueda legislar sobre los infieles y sí pueda juzgarlos e imponerles penas.

Además, se arguye también, y ciertamente parece convincente, que o los bárbaros están obligados a cumplir las penas impuestas por esos pecados, o no. Si no están obligados, el Papa tampoco puede imponérselas; si están obligados, también lo estarán a reconocer al Papa como señor y legislador; ahora bien, si no lo reconocieran, ya sólo por esto podría hacerles la guerra, cosa que éstos niegan, como se ha dicho antes. Y en verdad es sorprendente que puedan impunemente negar la autori-

---

[206] I Cor 5, 9-12.
[207] *Commentarium in epistulam ad Cor. I*, cap. 5, lect. 3.

dad y la jurisdicción del Papa y, sin embargo, estén obligados a someterse a sus juicios.

Además, pueden no acatar la sentencia del Papa los que no son cristianos, pues el Papa no puede condenarlos o castigarlos por ningún otro título si no es por ser vicario de Cristo. Pero estos autores, tanto Inocencio y Agustín de Ancona, como el Arzobispo de Florencia y Silvestre Prierias, confiesan que nadie puede ser castigado por no aceptar a Cristo; luego tampoco por no acatar el juicio del Papa. Pues una cosa presupone la otra.

Se confirma que ni este título ni el precedente son suficientes, porque tampoco en el Antiguo Testamento, cuando los asuntos se dirimían por las armas, el pueblo de Israel ocupó nunca las tierras de los infieles ni por el hecho de ser infieles o idólatras ni porque cometieran otros pecados contra la naturaleza, que tenían muchos, ya que eran idólatras y tenían otros pecados contra la naturaleza, como el sacrificar a sus hijos y sus hijas a los demonios, sino que lo hicieron por especial privilegio de Dios, bien porque les impedían el paso, bien porque les ofendían.

Además, ¿qué entienden esos por profesar la ley natural? Si es conocerla, no la conocen toda; si querer observarla, entonces por eso mismo quieren también observar toda la ley divina; y, si supieran que la ley cristiana es divina, también querrían observarla. Luego no profesan más la ley natural que la ley cristiana.

Además, sin duda, tenemos argumentos más fuertes para probar que la ley de Cristo viene de Dios, y es verdadera, que para probar que la fornicación es mala, o para determinar otras cosas prohibidas por la ley natural. Luego si pueden ser obligados a observar la ley natural, porque puede ser demostrada, también a observar la ley evangélica.

SEXTO TÍTULO. Queda otro, el SEXTO TÍTULO, que puede alegarse, o se alega, a saber: «por elección voluntaria». En efecto, cuando los españoles llegaron al territorio de los bárbaros les hicieron saber que eran enviados por el Rey de España para su bien y les exhortaron a que lo aceptaran por su señor y rey. Ellos contestaron que les placía, y «nada hay tan natural como dar por válida la voluntad de un dueño que quiere transferir su propiedad a otro», como se dice en las *Instituciones*[208].

Yo, sin embargo, pongo esta conclusión: «Tampoco este título es idóneo». Está claro, en primer lugar, porque habría que evitar el miedo y la ignorancia que vician toda elección. Pero esto es precisamente lo que más se da en este tipo de elecciones y aceptaciones, pues los bárbaros no saben lo que hacen, y quizá ni siquiera saben qué es lo que les piden los españoles. Y eso lo piden gentes armadas mientras rodean a una turba inerme y miedosa.

Además, teniendo ellos, como se ha dicho, verdaderos señores y príncipes, no puede el pueblo sin alguna razonable causa proponer nuevos señores, cosa que iría en perjuicio de los primeros. Ni tampoco pueden los señores mismos nombrar un nuevo príncipe sin consentimiento del pueblo. Y, como en las elecciones y aceptaciones en esas circunstancias no se dan todos los requisitos necesarios para una elección legítima, este título no es idóneo ni legítimo en absoluto para ocupar y poseer aquellos territorios.

SÉPTIMO TÍTULO. El SÉPTIMO TÍTULO que puede invocarse es: «una especial donación de Dios». En efecto, dicen algunos, no sé quiénes, que el Señor en sus sin-

---

[208] *Institutiones*, II, 1, 40; *De rerum divisione*, § «*per traditionem*».

gulares designios condenó a todos estos bárbaros a la perdición por sus abominaciones y los estregó en manos de los españoles, como en otro tiempo entregó a los cananeos en manos de los judíos. Pero acerca de esto no quiero disputar mucho, porque sería peligroso creer a uno que hace una profecía contra la ley común y contra las reglas de la Escritura, a no ser que confirme su doctrina con milagros, cosa que, sin embargo, tales profetas no hacen en absoluto. Además, aun concediendo que en realidad el Señor hubiese decretado la perdición de los bárbaros, no por eso se sigue que aquel que los destruyere quede sin culpa, como no estaban exentos de culpa los reyes de Babilonia que conducían el ejército contra Jerusalén y llevaron al cautiverio a los hijos de Israel. Aunque en realidad todo esto sucediera por especial providencia de Dios, como tantas veces les fue predicho. Ni tampoco obró bien Jeroboam al apartar al pueblo de Israel de Roboam, aunque esto ocurriera por la providencia de Dios, como el mismo Señor había amenazado por el profeta. Y ojalá que, si exceptuamos el pecado de infidelidad, no hubiera mayores pecados contra las buenas costumbres entre los cristianos que entre aquellos bárbaros. Por otra parte, está escrito: «*No creáis a cualquier espíritu, sino examinad los espíritus si son de Dios*»[209]. Y, como dice Santo Tomás, «El Espíritu Santo reparte sus dones para la perfección de las virtudes. Por tanto, donde la fe, la autoridad o la providencia indican qué debe hacerse no se debe acudir a los dones»[210]. Esto baste sobre los títulos falsos y no idóneos para ocupar las provincias de los bárbaros.

Pero tengo que advertir que yo no he visto nada escrito acerca de esta cuestión ni he intervenido nunca en dis-

---

[209] I Jn 4, 1.
[210] I, II, q. 68, a. 8.

cusión o consejo alguno sobre esta materia. Podría, pues, suceder que algunos funden quizá el título y la justicia de este negocio y dominio, no sin razón, en alguno de los expuestos anteriormente. Pero yo hasta ahora no puedo admitir otra cosa que lo dicho. Por eso, si no hubiera más títulos que ésos, sin duda mal se atendería a la salvación de los príncipes o, mejor, a la de aquellos a quienes corresponde informar sobre estos asuntos. Pues los príncipes siguen el parecer de otros, puesto que ellos no pueden examinar estos problemas por sí mismos. *«Qué aprovecha al hombre* —dice el Señor— *ganar todo el mundo si él se pierde y condena»*[211].

---

[211] Lc 9, 25; cf. Mt 16, 26; Mc 8, 36.

TERCERA PARTE

TÍTULOS LEGÍTIMOS POR LOS CUALES PUDIERON VENIR LOS BÁRBAROS A PODER DE LOS ESPAÑOLES

SUMARIO

1. Cómo pudieron los bárbaros venir a poder de los españoles en razón de sociedad y comunidad natural.
2. Los españoles tienen derecho a recorrer los territorios de los bárbaros indios y de establecerse allí, pero sin causarles ningún daño, y ellos no pueden impedírselo.
3. Es lícito a los españoles negociar con los bárbaros, pero sin perjuicio de su patria, ya importando mercancías de las que aquellos carecen, etc., ya exportando oro, plata y otras materias que ellos tienen en abundancia, y sus príncipes no pueden prohibir que sus súbditos comercien con los españoles, etc.
4. No es lícito a los bárbaros prohibir a los españoles la comunicación y participación de las cosas, que entre ellos son comunes, tanto a los ciudadanos como a los huéspedes.
5. Si en aquel territorio nacieren hijos de padres españoles que tuvieran allí su domicilio y ellos quisieran ser ciudadanos del país, no se les puede privar de la

ciudadanía ni impedírseles disfrutar de las ventajas de los demás ciudadanos.

6. Qué habría que hacer si los bárbaros quisieran prohibir a los hispanos el comerciar con ellos, etc.

7. Una vez que los españoles han intentado con suma prudencia, por todos los medios posibles, conseguir seguridad de parte de los bárbaros e indios y no lo han conseguido, si no es ocupando sus ciudades y sometiéndolos, si les es lícito hacerlo, es decir, ocupar las ciudades y someterlos.

8. Cuándo y en qué casos podrán los españoles tratar con rigor a los bárbaros como a pérfidos enemigos, y exigir hasta el último derecho de guerra, despojarlos de sus bienes y hasta reducirlos a cautiverio y, aún más, deponer a sus primitivos señores y poner otros nuevos.

9. Si los bárbaros podrían, por razón de la propagación de la religión cristiana, venir a dominio de los españoles; y que los cristianos tienen el derecho de predicar y anunciar el Evangelio en los territorios de los bárbaros.

10. El Papa pudo encomendar sólo a los españoles la conversión de los bárbaros indios, y prohibir a todos los demás no sólo la predicación sino también el comercio, si así fuera conveniente para la propagación de la religión cristiana.

11. Los bárbaros no deben ser sometidos por la guerra ni privados de sus bienes, si permiten a los españoles predicar libremente y sin obstáculos el Evangelio, bien sea que ellos acepten la fe, o bien que no la acepten.

12. De qué modo pueden ser reprimidos los bárbaros, evitando, no obstante, el escándalo, si, ya sea sus señores, ya el pueblo, impidieran la promulgación del Evangelio; y qué puede decirse de aquellos que admiten la predicación pero impiden la conversión matando o castigando a los conversos a Cristo o aterrorizando a los demás.

13. Cómo pudieron los bárbaros caer en poder de los españoles, cuando ya convertidos y hechos cristianos, queriendo sus príncipes volverlos a la idolatría por la fuerza o por el miedo, hayan sido protegidos por los españoles y acogidos a su tutela.

14. Los bárbaros pudieron caer en manos de los españoles, porque, habiéndose convertido a Cristo una buena parte de ellos, pudo el Papa, pidiéndolo ellos o no, darles, por causa razonable, un príncipe cristiano, como es el rey de los españoles, deponiendo a los otros señores infieles.

15. Si los bárbaros han podido venir a dominio de los españoles a causa de la tiranía de sus señores, o por las leyes tiránicas, nocivas para los inocentes.

16. Los bárbaros indios han podido caer bajo el dominio de los españoles por una verdadera elección voluntaria.

17. Los bárbaros pudieron venir a poder de los españoles a título de sociedad y amistad.

18. Si hubiesen tenido poder los españoles para someter a los bárbaros si constase con certeza que son dementes.

1. Hablaré ahora acerca de los títulos legítimos e idóneos por los que los bárbaros pudieron caer bajo el dominio de los españoles.

PRIMER TÍTULO. El primer TÍTULO puede denominarse de «sociedad y comunicación natural».

2. Acerca de esto sea ésta la PRIMERA CONCLUSIÓN: «Los españoles tienen derecho a recorrer aquellos territorios y permanecer allí, aunque sin hacer daño alguno a los bárbaros y ellos tampoco pueden prohibírselo».

Se prueba, *primero*, por el derecho de gentes, que es derecho natural o se deriva del derecho natural, según el texto de las *Instituciones*: «Lo que la razón natural ha establecido entre todas las gentes se llama derecho de gentes»[212]. En efecto, en todas las naciones se tiene por inhumano el tratar mal, sin motivo alguno especial, a los huéspedes y transeúntes y, por el contrario, es de humanidad y cortesía portarse bien con los extranjeros; cosa que no sucedería si obraran mal los transeúntes que viajan a otras naciones.

Segundo. Al principio del mundo, siendo todas las cosas comunes, a cuaquiera le estaba permitido dirigirse y recorrer las regiones que quisiera. Y eso no parece que haya sido abolido por la división de bienes, pues nunca fue intención de las gentes suprimir la intercomunicación de los hombres por ese reparto, y en verdad en tiempos de Noé eso hubiese sido inhumano.

Tercero. Es lícito todo lo que no está prohibido ni constituye ofensa o va en perjuicio de los demás. Ahora bien, la llegada de los españoles se hace, como se da por supuesto, sin injusticia ni daño para los bárbaros. Luego es lícita.

Cuarto. No sería lícito a los franceses prohibir a los españoles que recorrieran Francia, ni tampoco que allí se establecieran, o viceversa, si eso no constituyera de ningún modo un daño para ellos, ni les hiciera ofensa alguna. Luego tampoco será lícito a los bárbaros.

Quinto. El destierro es una pena, que incluso se cuenta entre las capitales, luego no es lícito desterrar a los extranjeros sin culpa alguna de su parte.

Sexto. Es parte de la guerra el prohibir a algunos, considerados como enemigos, entrar en la ciudad o en el territorio, o bien expulsarlos si ya estuvieran allí esta-

---

[212] *Instituciones*, I, 2, 1.

blecidos. Pero al no estar los bárbaros en guerra con los españoles, dado que éstos no les causen daño alguno, no les es lícito impedirles residir en su patria.

El *séptimo* argumento es aquello del poeta:

*¿Qué raza de hombres es ésta
o que nación tan bárbara es ésta
que permite tal trato?
Se nos niega hospitalidad en sus costas* [213].

Octavo. «*Todo animal ama a su semejante y el hombre a su prójimo*» [214]. Por consiguiente, la amistad entre los hombres parece ser de derecho natural; y contra la naturaleza el impedir la amistad entre hombres inofensivos.

El *noveno* es aquel texto de Mateo [215]: «*Fui peregrino y no me alojasteis*». Por consiguiente, puesto que parece ser de derecho natural el recibir a los huéspedes, ese juicio de Cristo valdrá para todos.

Décimo. «Por derecho natural son cosas comunes a todos las corrientes de agua y el mar; también los ríos y los puertos, y a las naves de cualquier parte les es lícito atracar en ellos» [216]. Y por la misma razón parecen ser públicos los caminos. Luego nadie puede prohibir su uso. De esto se deduce que los bárbaros harían injuria a los españoles si no les permitieran acceder a su territorio.

Undécimo. Ellos admiten a otros bárbaros, de cualquier parte que sean. Luego cometerían injusticia con los españoles si no los admitieran.

---

[213] Virgilio, *Eneida*, I, vers. 538-540.
[214] Eclo 13, 19.
[215] 25, 43.
[216] *Instituciones*, II 1, 1-5; *De rerum divisone*.

Duodécimo. Porque, si no les fuera lícito a los españoles viajar a sus territorios, esto sería por derecho natural o por derecho divino, o por derecho humano. Por derecho natural y por derecho divino ciertamente es lícito. Si, pues, hubiera alguna ley humana que prohibiera sin razón alguna lo que permite el derecho natural y divino, sería inhumana e irracional y, por consiguiente, no tendría fuerza de ley.

Decimotercero. O los españoles son súbditos de ellos o no lo son. Si no son súbditos, no pueden impedírselo; si son súbditos, deben tratarlos bien.

Decimocuarto. Los españoles son prójimos de los bárbaros, como vemos en el Evangelio, en la parábola del samaritano [217]; ahora bien, tienen obligación de amar a sus prójimos [218]; luego no les es lícito prohibir a los españoles, sin motivo alguno, el acceso a su patria. Agustín dice: «Cuando se dice amarás a tu prójimo, es evidente que todo hombre es prójimo» [219].

3. SEGUNDA PROPOSICIÓN: «Es lícito a los españoles comerciar con ellos, pero sin perjuicio para su patria, por ejemplo importando las mercancías de las que ellos carecen y exportando de allí oro o plata y otros productos que abundan entre ellos. Y los príncipes no pueden impedir a los súbditos que comercien con los españoles; ni tampoco los príncipes españoles pueden prohibir el comerciar con ellos».

Se prueba por la primera proposición. En primer lugar, porque parece también de derecho de gentes que los extranjeros puedan ejercer el comercio, pero sin daño de los ciudadanos.

---

[217] Lc 10, 37.
[218] Mt 22, 39; Mc 12, 18-34.
[219] *De doctrina Cristiana*, I, 30, 32 ML, 34, 31.

Se prueba, en segundo lugar, de la misma manera, porque es lícito también por derecho divino. Luego una ley que prohibiera esto sería, sin duda, irracional.

En tercer lugar, porque los príncipes están obligados, por derecho natural, a amar a los españoles; luego no les es lícito prohibirles el disfrute del bienestar que ellos tienen, si puede hacerse sin daño propio.

En cuarto lugar, porque parecen obrar contra aquel dicho: «No hagas a otro lo que no quieras que te hagan a ti». En suma es cierto que los bárbaros no pueden prohibir a los españoles el comercio más que pueden los cristianos impedirlo a otros cristianos. Pues es evidente que si los españoles prohibieran a los franceses el comerciar en España, y no por el bien de España sino para que los franceses no obtengan ningún beneficio, esa ley sería inicua y contra la caridad. Si, pues, esto no puede prohibirse en justicia por ley, tampoco puede ponerse en práctica, puesto que la ley no es inicua, sino por su ejecución. Y, como se dice en el *Digesto*[220], «la naturaleza ha establecido cierto parentesco, como una fuerza entre todos los hombres». Por consiguiente, es contra el derecho natural que el hombre rechace al hombre sin causa alguna. Pues no «es lobo el hombre para el hombre», como dice Ovidio[221], sino hombre.

4. Tercera proposición: «Si entre los bárbaros hay bienes comunes tanto para los ciudadanos como para los extranjeros, no es lícito a los bárbaros prohibir a los españoles la comunicación y participación de esos bienes». Por ejemplo, si es lícito a otros extranjeros extraer oro de un campo común, o de los ríos, o pescar perlas en el

---

[220] *Digesto*, I, 1, 3; ff. *De iustitia et iure*, l. «*ut vim*».
[221] Plauto, *Asinaria*, II, II, 4 (78, 94). Es una corrección de la cita de Vitoria.

mar o el río, los bárbaros no pueden prohibírselo, sino que, por lo menos igual que a los demás, a los españoles les es lícito hacer estas cosas y otras semejantes, con tal que no sean perjudicados los ciudadanos y naturales del país.

Esto se prueba por la primera y la segunda proposición. Porque si es lícito a los españoles recorrer su territorio y comerciar con ellos, también les será lícito acogerse a las leyes y a los beneficios de todos los extranjeros.

En segundo lugar, porque las cosas que no son de nadie, por el derecho de gentes son del que las ocupa[222]. Luego, si el oro de la tierra o las perlas del mar, u otra cualquier cosa de los ríos, no son propiedad de nadie, serán, por derecho de gentes, de quien lo ocupe, como los peces del mar. Ciertamente muchas cosas parecen proceder del derecho de gentes, el cual, por derivarse en buena parte del derecho natural, tiene fuerza suficiente para dar derecho y para obligar. Y, en el supuesto de que no siempre se derive del derecho natural, parece ser suficiente el consenso de la mayor parte de todo el orbe, sobre todo si se trata del bien común de todos.

En efecto, si desde los primeros tiempos de la creación del mundo, o de su reparación después del diluvio, la mayoría de los hombres estableciesen que los embajadores fueran inviolables en todos los países, o que el mar fuese común, o que los prisioneros de guerra fuesen esclavos, y que convenía asimismo que los extranjeros no fuesen expulsados, esto tendría, ciertamente, fuerza de ley, aun con la oposición de los demás.

5. CUARTA PROPOSICIÓN: «Más aún, si nacieran allí hijos de españoles y quisieran ser ciudadanos, no pare-

---

[222] *Instituciones*, II, 1, 12; *De rerum divisione*, § «*Ferae Bestiae*».

SOBRE LOS INDIOS 135

ce que pueda negárseles la ciudadanía ni los beneficios de que gozan los demás ciudadanos». Digo de padres que tengan allí su domicilio. Se prueba, porque parece ser de derecho de gentes que quien ha nacido en una ciudad se llame y sea ciudadano de ella[223]. Y se confirma porque, siendo el hombre animal civil, uno que haya nacido en una ciudad no es ciudadano de otra ciudad; luego, si no fuese ciudadano de la ciudad en que nació, no lo sería de ninguna, con lo cual se le impediría el acogerse al derecho natural y de gentes.

Y hasta si alguien quisiera domiciliarse en alguna de aquellos ciudades, bien sea tomando mujer o por alguno de los medios por los que los extranjeros pueden hacerse ciudadanos, no parece que puedan prohibírselo más que a otros y, por consiguiente, puede gozar de los privilegios de los ciudadanos, como los demás, con tal de que también soporte las cargas como los otros. También es argumento el que se recomiende la hospitalidad en la I Carta de Pedro: «*Sed hospitalarios unos con otros*»[224]; y en la I a Timoteo de Pablo, refiriéndose al obispo: «*Es preciso que el obispo sea hospitalario*»[225]. De donde, por el contrario, el no acoger a los huéspedes y transeúntes es de suyo una cosa mala.

6. QUINTA PROPOSICIÓN: «Si los bárbaros quisieran impedir a los españoles el ejercicio de los derechos arriba declarados, pertenecientes al derecho de gentes, como son el comercio y las otras cosas dichas, los españoles deben en primer lugar con razones y argumentos evitar el escándalo y demostrar por todos los medios que no vienen a hacerles daño, sino que quieren residir allí pací-

---

[223] *Codex Justinianus*, VII, 62, 11, ff. *De appellationibus*, l. *Cives*.
[224] 4, 9.
[225] 3, 2.

ficamente y recorrer su territorio sin daño alguno para ellos. Y deben manifestarlo no sólo con palabras sino con hechos de acuerdo con aquel dicho: «*Es de sabios intentarlo todo antes con los hechos que con las palabras*» [226]. Y si, una vez que se han dado razones de todo, los bárbaros no quieren acceder, sino que prefieren acudir a la violencia, los españoles pueden defenderse y tomar todas las precauciones convenientes para su seguridad, pues es lícito rechazar la fuerza con la fuerza; y no sólo esto, sino que, si no pudieran estar seguros, pueden construir fortificaciones y fortalezas; y, si recibieren alguna injuria, pueden con la autoridad del príncipe vengarla con la guerra y poner en práctica los demás derechos de guerra.

Se prueba porque causa de guerra justa es rechazar y vengar la injuria, como queda dicho arriba, siguiendo a Santo Tomás. Ahora bien, los bárbaros, al prohibir a los españoles el ejercicio del derecho de gentes, les hacen injuria; luego, si fuera necesario hacer la guerra para obtener su derecho, pueden lícitamente hacerla. Pero hay que advertir que siendo esos bárbaros medrosos por naturaleza y, por otra parte, apocados y de corto entendimiento, aun cuando los españoles pretendan quitarles el miedo y darles seguridad de sus intenciones pacíficas, es posible que todavía teman, con razón, al ver a hombres con extraño atuendo, y armados, y mucho más poderosos que ellos. Por consiguiente, si impulsados por este temor se juntan para expulsar y matar a los españoles, sería lícito a éstos el defenderse, guardando la moderación de una defensa justa. Pero no les estaría permitido ejercer contra ellos otros derechos de guerra, como, por ejemplo, el matarlos o despojarlos o, una vez conseguida la victoria y la seguridad, ocupar sus ciuda-

---

[226] Terencio, *Eunuchus*, IV, 7.

des, porque en este caso se trata de inocentes, y tienen miedo con razón, como damos por supuesto. Por eso pueden defenderse los españoles, pero causándoles el menor daño posible, puesto que se trata de una guerra sólo defensiva.

Y no hay inconveniente en que ésta sea una guerra justa por una y otra parte, puesto que de una parte está el derecho y de la otra la ignorancia invencible. Como, por ejemplo, si los franceses ocuparan la Borgoña, creyendo con ignorancia fundada en razones probables que les pertenece; en cambio nuestro Emperador tiene certeza de su derecho a aquella provincia y puede atacarlos con la guerra, y ellos pueden defenderse. Lo mismo puede suceder con los bárbaros; y esto hay que tenerlo muy en cuenta, pues una cosa son los derechos de guerra contra hombres verdaderamente culpables e injustos y otra en relación con inocentes e ignorantes. Como también hay que evitar de distinta manera el escándalo farisaico y el de los pusilánimes y débiles.

7. SEXTA PROPOSICIÓN: «Si, después de haberlo intentado por todos los medios, los españoles no pueden conseguir la seguridad de parte de los bárbaros, si no es ocupando sus ciudades y sometiéndolos, pueden lícitamente hacerlo».

Se prueba porque el fin de la guerra es la paz y la seguridad, como dice Agustín [227]. Por consiguiente, como se ha dicho, desde el momento en que les es lícito a los españoles aceptar la guerra, o declararla si fuere necesario, le será lícito también hacer todo lo necesario para alcanzar el fin de la guerra, es decir, conseguir la paz y la seguridad.

---

[227] *Epistola ad Bonifacium*, 189 s., PL 33, 856.

138 *FRANCISCO DE VITORIA*

8. SÉPTIMA CONCLUSIÓN: «Más aún, después que los españoles hubieren demostrado con toda diligencia, con palabras y con hechos, que ellos no pretendían ser obstáculo para que los bárbaros vivan pacíficamente y sin daño alguno para sus bienes, si éstos, sin embargo, perseverasen en su mala voluntad y pretendieran la perdición de los españoles, entonces podrían estos últimos actuar como si de pérfidos enemigos se tratara y no de inocentes; y podrían ejercitar contra ellos todos los derechos de guerra, y despojarlos y reducirlos a servidumbre y deponer a sus antiguos señores y poner otros nuevos; pero todo con moderación, teniendo en cuenta la situación y la magnitud de la injusticia».

Esta conclusión está suficientemente clara, porque si es lícito hacerles la guerra lo será también acogerse a los derechos de guerra. Y se confirma porque no deben estar en situación ventajosa por ser infieles. Ahora bien, sería lícito hacer todas estas cosas con los cristianos, si es que se tratara de una guerra justa; luego también será lícito el hacerlas con ellos. Además es principio general del derecho de gentes que todas las cosas capturadas en la guerra pasen a poder del vencedor, como se dice en el *Digesto*[228], en el *Decreto*[229], y más expresamente en las *Instituciones*[230], donde se dice que por derecho de gentes lo que capturamos a los enemigos pasa inmediatamente a ser nuestro, hasta el punto de que incluso los hombres son sometidos a nuestra servidumbre.

Además, porque (como dicen los doctores al tratar de la guerra) el príncipe que hace una guerra justa se convierte, por fuerza del mismo derecho, en juez de sus

---

[228] *Digesto*, 49, 15, 28, l. *Si quid in bello*; 49, 15, 24, l. *Hostes*, ff., *De captivis*.
[229] *Decretum Gratiani*, I, 1, 9, can. *Ius gentium*.
[230] *Instituciones*, II, 1, 17; *De rerum divisone*, § «*Item quae ab hostibus*».

enemigos y puede castigarlos según derecho y condenarlos de acuerdo con la gravedad de las ofensas.

Se corrobora todo lo dicho anteriormente porque los embajadores son inviolables por derecho de gentes, y los españoles son los embajadores de los cristianos; luego los bárbaros están obligados al menos a escucharlos afablemente y no rechazarlos.

Éste es, pues, el PRIMER TÍTULO por el que los españoles pudieron ocupar los territorios y reinos de los bárbaros, con tal de que se haga sin engaño ni fraude y no se busquen pretextos para la guerra. Pues, si los bárbaros permitieran a los españoles comerciar con ellos pacíficamente, éstos no podrían, por este motivo, alegar ninguna justa causa para ocupar sus bienes, no más que para ocupar los bienes de los cristianos.

9. SEGUNDO TÍTULO. Otro TÍTULO puede ser: «para propagar la religión cristiana». En defensa del cual sea ésta la PRIMERA CONCLUSIÓN: «Los cristianos tienen el derecho de predicar y anunciar el Evangelio en los territorios de los bárbaros».

Esta conclusión es evidente por las palabras del Evangelio: «*Predicad el Evangelio a toda criatura, etc.*»[231]; y también por el texto de Pablo: «*La palabra de Dios no está encadenada*»[232].

En segundo lugar, se deduce de lo dicho anteriormente; porque, si tienen el derecho de viajar por aquellos lugares y de comerciar con ellos, también pueden enseñar la verdad a quienes quieran escucharla, sobre todo tratándose de la salvación, y de la felicidad, con mucha más razón que si se tratara de cualquier humana disciplina. En tercer lugar, porque de lo contrario ellos

---

[231] Mc 16, 15.
[232] II Tim 2, 9.

estarían fuera del estado de salvación, si no fuera lícito a los cristianos ir a anunciarles el Evangelio. En cuarto lugar, porque la corrección fraterna es de derecho natural lo mismo que el amor. Por consiguiente, estando ellos no sólo en pecado sino fuera del estado de salvación, compete a los cristianos corregirlos y dirigirlos, e incluso parece que estarían obligados a ello. En quinto y último lugar, porque son prójimos, como se ha dicho antes: «*Y les dio mandatos acerca de su prójimo*»[233]. Luego corresponde a los cristianos instruir en las cosas divinas a los que las ignoran.

10. SEGUNDA CONCLUSIÓN: «Aunque esto sea común a todos y a todos les sea lícito, sin embargo pudo el Papa encomendar este asunto a los españoles y prohibirlo a todos los demás».

Se prueba porque, aunque, como se ha dicho antes, el Papa no sea señor temporal, tiene, sin embargo, potestad temporal en orden a las cosas espirituales; luego, al corresponder al Papa de manera especial la difusión del Evangelio en todo el orbe, si los príncipes de España tienen en aquellos territorios más facilidades para la predicación del Evangelio, puede encomendárselo a ellos y prohibírselo a todos los demás. Y no sólo puede prohibir a estos últimos la predicación sino también el comercio, si esto fuera conveniente a la propagación de la fe cristiana, puesto que puede ordenar lo temporal según convenga a lo espiritual. Luego, si esto es conveniente, corresponde a la autoridad y potestad del Sumo Pontífice. Pero parece que es absolutamente conveniente, porque, si llegaran indiscriminadamente allí de otros territorios de los cristianos, con facilidad podrían obstaculizarse unos a otros, y podrían surgir confrontaciones que impe-

---

[233] Eclo 17, 12.

dirían la tranquilidad y se perturbaría la difusión de la fe y la conversión de los bárbaros.

Además siendo los soberanos españoles los primeros en emprender, bajo sus auspicios y con su dinero, aquella navegación, y habiendo descubierto tan felizmente el Nuevo Mundo, es justo que tal viaje se les prohíba a los demás, y que ellos solos gocen de las tierras descubiertas. Del mismo modo que pudo el Papa, para conservar la paz entre los príncipes y extender la religión, distribuir entre ellos las tierras de los sarracenos, de manera que nadie traspasase los límites del otro, así también puede nombrar príncipes en beneficio de la religión y sobre todo allí donde antes no hubo príncipes cristianos.

11. TERCERA CONCLUSIÓN: «Si los bárbaros permitieran a los españoles predicar el Evangelio libremente y sin ningún obstáculo, tanto si reciben la fe, como si no la reciben, no es lícito declararles la guerra por esta causa, ni tampoco ocupar sus tierras».

Esta conclusión ya fue probada antes, al refutar el título cuarto, y es evidente por sí misma, porque nunca se da guerra justa donde con anterioridad no hubo una injusticia, como dice Santo Tomás [234].

12. CUARTA CONCLUSIÓN: «Si los bárbaros, tanto los señores mismos, como el pueblo, impidieran a los españoles anunciar libremente el Evangelio, éstos pueden predicar aun contra la voluntad de aquéllos, dando antes razón de ello para evitar el escándalo, y pueden procurar la conversión de aquellas gentes, y si fuera necesario aceptar la guerra o declararla por este motivo, hasta que den oportunidad y seguridades para predicar el Evan-

---

[234] II, II, q. 40, a. 1.

gelio. Y lo mismo hay que decir si, aun permitiendo la predicación, impiden las conversiones, matando o castigando de cualquier manera que sea a los conversos a Cristo, o atemorizando con amenazas a los demás».

Esto es evidente porque con esto los bárbaros cometen injusticia con los españoles, como se desprende de lo dicho; luego tienen estos justa causa para declararles la guerra. En segundo lugar, también porque se privaría de un beneficio a los mismos bárbaros, cosa que sus príncipes no pueden hacer sin faltar a la justicia. Luego los españoles pueden promover una guerra en favor de aquellos que son oprimidos y padecen injusticia, sobre todo tratándose de un asunto de tanta importancia. De esta conclusión se desprende también claramente y por la misma razón que, si no se puede atender de otra manera al bien de la religión, es lícito a los españoles ocupar sus tierras y provincias, deponer a los antiguos señores y establecer otros nuevos, y poner en práctica, por derecho de guerra, lo que en otras guerras justas podría hacerse lícitamente, conservando siempre la moderación y equidad para no ir más allá de lo que sea necesario; y que más bien se ceda del propio derecho que no que se pasen los límites de lo lícito, ordenando siempre todo más al provecho de los bárbaros que al propio interés.

Pero hay que tener muy en cuenta lo que dice Pablo: «*Todo me es lícito, pero no todo conviene*» [235]. En efecto, todo esto que se ha dicho hay que entenderlo de lo que de suyo es lícito. Pues puede ocurrir que con estas guerras, matanzas y expolios más que promover y fomentar la conversión de los bárbaros se obstaculice. Por tanto, lo primero es evitar que se ponga obstáculo alguno al Evangelio. Pues, si se pusiera alguno, habría que dejar

---

[235] I Cor 6, 12.

de evangelizar de ese modo y buscar otros. Pero nosotros hemos demostrado que esto es de suyo lícito.

Yo no dudo de que haya habido necesidad de acudir a la fuerza de las armas para poder permanecer allí los españoles, pero me temo que la cosa haya ido más allá de lo que la justicia y el derecho permitían.

Éste pudo ser el segundo título legítimo, por el que los bárbaros pudieron venir a poder de los españoles. Pero siempre hay que tener presente lo que se acaba de decir, no sea que lo que de suyo es lícito se convierta en una cosa mala por alguna circunstancia. Porque lo bueno resulta de la integridad de las causas, lo malo por cualquier circunstancia, según Aristóteles[236] y Dionisio[237].

13. TERCER TÍTULO. Otro TÍTULO pudo ser el que se deriva de lo anterior, y es el siguiente: «Si algunos de los bárbaros se convierten a Cristo y alguno de sus príncipes quiere volverlos a la idolatría por la fuerza o el miedo, los españoles pueden también por esta razón declararles la guerra, si de otra manera no pueden obligar a los bárbaros a que desistan de semejante injusticia; y pueden ejercer todos los derechos de guerra contra los obstinados, y consecuentemente pueden, en ocasiones, destituir a los gobernantes, como en las demás guerras justas». Éste es el TERCER TÍTULO que puede alegarse, y no sólo como «título de religión», sino también de «amistad y sociedad humana». Pues, por el mismo hecho de que algunos bárbaros se hayan convertido a la religión cristiana, se han hecho amigos y aliados de los cristianos. Además, debemos hacer el bien a todos, pero especialmente a los hermanos en la fe, como enseña Pablo[238].

---

[236] Cf. *Ética a Nicómaco*, II, 4-5. 1105b-1106a.
[237] Dionisio Areopagita, *De divinis nominibus*, 4, 30 MG 3, 730.
[238] Cf. Gal 6, 10.

14. CUARTO TÍTULO. Otro TÍTULO puede ser el siguiente: «Si una buena parte de los bárbaros se hubiera convertido a Cristo, por las buenas o por las malas, esto es, supongamos que con amenazas, o por el terror, o de cualquier otro modo fuera de lo lícito, mientras sean verdaderamente cristianos, el Papa por una causa razonable, pidiéndolo ellos o no, podría darles un príncipe cristiano y quitarles los otros señores infieles». Se prueba, porque si así conviniera a la conservación de la religión cristiana, por temerse que bajo el dominio de los infieles se hagan apóstatas, es decir, que fallen en su fe, o que con tal motivo sean oprimidos por sus señores, el Papa puede, en bien de la fe, cambiarlos.

Se confirma porque, como dicen los doctores y enseña expresamente Santo Tomás [239], la Iglesia podría liberar a todos los siervos cristianos que sirven a los infieles, aun cuando por otra parte fueran cautivos legítimos. Claramente lo dice Inocencio en las *Decretales* [240]; luego mejor podrá libertar a los otros súbditos cristianos que no están tan sometidos como los siervos.

Se corrobora porque tanto o más sujeta está la mujer al esposo que el súbdito al señor, pues aquel vínculo es de derecho divino, éste no. Ahora bien, la esposa cristiana es liberada del marido infiel, en favor de la fe, si el marido le es molesto por causa de la religión, como está claro por las palabras del Apóstol [241] y en las *Decretales* [242]. Es más, ahora es costumbre establecida que por el mismo hecho de que uno de los cónyuges se convierta a la fe quede libre del otro cónyuge infiel. Luego también la Iglesia puede, en beneficio de la fe y para evitar

---

[239] II, II, q. 10, a. 10.
[240] *Decretalia Gregorii*, IX, III, 34, 8; en el citado cap. *Quod super his de voto.* Ver *CHP*, pp. 92-96, notas 166 y 195.
[241] Cf. I Cor 7, 12-16.
[242] *Decretalia Gregorii*, IX, IV, 19, 7; cap. *quanto, De divortiis.*

el peligro, liberar a todos los cristianos de la obediencia y sujeción de todos los señores infieles, siempre que se evite el escándalo. Éste se pone como CUARTO TÍTULO LEGÍTIMO.

15. QUINTO TÍTULO. Otro TÍTULO podría ser la tiranía, bien sea de los mismos señores de los bárbaros, bien sea debida a las leyes tiránicas que perjudican a los inocentes, como, por ejemplo, porque sacrifican hombres inocentes, o dan muerte en ocasiones a hombres no condenados, para comer sus carnes. Afirmo además que, aun sin la autoridad del Pontífice, pueden los españoles prohibir a los bárbaros toda costumbre y todo rito inhumano, puesto que pueden defender a los inocentes de una muerte injusta.

Esto se prueba porque Dios mandó a todos y cada uno el cuidado de su prójimo y todos aquéllos son nuestros prójimos. Luego cualquiera puede defenderlos de tal tiranía y opresión; y esto incumbe, sobre todo, a los príncipes.

Además se prueba por las palabras de los Proverbios: «*Libra al que es llevado a la muerte; al que está en peligro de muerte, reténlo*»[243]. Y esto no hay que entenderlo sólo del momento en que son llevados a la muerte, sino también en el sentido de que puede obligarse a los bárbaros a que renuncien a tales ritos; y, si se niegan, por esa razón puede declarárseles la guerra, y ejercer los derechos de guerra contra ellos. Y, si de otra manera no se pueden abolir los sacrílegos ritos, se puede destituir a los señores y establecer un nuevo gobierno. En cuanto a esto es verdadera la opinión de Inocencio y del Arzobispo de Florencia de que pueden ser castigados por los pecados contra la naturaleza.

---

[243] 24, 11.

No obsta el que todos los bárbaros consientan en este tipo de leyes y sacrificios y que no quieran ser liberados de ellos por los españoles; pues en esto no son dueños de sí mismos, hasta el punto de que puedan entregarse a la muerte a sí mismos o a sus hijos. Éste puede ser el QUINTO TÍTULO LEGÍTIMO.

16. SEXTO TÍTULO. Otro TÍTULO puede ser: «por una verdadera elección voluntaria», a saber: «si los mismos bárbaros, comprendiendo la prudente administración y la humanidad de los españoles, por propia voluntad quisieran, tanto los señores como los demás, aceptar como príncipe al Rey de España». Pues esto podría suceder y sería también un título legítimo, incluso de ley natural.

En efecto, cada república puede darse su propio gobierno sin que para ello sea necesario el consenso de todos, sino que parece ser suficiente el consentimiento de la mayoría. Porque, como hemos expuesto en otro lugar, en las cosas que conciernen al bien de la república, todo lo que determine la mayoría obliga incluso a los que no están de acuerdo. De lo contrario, no podría hacerse nada de utilidad pública, ya que es difícil que todos convengan en un mismo parecer. Consecuentemente, si en alguna ciudad o provincia hubiere una mayoría de cristianos y, en beneficio de la fe y el bien común, quisieran tener un príncipe cristiano, yo creo que podrían elegirlo incluso contra la voluntad de los demás y abandonar a los otros príncipes infieles. Y digo que podrían elegir un príncipe no sólo para sí, sino para toda la república, como hicieron los franceses, que por el bien de su país cambiaron de príncipe y quitándole el reino a Childerico se lo entregaron a Pipino, padre de Carlomagno, cambio que reconoció el pontífice Zacarías. Y éste puede ponerse como SEXTO TÍTULO.

17. SÉPTIMO TÍTULO. Otro TÍTULO puede ser: «la razón de amistad y alianza». En efecto, como los mismos bárbaros hagan entre ellos guerras legítimas, y la parte que fue víctima de injusticia tiene derecho a declarar la guerra, pueden llamar en su auxilio a los españoles y repartir con ellos el botín de la victoria, como se dice que hicieron los tlascaltecas contra los mexicanos, que pactaron con los españoles para que les ayudaran a combatirlos, ofreciéndoles a cambio todo lo que por derecho de guerra pudiera corresponderles. Pues no hay duda de que sea causa justa de guerra lo que se hace en favor de aliados y amigos, como declara también Cayetano [244], porque una república puede con toda justicia llamar en su auxilio a extranjeros para castigar las agresiones de otros enemigos extranjeros.

Y se confirma porque realmente ésta fue la causa principal por la que los romanos extendieron su imperio, sin duda prestando ayuda a sus aliados y amigos; aceptando guerras justas con tal ocasión entraban en posesión de nuevas provincias de acuerdo con el derecho de guerra. Y, sin embargo, San Agustín [245] y Santo Tomás [246] reconocen la legitimidad del Imperio romano. Y el papa Silvestre tuvo por emperador a Constantino el Grande, y Ambrosio a Teodosio. No se ve por qué otro título jurídico pudieran venir los romanos a adueñarse del mundo, si no es por el derecho de guerra, cuya ocasión fue, sobre todo, el defender y vengar a sus aliados. Lo mismo hizo Abraham, que luchó también contra cuatro reyes de aquella región, de los que no había recibido injuria alguna, para vengar al rey de Salem y otros reyes que habían establecido un pacto con él [247]. Éste

---

[244] . II, II, q. 40, a. 1.
[245] *De civitate Dei*, lib. 3, cap. 10, PL 41, 85.
[246] *De regimine principum*, III, 4.
[247] Cf. Gén 14, 18-24.

parece ser el SÉPTIMO Y ÚLTIMO TÍTULO por el cual pudieron y podrán los bárbaros y sus provincias venir a poder y dominio de los españoles.

18. Hay otro TÍTULO que podría no ciertamente afirmarse, pero sí ponerse en discusión y podría parecer legítimo a algunos. Yo no me atrevo a darlo por bueno ni tampoco a condenarlo en absoluto. Es éste: «Pues, aunque esos bárbaros, como se ha dicho antes, no estén totalmente faltos de juicio, se diferencian muy poco de los dementes y así parece que no son aptos para constituir y administrar una república legítima, siquiera sea dentro de límites humanos y civiles». Por eso no tienen unas leyes convenientes, ni magistrados, y ni siquiera son lo bastante capaces para gobernar la familia. De aquí que carezcan también de letras y artes, no sólo de artes liberales, sino también mecánicas, y no tengan una agricultura desarrollada; y carezcan de artesanos y otras muchas cosas, comodidades que son provechosas y hasta necesarias para la vida humana.

Por consiguiente, podría decirse que por su bien los reyes de España podrían tomar a su cargo la administración y nombrar prefectos y gobernadores para sus ciudades; incluso darles nuevos gobernantes, si constara que esto es conveniente para ellos.

Esto, digo, podría ser aconsejable, porque, si todos fueran dementes, no hay duda de que esto sería no sólo lícito sino muy conveniente, y hasta estarían obligados a ello como si se tratara simplemente de niños, pero parece que, en cuanto a esto, hay que tratarlos lo mismo que a los faltos de juicio porque para gobernarse nada o poco más valen que los dementes. Más aún, no valen más que las mismas fieras y bestias, ni tienen alimentos más elaborados, ni apenas mejores que las bestias. Luego, del mismo modo pueden ser entregados al gobierno de los más inteligentes.

Esto se confirma con cierta verosimilitud porque si por una casualidad perecieran todos los adultos de esas tierras y quedaran sólo los niños y adolescentes, que tienen algún uso de razón, pero que están todavía en los años de la niñez y pubertad, parece claro que, sin lugar a dudas, podrían los príncipes encargarse de su cuidado y gobernarlos mientras estuvieran en tal estado. Si se admite esto, parece que no habrá que negar que pueda hacerse lo mismo con sus padres, los bárbaros adultos, supuesta la rudeza que les atribuyen los que han estado allí, que afirman que es mucho mayor que la de los niños y dementes en otras naciones.

Esta opinión podría fundarse incluso en el precepto de la caridad, puesto que son nuestros prójimos y nosotros estamos obligados a preocuparnos por su bien.

Pero, como dije, esto queda propuesto solamente, sin afirmarlo, y además con la salvedad de que se haga por su bien y provecho y no sólo en beneficio de los españoles. Pues en esto está todo el peligro para la salvación de las almas; y para esto podría servir también aquello que se dijo antes, que algunos son siervos por naturaleza. En efecto, tales parecen ser todos esos bárbaros y, teniendo en cuenta esto, podrían así ser gobernados como siervos.

De toda esta discusión parece deducirse que si cesaran todos estos títulos de tal modo que los bárbaros no dieran ocasión alguna de guerra justa, ni quisieran tener príncipes españoles, etc., cesarían todas aquellas expediciones y el comercio, con gran perjuicio para los españoles, y también los príncipes sufrirían un grave quebranto, cosa que sería inaceptable.

Se responde, en primer lugar, que no conviene que cese el comercio, porque, como hemos expuesto, en las tierras de los bárbaros abundan muchas cosas que los españoles pueden traer a cambio de otros productos. Además hay también muchas tierras que ellos consideran desiertos, o que son comunes a todos los que quieran ocuparlas. Y los portugueses sostienen un intenso comercio con naciones semejantes, que ellos no conquistaron, y les reporta grandes beneficios.

En segundo lugar, quizá no fuesen entonces menores las rentas del rey, porque sin faltar a la equidad y la justicia podría imponer un tributo sobre el oro y la plata que se importa de las tierras de los bárbaros, la quinta parte o más, de acuerdo con la calidad de las mercancías. Y con razón, puesto que los reyes abrieron esa vía de navegación y por su autoridad los mercaderes gozan de seguridad.

En tercer lugar, es evidente que ahora ya, después de que allí se han convertido muchos bárbaros, no sería conveniente ni lícito al príncipe abandonar el gobierno de aquellos territorios.

Relección segunda sobre los indios
o
SOBRE EL DERECHO
DE LA GUERRA
de los españoles sobre los bárbaros

Sumario

1. Es lícito a los cristianos servir en la milicia y hacer la guerra.
2. En quién reside la autoridad de declarar y hacer la guerra.
3. Cualquiera, incluso un particular, podría emprender y hacer una guerra defensiva.
4. Si uno que ha sido atacado por un ladrón o por un enemigo puede, a su vez, atacar al agresor aun en el caso de que pudiera evitarlo con la huida.
5. Cualquier república tiene autoridad para declarar y hacer la guerra.
6. El príncipe tiene la misma autoridad que la república para declarar y hacer la guerra.
7. Qué es una república y quién puede propiamente llamarse príncipe.
8. Si las repúblicas o muchos de los príncipes que tienen por señor común a otro príncipe pueden por sí mismos hacer la guerra sin atenerse a la autoridad del príncipe superior.
9. Los reyezuelos o príncipes que no gobiernan una república perfecta, sino que forman parte de otra república, no pueden declarar ni hacer la guerra. Y qué decir acerca de las ciudades.

10. Cuál puede ser la razón y causa de una guerra justa. Se prueba que la causa de una guerra justa no es la diversidad de religión.

11. La pretensión de ampliar los dominios no es causa justa de una guerra.

12. No es causa justa de una guerra la propia gloria del príncipe, ni otro particular provecho del mismo.

13. La única causa justa para hacer la guerra es la injuria recibida.

14. Una injuria cualquiera no basta para hacer la guerra; y de qué importancia debe ser aquélla para poder hacerla.

15. Una vez que se da una guerra justa, es lícito hacer todo aquello que sea necesario para la defensa del bien público.

16. En una guerra justa es lícito recuperar todos los bienes perdidos y sus intereses.

17. En una guerra justa es lícito resarcirse con los bienes del enemigo de los gastos de la guerra y de todos los daños injustamente causados por él.

18. Qué más puede hacer el príncipe que ha sostenido una guerra justa, una vez que ha recuperado sus cosas que estaban en poder del enemigo.

19. Es lícito a un príncipe que ha vencido en una guerra justa, una vez alcanzada la victoria, recuperados los bienes y asegurada la paz y la tranquilidad, vengar la injuria recibida de los enemigos, escarmentarlos y castigarlos por las ofensas recibidas.

20. Para que una guerra pueda considerarse justa no siempre es suficiente que el príncipe crea que tiene una causa justa para hacerla.

21. La justicia de una guerra debe ser examinada con sumo cuidado y diligencia.

22. Si los súbditos están obligados a examinar la causa de la guerra. Se establece que, si a un súbdito le

consta de la injusticia de la guerra, no le es lícito hacerla aunque lo ordene el príncipe.

23. No les es lícito a los súbditos convencidos de la injusticia de la guerra tomar parte en ella, estén o no equivocados.

24. Los senadores, los gobernadores y en general todos los que, bien sean convocados o bien por propia iniciativa, intervienen en el consejo público o en el del rey, están obligados a examinar la causa de una guerra injusta.

25. Quiénes no están obligados a examinar las causas de la guerra, sino que pueden hacerla lícitamente confiando en el criterio de sus superiores.

26. En qué casos la ignorancia no excusaría a los súbditos de la injusticia de una guerra.

27. Qué hay que hacer cuando es dudosa la justicia de la guerra. Y cómo, si un príncipe está en legítima posesión, otro no puede disputársela con la guerra y las armas, mientras permanezca la duda.

28. Qué se debe hacer en el caso de que se dude de si una ciudad o provincia tiene una autoridad legítima, sobre todo si está vacante por la muerte de su legítimo señor.

29. Cómo el que duda de su derecho, aun cuando esté en posesión pacífica, está obligado a examinar diligentemente el asunto por si acaso pudiera, por sí o por otro, llegar a esclarecerlo.

30. Una vez examinada la causa, mientras perdure la duda razonable, el legítimo poseedor no está obligado a ceder su posesión, sino que puede legítimamente retenerla.

31. En caso de duda, no sólo les es lícito a los súbditos seguir a su príncipe en una guerra defensiva, sino también en una ofensiva.

32. Si una guerra puede ser justa por ambas partes. Cómo esto no puede suceder, salvo en caso de ignorancia.

33. Si están obligados a restituir el príncipe o el súbdito que por ignorancia han intervenido en una guerra injusta y después llegan a estar ciertos de la injusticia.

34. Si es lícito dar muerte a inocentes en la guerra.

35. Nunca es lícito dar muerte a los inocentes con intención directa de hacerlo.

36. Si es lícito matar a los niños y a las mujeres en la guerra contra las huestes turcas. Y qué hay que decir de los campesinos, los letrados, los peregrinos, los huéspedes y los clérigos, en una guerra entre cristianos.

37. Dar muerte a un inocente sin intención directa, aun dándose cuenta, unas veces es lícito y otras no.

38. Si es lícito dar muerte a los inocentes que en el futuro puedan constituirse en un peligro.

39. Si es lícito despojar a los inocentes que están entre los enemigos. De qué cosas se les puede despojar.

40. Parece que no es lícito despojar a los labradores y otros inocentes si se puede hacer la guerra con la suficiente comodidad sin despojarlos. Qué hay que decir de los peregrinos y huéspedes que están entre los enemigos.

41. Cómo el que es perjudicado puede resarcirse de cualquier parte, bien sea de culpables, bien de inocentes, si los enemigos se niegan a restituir los bienes arrebatados injustamente y no puede recuperarlos de otro modo.

42. Supuesto que no se puede matar a inocentes y niños, la cuestión es si es lícito, al menos, reducirlos a servidumbre y esclavitud.

43. Si es lícito, en el caso de que los enemigos faltasen a su palabra y no cumpliesen los pactos, dar muerte a los rehenes entregados por el enemigo en tiempo de tregua o una vez terminada la guerra.

44. Si es lícito en la guerra dar muerte a todos los culpables.

45. Es lícito matar indiscriminadamente a todos los que en el desarrollo de un combate o en un asedio o defensa de una ciudad luchen de parte del enemigo, y mientras la situación esté en peligro.

46. Es lícito dar muerte a los culpables, una vez conseguida la victoria y ya en situación fuera de peligro.

47. No siempre es lícito dar muerte a todos los culpables sólo para vengar la injuria.

48. Algunas veces es lícito y conveniente dar muerte a todos los culpables, sobre todo en la guerra contra los infieles. Qué se debe hacer en guerra contra cristianos.

49. Si se puede dar muerte a los que se han entregado y a los que han sido hechos prisioneros, supuesto que también fueran culpables.

50. Si las cosas capturadas en guerra justa pasan a ser de los ocupantes que se han apoderado de ellas. Y cómo las cosas capturadas en guerra justa pasan a ser de los ocupantes, hasta que el enemigo dé suficiente satisfacción de las que él se ha apropiado injustamente, y también de los costes de la guerra.

51. Cómo todos los bienes inmuebles pasan a ser del ocupante por el derecho de gentes, aun cuando excedan la compensación de los daños.

52. Si es lícito permitir a los soldados el saqueo de una ciudad. Y cómo no sólo no es ilícito, sino que incluso puede ser necesario.

53. No es lícito a los soldados saquear ni incendiar sin autorización, de lo contrario quedarían obligados a restituir.

54. Es lícito ocupar el territorio, las plazas fuertes, las ciudades de los enemigos el tiempo que fuere necesario, para resarcirse de los perjuicios causados.

55. Es lícito ocupar y retener a los enemigos alguna fortaleza o ciudad para mantener la seguridad y evitar el peligro, o bien para la defensa, o para quitarles la ocasión de causar daños.

56. En razón de la injuria inferida y a título de pena, es decir, en castigo, es lícito despojar a los enemigos de parte de su territorio. Y cómo por esta misma razón se puede ocupar una fortaleza o una ciudad, guardando la moderación debida.

57. Si es lícito imponer tributos a los enemigos vencidos.

58. Si es lícito deponer a los príncipes enemigos y poner a otros en su lugar, o establecer o recuperar un gobierno. Y cómo no es lícito hacer esto por cualquier motivo y con cualquier pretexto incluso de guerra justa.

59. Se aclara cuándo pueden ser depuestos legítimamente los príncipes enemigos.

60. Se formulan los cánones o reglas a las que hay que atenerse para hacer la guerra.

INTRODUCCIÓN

Puesto que parece que en último término se puede defender, sobre todo por el derecho de la guerra, la posesión y ocupación de las tierras de los bárbaros llamados indios, una vez que hemos disertado en la primera relección [1] sobre los títulos que los españoles pueden alegar sobre aquellas provincias, sean estos títulos justos o injustos, me ha parecido conveniente tener otra breve disertación sobre el «derecho de la guerra», para completa la relección anterior.

Pero debido a la premura del tiempo no podríamos tratar aquí todo lo que da de sí la materia; por eso no me ha parecido conveniente dejar correr mi pluma cuanto corresponde a la amplitud y excelencia del tema, sino solamente cuanto permite el poco tiempo de que disponemos.

Por consiguiente, sólo enunciaré las principales proposiciones en esta materia, con pruebas muy breves, absteniéndome de responder a múltiples objeciones que en esta controversia pueden presentarse.

Trataré, pues, cuatro cuestiones:

---

[1] Cf. *Relección primera sobre los indios recientemente descubiertos*, p. 56 de esta edición.

Primera: si es lícito a los cristianos hacer la guerra.

Segunda: quiénes tienen la autoridad de declararla y hacerla.

Tercera: cuáles pueden y deben ser las causas de una guerra justa.

Cuarta: qué puede hacerse en una guerra justa y hasta donde sea lícito llegar en la guerra contra los enemigos.

PRIMERA CUESTIÓN

«Si es lícito a los cristianos hacer la guerra».

En cuanto a esta primera cuestión pudiera parecer que las guerras están absolutamente prohibidas a los cristianos. En efecto, parece que les está prohibido defenderse de acuerdo con aquel pasaje de Pablo: «*No os toméis la justicia por vosotros mismos, amadísimos, antes dad lugar a la ira (de Dios)*»[2]. Y el Señor en el Evangelio dice también: «*No resistáis al mal, y, si alguno te abofetea en la mejilla derecha, dale también la otra*»[3]. Y también dice: «*Pues quien toma la espada a espada morirá*»[4]. Y no parece suficiente responder que todas estas cosas no son de precepto sino de consejo, pues sería ya un gran inconveniente el que todas las guerras en que intervienen los cristianos fuesen contra el consejo del Señor.

En contra de esto está la opinión de todos los doctores y la práctica común de la Iglesia.

Para aclarar esta cuestión hay que notar que, aunque haya acuerdo entre los católicos, Lutero, sin embargo,

---

[2] Rom 12, 19.
[3] Mt 5, 39.
[4] Mt 26, 52.

que no ha dejado nada sin contaminar, niega que sea lícito a los cristianos tomar las armas contra los turcos, fundándose no sólo en los textos de la Escritura antes citados, sino también en que si las huestes turcas, dice, invaden la cristiandad será por voluntad de Dios, a la que no es lícito resistir[5]. En esta cuestión, sin embargo, no pudo imponer su criterio a los alemanes, pueblo con disposición para la guerra, tal como lo había hecho con otras de sus enseñanzas. El mismo Tertuliano parece que no rechaza esta opinión, de tal manera que en su libro *De corona militis* discute sobre si la milicia es conveniente en todo para los cristianos, y parece inclinarse finalmente a la opinión de que al cristiano le está prohibido hacer el servicio militar *a quien* —añade— *le está prohibido incluso pleitear*[6].

1. Pero, dejando a un lado opiniones extrañas, mi respuesta a esta cuestión se reduce a una sola CONCLUSIÓN: *es lícito a los cristianos hacer el servicio militar y la guerra.*

Esta conclusión nos la ofrece Agustín en muchos lugares de sus obras. En efecto, trata esta cuestión en *Contra Faustum*[7], en el libro de las 83 *Quaes-*

---

[5] Cf. Martín Luther, *Resolutiones disputationum de indulgentiarum virtute* (1518), Concl. 5 (*Werke*, ed. crít. Welimar, 1883, vol. I, p. 535). La proposición de Lutero fue condenada explícitamente por el papa León X en la bula *Exurge Domine* de 15 de junio de 1520: *Proeliari adversus Turcas est repugnare Deo visitanti iniquitates nostras per illos* («Guerrear contra las huestes turcas es rechazar a Dios que por medio de ellos castiga nuestras iniquidades»), Ench. Simb., Denzinger, 774, ed. 29, C. Rahner, 1953, p. 277.

[6] Cf. Tertuliano, *De corona*, 11, PL, 2, 111. Hace referencia a 1 Cor 6, 7.

[7] Cf. *Contra Faustum Manichaeum*, XXII, 74-75, PL, 42, 447-448. Este texto y los siguientes de San Agustín, que a veces Vitoria cita de memoria e incorrectamente tomándolos del Decreto de Gar-

tiones [8], en el *De Verbis Domini* [9], en el libro 2 *Contra Maniqueos* [10], en el sermón *De puero Centurionis* [11]; y en la carta *Ad Bonifacium* [12] hace un brillante desarrollo de ella.

Se prueba esta conclusión, como lo hace Agustín, por las palabras de Juan el Baustista a los soldados: *No hagáis extorsión a nadie, ni denuncieis falsamente* [13]. *Pero, si la doctrina cristiana* —comenta Agustín— *proscribiera totalmente las guerras a aquellos soldados que buscaban la salvación en el Evangelio, más bien les habría dado el consejo de que abandonaran las armas y se abstuvieran en absoluto de la milicia; sin embargo les dijo: «no hagáis extorsión a nadie; contentaos con vuestra soldada»* [14].

En segundo lugar, se prueba por el argumento de razón que da Santo Tomás [15]: es lícito desenvainar la espada y tomar las armas contra los malhechores y los ciudadanos sediciosos del interior del país, de acuerdo con aquellas palabras de la Carta a los Romanos: *No en vano lleva la espada. Es ministro de Dios, vengador para castigo del que obra mal* [16]. Luego también será

---

ciano, 23, son la base de la teoría de la guerra justa en la Edad Media. Cf. Francisco de Vitoria, *Political Writings*, ed. Anthony Pagden y Jeremy Lawrance, Cambridge University Press, Cambridge, 1991, p. 297, nota 6.

[8] *De diversis quaestionibus*, LXXXIII, quaest, 31, n. 1, PL, 40, 20-21. Trata aquí no de la guerra, sino de las virtudes del alma según la división de Cicerón.

[9] Sermo 82, 1, PL, 39, 1904-5.

[10] Cf. *Contra Faustum Manichaeum*, XXII, 74, PL, 42, 447.

[11] Cf. *Ad Marcellinum*, epist. 138 (5), 2, 15, PL, 33, 131-132.

[12] Cf. *Epistola ad Bonifacium* (Epist. 189) (205), 4, PL, 33, 855.

[13] Lc 3, 14.

[14] Ver la nota 11.

[15] II, II, q. 40, a. 1.

[16] 13, 4.

lícito valerse de la espada y de las armas contra los enemigos exteriores. Por eso se ha dicho a los príncipes: *Librad al débil y al pobre, sacadle de las garras del impío* [17].

En tercer lugar se prueba porque en la ley natural la guerra fue lícita, como consta por el pasaje de Abraham, que luchó contra cuatro reyes [18]. También en la ley escrita, como es evidente en el caso de David y de los Macabeos. Ahora bien, la ley evangélica no prohíbe nada que sea lícito en la ley natural, como enseña Santo Tomás elegantemente [19]. Por eso es llamada también *ley de libertad* [20]. Luego lo que era lícito en la ley natural y en la escrita no lo será menos en la ley evangélica.

También porque no puede ponerse en duda la licitud de la guerra defensiva, puesto que es lícito repeler la fuerza con la fuerza [21]. En cuarto lugar, también la licitud de la guerra ofensiva, esto es, la guerra en la que no sólo se defienden o se reclaman las cosas, sino también aquella en la que se pide satisfación por una injuria recibida. Esto se prueba, como digo, por la autoridad de Agustín, en el libro 83 de las *Quaestiones* [22], que se cita en el *Decreto* de Graciano: *Las guerras justas suelen definirse como aquellas en las que se exige satisfacción por las injurias, cuando haya de castigarse a una nación o ciudad que no se ha preocupado de reparar el daño causado por sus súbditos, ni de devolver lo que ha quitado injustamente* [23].

---

[17] Sal 82, 4.
[18] Gén 14, 1-17.
[19] I, II, q. 107, a. último.
[20] Sant 1, 25 y 2, 12.
[21] Cf. *Digesto*, ff. *De iustitia et iure*, l. *Ut vim*, 1, 1, 3; *Decret.* (*Vim vi*), X, 5, 12, 18.
[22] *Quaestiones in Heptateucum*, VI, 10, PL, 34, 780-781.
[23] II, 23, 2, 2, cap. *Dominus*.

En quinto lugar, se prueba también la licitud de la guerra ofensiva porque incluso la guerra defensiva no puede hacerse convenientemente si no se castiga la ofensa que hicieron o intentaron hacer los enemigos. De lo contrario se harían cada vez más atrevidos y volverían a cometerla si no se les disuadiera con el miedo o el castigo.

Se prueba en sexto lugar porque el fin de la guerra es *la paz y la seguridad de la república,* como dice Agustín en *De verbis Domini*[24], y en la Carta *ad Bonifacium*[25]. Pero tal seguridad no puede darse en la república a no ser que los enemigos sean disuadidos de injurias por el miedo a la guerra. Carecería en absoluto de toda equidad la condición de la guerra si, cuando los enemigos invaden injustamente la república, a ésta sólo le fuera lícito el rechazarlos para que no pasen más adelante.

En séptimo lugar, se prueba por el fin y el bien de todo el orbe. Pues así no podría en absoluto estar en estado de felicidad, más aún la condición de todas las cosas sería pésima si los tiranos, los ladrones y los depredadores pudieran ofender y oprimir impunemente a los buenos y a los inocentes, y no fuese lícito a éstos, a su vez, escarmentar a los culpables.

Se prueba, en octavo y último lugar, porque en las cosas morales el principal argumento es el de autoridad, y el ejemplo de los santos y de los varones justos. En efecto, hubo muchos de estos que no sólo defendieron

---

[24] Puede referirse a Sermón 82, *De verbis Domini*, 19. Se encuentra doctrina sobre este punto en *De civitate Dei*, XV, 4, PL, 41, 440, y XIX, 13 (PL, 41, 641). Cf. *CHP*, IV, pp. 106-107, nota 22.

[25] *Epistola ad Bonifacium*, 189 (205), 6 (PL, 33, 856). Dice el texto de San Agustín expresamente: *Non enim pax quareritur ut bellum excitetur, sed bellum geritur ut pax acquiratur* («en efecto, no se busca la paz para después hacer la guerra, sino que se hace la guerra para alcanzar la paz»). Cf. *Decretum Gratiani*, II, 23, 1, 3.

su patria y sus haciendas con guerras defensivas, sino que vengaron también con guerras ofensivas las injurias que les hicieron o intentaron hacer sus enemigos, como consta de Jonatás y de Simón[26], que vengaron la muerte de su hermano Juan contra los hijos de Jambri. Y en la Iglesia cristiana consta también de Constantino el Grande y de Teodosio el Mayor y otros esclarecidos y cristianísimos emperadores que hicieron muchas guerras de una y otra clase teniendo a doctísimos y santísimos obispos por consejeros.

---

[26] I Mac 9, 38.

SEGUNDA CUESTIÓN

2. *En quién reside la autoridad de declarar y hacer la guerra.*

3. Para responder a esta cuestión sea la primera PROPOSICIÓN: «cualquiera, incluso un particular, puede emprender y hacer la guerra defensiva».

Esto es evidente, pues «es lícito repeler la fuerza con la fuerza», según la ley antes citada [27]. Por consiguiente, cualquiera puede hacer este género de guerra sin recurrir a la autoridad de nadie, para defender no sólo su persona sino también sus cosas y bienes.

4. Pero acerca de esta conclusión surge la primera DUDA: «si uno que es atacado por un ladrón o un enemigo puede repeler la agresión hiriéndole, en el caso de que pudiera evitarla con la huida».

El Arzobispo [28] responde que no, porque eso ya no es una defensa con la moderación propia de una *defensa no culpable*. Pues cada uno está obligado a defender-

---

[27] Se refiere a la ley *vim vi*, ya citada.
[28] Antonino de Florencia, *Summa Sacra Theologiae* (ed. Venetiis, 1582, f. 283, vb), II, VII, 8, 1.

se en cuanto pueda con el menor daño posible para el agresor. Por consiguiente, si al resistir es necesario matar o herir gravemente al agresor, pudiendo librarse de él con la huida, parece que está obligado a esto último. No obstante, el Panormitano [29] distingue. Si el agredido sufriera una gran deshonra huyendo, no estaría obligado a huir, sino que podría repeler la agresión hiriendo al agresor. Pero si no hubiera de sufrir menoscabo en su fama o en su honor, como sería el caso de un monje o un plebeyo si fuera atacado por un noble o un hombre muy fuerte, estaría más bien obligado a huir.

Bartolo [30], por el contrario, sostiene sin distinciones que es lícito defenderse y que no está obligado a huir, porque la fuga es una afrenta. Si pues es lícito resistir con las armas para defender los bienes materiales, como consta en dicho capítulo *Olim* [31] y en el capítulo *Dilecto*, sobre la sentencia de excomunión, mucho más lo será para rechazar una agresión física, que es mayor ofensa que la pérdida de los bienes [32]. Esta opinión puede sostenerse como bastante probable y segura, tanto más cuanto el derecho civil la admite, como se ve por la citada ley *Furem* [33], pues nadie peca si sigue la autoridad de la ley, ya que la ley da derecho en el foro de la conciencia. De aquí se sigue que, aun cuando por derecho natural

---

[29] Nicolaus de Tudeschis (Panormitanus), *Comentaria Primae Partis in Secundum Decretalium librum*, X, 2, 13, 12, cap. *Olim, De restitutione spoliatorum* (ed. Venetiis, 1505, 17, f. 184, rb, va).

[30] Bartolus de Sassoferrato, *In Secundam Digesti Novi Partem* (*in lege prima* ff., *De poenis*) (Dig. 48, 19, 1); *in lege furem, de sicariis* (*Dig.*, 48, 8, 9); *Item apud Labeonem*, ff. *De iniuriis* (*Dig.*, 47, 10, 15, 1) (ed. Augustae taurinorum 1589). Cf. *CHP*, p. 114, notas 28, 29 y 30.

[31] *Decret.*, X, 2, 13, 12; *Dig.*, 47, 10, 15, 1. Ver nota 30.

[32] *In VI Decret.*, 5, 11, 6. L. (*in servorum* ff. *De poenis*); *Dig.*, 48, 19, 10.

[33] Ver nota 30.

no fuera lícito matar en defensa de los propios bienes, parece que se hace lícito por el derecho civil. Y ciertamente esto parece lícito, con tal de que se evite el escándalo, no sólo a los seglares, sino también a los clérigos y a los religiosos.

5. SEGUNDA PROPOSICIÓN: «Cualquier república tiene autoridad para declarar y hacer la guerra».

Para probar esta proposición hay que tener en cuenta que en este asunto hay diferencia entre una persona privada y una república. En efecto, una persona privada tiene derecho a defenderse y a defender sus bienes, como se ha dicho; pero no tiene derecho a vengar una ofensa, y ni siquiera a reclamar lo que le ha sido robado, si ha transcurrido cierto tiempo; la defensa debe hacerla mientras dura el peligro, que es lo que los juristas denominan «*in continenti*». Por eso, una vez pasada la necesidad de defenderse, deja de estar permitida la guerra. Creo, sin embargo, que el que es agredido injustamente puede repeler la agresión inmediatamente, aun cuando el agresor no hubiera de pasar adelante. Para evitar la ignominia y deshonra, podría, por ejemplo uno que recibe una bofetada, herir inmediatamente con la espada a su agresor, no para vengarse, sino para evitar la infamia e ignominia, como se ha dicho ya.

En cambio la república tiene autoridad no sólo para defenderse sino también para castigar las injurias cometidas contra ella y contra sus súbditos y para exigir reparación por ellas. Esto se prueba porque, como enseña Aristóteles[34], la república debe bastarse a sí misma. Ahora bien, no podría garantizar suficientemente el bien público y su estabilidad si no pudiera castigar las ofensas y escarmentar a sus enemigos. Así los malos se ha-

---

[34] *Política*, III, 1 (1275b 17-21); I, 2 (1252b).

rían, como antes se ha dicho, más audaces y estarían más dispuestos a cometer agravios contra ella, si pudieran hacerlo impunemente. Es necesario, por consiguiente, para la conveniente administración de los asuntos humanos que se le conceda esta autoridad a la república.

6. TERCERA PROPOSICIÓN: «El príncipe tiene en este asunto la misma autoridad que la república».

Ésta es la opinión que sostiene expresamente Agustín en *Contra Faustum,* donde dice que *el orden natural acomodado a la paz exige que el príncipe tenga la autoridad y el poder de decisión para emprender una guerra*[35]. Y esto se prueba también por argumento de razón; porque el príncipe lo es sólo por decisión de la república[36]; luego hace sus veces y posee su autoridad. Más aún, cuando en una república hay príncipes legítimos toda la autoridad reside en ellos; y en la paz o en la guerra nada de interés público puede hacerse sin contar con ellos.

7. Pero toda la DIFICULTAD está en determinar «qué es una república y a quién puede llamarse príncipe». A esto se responde brevemente que se denomina propiamente república a una comunidad perfecta. Pero el problema está todavía en determinar qué es una comunidad perfecta.

Para responder a esto hay que notar que *perfecto* es lo mismo que completo. En efecto, se llama imperfecto aquello a lo que le falta algo, y perfecto, por el contrario, a lo que nada le falta. Por consiguiente, comunidad perfecta es aquella república que es un todo completo por sí misma, esto es, la que no es parte de otra repú-

---

[35] *Contra Faustum Manichaeum,* XXII, 75, PL, 42, 448.
[36] *Sobre el poder civil,* p. 18.

blica, sino que tiene sus propias leyes, su propio consejo y magistrados propios, como lo son el reino de Castilla y el de Aragón, y el principado de Venecia, y otras semejantes. Y no hay inconvenientes en que haya varios principados y repúblicas perfectas bajo la autoridad de un solo príncipe. Una república de tales características, y sólo ella o su príncipe, tiene autoridad para declarar la guerra.

8. Pero por esto mismo puede dudarse con razón «si en el caso de que varias repúblicas de éstas, o varios príncipes tengan un señor o príncipe común, pueden hacer la guerra por sí mismas sin acudir a la autoridad del príncipe superior». Mi respuesta es que sin lugar a duda pueden hacerla, lo mismo que pueden guerrear entre sí los reyes sometidos al Emperador, sin tener en cuenta la autoridad de éste. Porque, como se ha dicho, la república debe bastarse a sí misma, y no se bastaría si no tuviera tal facultad.

9. De lo dicho se deduce claramente que «los demás reyezuelos o príncipes que no rigen una república perfecta, sino que forman parte de otra república, no pueden hacer ni declarar la guerra, como, por ejemplo, el Duque de Alba o el Conde de Benavente», pues son parte del reino de Castilla y, por consiguiente, no tienen repúblicas perfectas, pero como estas cosas son en gran parte de derecho de gentes, o de derecho humano, la costumbre puede darles poder y autoridad para hacer la guerra. De donde, si una ciudad o un príncipe han obtenido por antigua costumbre el derecho de hacer la guerra por sí mismos, no hay que negarle esta autoridad, aunque, por otra parte, su república no fuese perfecta. Además, esta licencia o autoridad podría concederla la necesidad misma. En efecto, si en un mismo reino una ciudad atacase a otra, o alguno de los gobernadores atacase a otro,

y el rey fuese negligente o no se atreviese a castigar las ofensas inferidas, podría la ciudad, o el gobernador que había sido injuriado, no sólo defenderse, sino también hacer la guerra y escarmentar a los enemigos y malhechores, e incluso darles muerte. Pues, de lo contrario, ni siquiera podría defenderse debidamente, ya que los enemigos no dejarían de atacar si los que son víctimas de la agresión se contentaran con defenderse nada más. Por esta razón se concede también al particular el poder atacar a su enemigo si no ve otra posibilidad de defenderse de la ofensa. Y baste con esto acerca de esta cuestión.

TERCERA CUESTIÓN

10. «Cuál puede ser la razón y causa de una guerra justa».

Cuestión la más necesaria para solucionar el problema planteado en la controversia sobre los bárbaros.

Establezcamos para ello la PRIMERA PROPOSICIÓN: «La diversidad de religión no es causa suficiente para una guerra justa». Esta proposición fue ampliamente probada en la anterior relección, donde impugnamos el título cuarto que podría alegarse para el dominio de los bárbaros, esto es, que no quieran recibir la fe cristiana [37]. Y ésta es también la sentencia de Santo Tomás [38] comúnmente admitida entre los doctores; no sé de ninguno que sostenga lo contrario.

11. SEGUNDA PROPOSICIÓN: «No es causa justa de una guerra el pretender extender los dominios».

Esta proposición es demasiado evidente como para que necesite ser demostrada. Pues de lo contrario siem-

---

[37] Cf. *Relección primera sobre los indios* pp. 108 ss.; *Obras*, pp. 693 ss.
[38] II, II, q. 66, a. 8 ad 2.

pre habría causa justa para cualquiera de las partes beligerantes, y así todos serían inocentes. De esto, a su vez, se seguiría que no sería lícito darles muerte. Ahora bien, implica contradicción que se tratara de una guerra justa y no fuera lícito dar muerte a los enemigos.

12. TERCERA PROPOSICIÓN: «Tampoco es causa justa de una guerra la propia gloria del príncipe ni otro provecho particular del mismo».

Esta proposición también es evidente, pues el príncipe debe ordenar al bien común de la república tanto la guerra como la paz y no puede invertir los fondos públicos en su propia gloria o en su provecho, y mucho menos exponer a sus súbditos al peligro. La diferencia entre el legítimo rey y un tirano está en que el tirano ordena el gobierno al propio interés y provecho, mientras que el rey lo ordena al bien público, como dice Aristóteles[39].

También, porque el príncipe tiene la autoridad recibida de la república, luego debe emplearla para el bien de ella. Además las leyes deben darse no para provecho de algún particular, sino para la utilidad común de los ciudadanos, como dice Isidoro[40]. Luego la leyes de la guerra deben ser también para la utilidad común y no en interés particular del príncipe.

Asimismo los hijos se diferencian de los siervos, como enseña Aristóteles[41], en que los señores se valen de los siervos para su propia utilidad y en su interés, mientras que los hijos no existen en razón de otros, sino en razón de sí mismos. Por consiguiente, el que los príncipes abusen de los ciudadanos obligándolos a la gue-

---

[39] *Política*, IV, 10, 1295a.
[40] *Etymologiarum sive Originum libri*, XX, II, 10, 6, PL, 82, 131; V, 21, PL, 82, 203. Cf. *Gratiani Decretum*, 4, 2 (*Erit autem lex*).
[41] *Política*, I, 3-4 (1254a).

rra y a contribuir a ella con dinero, no para el bien público sino para su propia utilidad, es convertir a los ciudadanos en esclavos.

13. CUARTA PROPOSICIÓN: «La única causa justa para hacer la guerra es la injuria recibida».

Esta proposición se prueba, en primer lugar, por la autoridad de Agustín[42], como se ha dicho antes. Es también sentencia de Santo Tomás de Aquino[43] y de todos los doctores.

Además la guerra ofensiva se hace para vengar una injuria y escarmentar a los enemigos, como ya se ha dicho. Pero no puede haber venganza donde no ha precedido una injuria y una culpa. Luego la conclusión es evidente.

Asimismo, el príncipe no tiene mayor autoridad sobre los extraños que sobre sus propios súbditos. Ahora bien, no puede desenvainar la espada contra sus súbditos a no ser que hayan cometido algún delito. Luego tampoco lo puede hacer contra los extraños. Esto se confirma por las palabras de Pablo sobre el príncipe, ya antes aducidas: *que no en vano lleva la espada. Es ministro de Dios, vengador para castigo del que obra mal*[44]. Se ve claramente por estas palabras que no es lícito usar la ira de la espada contra aquellos que no nos han hecho ningún mal, puesto que está prohibido por el derecho natural dar muerte a los inocentes. No digo nada del caso especial en que Dios quizá mandara otra cosa, pues Él es el señor de la vida y de la muerte y podría por derecho propio disponer las cosas de otro modo.

---

[42] Cf. *Quaestiones in Heptateucum*, VI, 10, PL, 34, 781. Ver la nota 22.
[43] II, II, q. 40, a. 1.
[44] Rom 13, 4.

14. Quinta proposición: «No basta una injuria cualquiera y de cualquier gravedad para hacer la guerra».

Se prueba esta proposición porque ni siquiera es lícito imponer tan graves penas como son la muerte, el destierro o la confiscación de bienes, a los propios súbditos por una culpa cualquiera. Ahora bien, como todas las cosas que se hacen en la guerra son graves e incluso atroces, como matanzas, incendios, devastaciones, no es lícito castigar con la guerra a los que han cometido ofensas leves puesto que la medida del castigo debe estar de acuerdo con la gravedad del delito [45].

---

[45] Dt 25, 2; Ap 22, 18.

CUARTA CUESTIÓN
(PRIMERA PARTE)

15. La CUARTA CUESTIÓN es acerca del derecho de guerra, es decir, «qué está permitido y en qué medida lo está en una guerra justa».

Sobre esta cuestión proponemos la PRIMERA PROPOSICIÓN: «En una guerra justa es lícito hacer todo aquello que es necesario para la defensa del bien público».

Esto es evidente, puesto que ése es el fin de la guerra, el defender y conservar la república. Además esto mismo le es también lícito al particular para su propia defensa, como hemos probado. Luego con mucha más razón lo será para la república y para el príncipe.

16. SEGUNDA PROPOSICIÓN: «Es una guerra justa es lícito recuperar todas las cosas perdidas o su valor».

Esta proposición es también demasiado clara como para que necesite demostración, pues para eso se hace o se responde a la guerra.

17. TERCERA PROPOSICIÓN: «Es lícito resarcirse con los bienes de los enemigos de los gastos de la guerra y de los demás daños causados injustamente por ellos».

Esta proposición también es clara porque a todo eso están obligados los enemigos que han hecho la ofensa. Por consiguiente, el príncipe puede exigirlo todo por medio de la guerra. Además, como se ha dicho antes, porque, cuando no se ve otra posibilidad, es lícito al particular apoderarse de todo lo que le debe el deudor.

Asimismo, si hubiese un juez legítimo entre las dos partes beligerantes, debería condenar a los injustos agresores y autores de la ofensa no sólo a restituir las cosas robadas, sino también a indemnizar por los gastos de la guerra y por todos los daños y perjuicios. Ahora bien, el príncipe que hace una guerra justa se encuentra en la causa de la guerra como un juez, como enseguida diremos. Luego también él puede exigir de los enemigos todas aquellas cosas.

18. CUARTA PROPOSICIÓN: «No sólo es lícito todo lo dicho antes, sino que el príncipe que hace una guerra justa puede hacer cuanto sea necesario para conseguir la paz y garantizar la seguridad amenazada por los enemigos», por ejemplo destruyendo fortalezas y levantando fortificaciones en el territorio enemigo si esto fuera necesario para evitar el peligro que de ellos pudiera venir.

Se prueba porque, como se ha dicho antes, el fin de la guerra es la paz y la seguridad. Por consiguiente, el que hace una guerra justa puede hacer todo aquello que sea necesario para conseguir dicha paz y seguridad. Además, la tranquilidad y la paz se cuentan entre los bienes humanos, de tal modo que, sin seguridad, ni siquiera los bienes más excelsos pueden dar la felicidad. Por consiguiente, si los enemigos arrebatan y perturban la tranquilidad de la república es lícito asegurarse contra ellos por los medios convenientes.

Asimismo es lícito hacer todo esto contra los enemigos interiores, es decir, contra los malos ciudadanos; luego también contra los enemigos externos. El antecedente es claro, porque, si en la república alguien hace una ofensa a otro ciudadano, el magistrado obligará al autor de la ofensa no sólo a satisfacer al ofendido, sino que también, en el caso de que tema algo de él, le obligará a dar fiadores o a alejarse de la ciudad para evitar el peligro que de él pueda provenir.

Por lo cual es evidente que, conseguida la victoria y recuperados los bienes, es lícito también exigir rehenes, naves, armas y otras cosas de los enemigos que, sin fraude ni dolo, son necesarias para mantenerlos en el cumplimiento de su deber y para evitar el peligro que de ellos pudiera provenir.

19. QUINTA PROPOSICIÓN: «No sólo esto, sino que también, una vez alcanzada la victoria y recuperados los bienes, y establecida la paz y la seguridad, es lícito vengar la injuria recibida de los enemigos y escarmentarlos y castigarlos por las injurias inferidas».

Para probar esta proposición hay que observar que los príncipes tienen autoridad no sólo sobre sus súbditos, sino también sobre los extraños para obligarlos a abstenerse de ofensas, y esto por el derecho de gentes y en virtud de la autoridad de todo el orbe. Más aún, parece que tienen tal autoridad por derecho natural, pues de lo contrario el mundo no podría subsistir, si algunos no tuvieran fuerza y autoridad suficiente para atemorizar a los malos y para reprimirlos para que no hagan daño a los inocentes. Ahora bien, todo lo que es necesario para el gobierno y la conservación del mundo es de derecho natural; y no puede darse otra razón para probar que la república tiene autoridad por derecho natural para mandar al suplicio e imponer penas a los propios ciudadanos que le sean perniciosos. Y, si la república puede hacer esto con sus propios súbditos, no hay duda de que el orbe puede hacerlo también con cualquier hombre pernicioso y malvado, y esto no puede hacerlo si no es por medio de los príncipes. Luego ciertamente los príncipes pueden castigar a los enemigos que han hecho alguna ofensa a la república; y, sobre todo, si la guerra se ha declarado con justicia y de acuerdo con todas las normas, los enemigos quedan sujetos al príncipe como a su propio juez.

Esto se confirma porque no puede conseguirse la paz ni la tranquilidad, que es la finalidad de la guerra, si los enemigos no son reprimidos con daños y perjuicios, con los que escarmienten para que no vuelvan a cometer maldades semejantes. Todo lo cual se prueba también y se confirma por la autoridad y los ejemplos de los buenos; pues, como antes se dijo, los Macabeos hicieron la guerra no sólo para recuperar los bienes perdidos, sino también para vengar las ofensas; y esto lo hicieron también príncipes cristianos y emperadores muy religiosos. Además la ignominia y deshonra de la república no se borra con la mera derrota de los enemigos, sino doblegándolos con la severidad de las penas y los castigos que les han impuesto. Ahora bien, el príncipe tiene obligación no sólo de defender y conservar los bienes materiales, sino también el honor y la autoridad de la república.

De todo lo dicho surgen muchas dudas.

La PRIMERA DUDA se refiere a la justicia de la guerra, es decir, «si basta para que la guerra sea justa que el príncipe crea tener una causa justa para hacerla».

20. Para aclarar esta duda establezcamos la PRIMERA PROPOSICIÓN: «No siempre esto es suficiente».

Se prueba, en primer lugar, porque en otras cuestiones de menor importancia no basta, como es sabido, ni al príncipe ni a los particulares que crean que obran justamente. En efecto, pueden errar por ignorancia vencible y afectada, y para que un acto sea bueno no basta la opinión de cualquiera, sino que es preciso obrar conforme al juicio de los sabios, como queda claro en el libro II de los *Éticos*[46]. De lo contrario se seguiría que a menudo las guerras serían justas por ambas partes, pues no ocurre con frecuencia que los príncipes hagan las guerras de mala fe, sino creyendo que defienden una causa justa; y de ese modo todos los que luchan serían inocentes y, consiguientemente, no se les podría dar muerte. Además, en caso contrario, hasta los turcos y los sarracenos harían guerras justas contra los cristianos, pues piensan que con ellas están haciendo un servicio a Dios[47].

21. SEGUNDA PROPOSICIÓN: «Para determinar si una guerra es justa es necesario examinar con gran diligencia sus causas y escuchar también las razones de los adversarios, si quisieren discutirlas razonablemente con serenidad».

En efecto, como dice el comediógrafo[48], *conviene al hombre sabio experimentarlo todo con las palabras antes que con las armas*. Y conviene aconsejarse de varones rectos y prudentes y de aquellos que hablan con libertad y sin ira u odio, ni pasión. Pues, como dice Crispo, *no se ve fácilmente la verdad donde tropezamos con esas pasiones*[49]. Todo esto es claro pues, siendo difícil llegar a la verdad y la justicia en los temas morales, se erraría con facilidad si esos asuntos fueran tratados con negligencia; y los que cometan tal error no tendrán excusa en asunto de tanta importancia, en el que está en juego el

---

[46] Aristóteles, *Ética a Nicómaco*, II, 6, 1106b 35-1107a 2.
[47] Corán, IX, 29 (trad. Juan Bernnet, Barcelona, 1963, p. 190).
[48] Terencio, *Eunuchus*, IV, 7, 789. Dice el comediógrafo latino: «omnia prius experiri quam armis sapientem decet».
[49] Parece referirse a Cayo Salustio Crispo, que habla de las virtudes en la introducción tanto de *De coniuratione Catilinae*, como en *De bello Iugurtino*. Este texto, que está en la ed. de Urdanoz, no se incluye en otras ediciones críticas.

peligro y la desgracia de muchos, que, en último término, son nuestros prójimos a los que estamos obligados a amar como a nosotros mismos.

22. SEGUNDA DUDA: «Si los súbditos están obligados a examinar la causa de la guerra, o si pueden ir a ella sin poner ninguna diligencia para informarse, a la manera que los lictores pueden ejecutar un decreto del pretor sin examen previo del mandato».

Acerca de esta duda propongamos la PRIMERA PROPOSICIÓN: «Si al súbdito le costa de la injusticia de la guerra, no le es lícito ir a ella, aunque se dé un mandato del príncipe».

Esto es evidente porque no es lícito matar a un inocente en virtud de ninguna autoridad. Ahora bien, en este caso los enemigos son inocentes; luego no se les puede dar muerte.

Además en ese caso el príncipe peca haciendo la guerra. Ahora bien, como dice el Apóstol: *no sólo son dignos de muerte los que obran mal, sino los que aplauden a quienes lo hacen* [50]. Luego los soldados que luchan en la guerra de mala fe tampoco pueden ser excusados. Asimismo tampoco es lícito robar a ciudadanos inocentes por mandato del príncipe. Luego tampoco a los extraños.

23. De lo cual se sigue el siguiente COROLARIO: *Si los súbditos tienen conciencia de la injusticia de la guerra, no les es lícito intervenir en ella, estén o no equivocados*. Esto es evidente porque, como dice el apostol: *Todo lo que no viene de la fe es pecado* [51].

---

[50] Rom 1, 32.
[51] Rom 14, 23.

24. SEGUNDA PROPOSICIÓN: «Los senadores y gobernadores, y en general todos los que, o bien convocados o bien por iniciativa propia, intervienen en el consejo público o en el del príncipe, deben y están obligados a examinar las causas de la guerra justa».

Es evidente, porque todo aquel que pueda impedir el peligro y el daño de los prójimos está obligado a hacerlo, sobre todo cuando se trata de peligro de muerte y de otros males graves como son los de la guerra. Ahora bien, estos tales pueden examinar las causas de la guerra y con su consejo y autoridad evitarla, si fuese injusta. Luego están obligados a hacerlo.

Además, si por su negligencia se hiciera una guerra injusta, parece que la consienten. En efecto, hay que imputar a cada uno todo lo que no evita pudiendo y debiendo hacerlo.

Se prueba, asimismo, porque el rey solo no basta para examinar las causas de la guerra y es presumible que pueda equivocarse, más aún que se equivoque con daño y perjuicio de muchos. Luego una guerra no debe hacerse siguiendo el único parecer del rey, ni siquiera el de unos pocos, sino por la opinión de muchas personas prudentes y rectas.

25. TERCERA PROPOSICIÓN: «Los demás ciudadanos de categoría inferior, que no pueden acceder ni son escuchados por el príncipe o en el consejo público, no están obligados a examinar las causas de la guerra, sino que les es lícito hacerla fiándose del criterio de sus superiores».

Esto se prueba, en primer lugar, porque no sería posible ni conveniente dar razón de los asuntos públicos a todo el pueblo.

Además, porque no sería tenido en cuenta el parecer de los hombres de inferior condición, y aun en el caso de que estuvieran seguros de la injusticia de la guerra no podrían evitarla. Luego en vano examinarían las causas de la guerra. Asimismo, porque para esta clase de hombres debe ser suficiente argumento de la justicia de la guerra el que se haga por el consejo y la autoridad pública mientras no conste lo contrario. Luego no es necesario que hagan más investigaciones.

26. CUARTA PROPOSICIÓN: «Sin embargo, pueden darse argumentos e indicios tales de la injusticia de la guerra, que, si la hicieran, ni siquiera la ignorancia excusaría a esos súbditos».

Es evidente, porque semejante ignorancia podría ser afectada y fomentada por aversión a los enemigos. De lo contrario los infieles tendrían excusa para seguir a sus príncipes en la guerra santa contra los cristianos, y no sería lícito darles muerte, puesto que ellos creen tener una causa justa para hacer la guerra. Asimismo tendrían excusa los mismos soldados que crucificaron a Cristo, al secundar por ignorancia el edicto de Pilatos. Y también, finalmente, tendría excusa el pueblo judío, que persuadido por las autoridades clamaba: «*Quita, quita, crucifícale*»[52].

27. TERCERA DURA: «Qué se debe hacer cuando hay duda de la justicia de la guerra, esto es, cuando hay razones aparentes y probables a favor de cada una de las partes».

PRIMERA PROPOSICIÓN, que se refiere a los príncipes mismos: «Parece que, si uno de ellos está en legítima posesión, el otro no puede disputársela por las armas, mientras permanezca la duda». Por ejemplo, si el rey de Francia está en legítima posesión de la Borgoña, aun

---

[52] Cf. Jn 19, 15; Lc 23, 21-23; Mc 15, 13-14; Mt 27, 23.

cuando haya duda de si tiene derecho a ella o no, no parece que el Emperador pueda reclamársela por las armas. Por el contrario, el rey de Francia tampoco puede hacer lo mismo con Nápoles o Milán, si hay duda de quién tiene la jurisdicción sobre esas ciudades.

Se prueba porque en caso de duda prevalece el derecho del poseedor. Luego no es lícito despojar a un poseedor por un motivo dudoso. Además, si el asunto fuera llevado a un juez legítimo, éste, en caso de duda, nunca despojaría a un poseedor. Luego, aun suponiendo que el príncipe que pretende tener derecho fuera juez en aquella causa, no podría lícitamente despojar al poseedor mientras dure la duda acerca de su derecho.

Asimismo, en los negocios y asuntos de los particulares en una causa dudosa nunca es lícito despojar al legítimo poseedor. Luego tampoco en las de los príncipes, pues las leyes son de los príncipes. Luego si, según las leyes humanas, no es lícito despojar a un poseedor legítimo por un motivo dudoso, se podría con razón argüir a los príncipes: «aguanta la ley que tú mismo has dado, pues cada uno debe someterse al mismo derecho que él ha establecido para los demás» [53]. Además, en caso contrario habría guerra justa por una y otra parte, y así la guerra nunca tendría arreglo. Porque, si en caso de duda fuera lícito para uno reclamar algo por medio de las armas, también sería lícito para el otro defenderse. Y, después que el primero lo hubiese recuperado, el otro podría a su vez reclamárselo y, consecuentemente, el otro defenderse, y así nunca tendrían fin las guerras, con desastres y calamidades para los pueblos.

---

[53] Cf. *Dig.*, 2.2, 1; *Gratiani Decretum*, D. 9, c. 2 (Isidorus, *Sententiarum libri tres*, lib. III, cap. 51, nn. 1-2, PL, 83, 723). Para esta sentencia que recoge Vitoria de manera difusa, las ediciones críticas citan estos y otros diversos lugares. Ver *CHP*, pp. 146-147, notas 57 y 58.

28. SEGUNDA PROPOSICIÓN: «Si una ciudad o provincia, sobre la que se duda de si tiene un legítimo dueño, como en el caso de haber quedado vacante por la muerte de su señor legítimo, y se duda de si su heredero es el rey de España o el de Francia, y no se puede saber con certeza, parece razonable que, si uno quiere proponer un arreglo o hacer un reparto equitativo, el otro estará obligado a aceptar las condiciones, aun cuando sea más poderoso y pueda apoderarse de todo por las armas, y no tendría entonces causa justa para hacer la guerra».

Se prueba porque el primero no hace ninguna injuria pidiendo una parte equitativa en una causa en que están igualados en derecho. Además, en las causas privadas, incluso en un caso dudoso, no sería lícito a uno apoderarse de todo; asimismo, de semejante modo, sería justa la guerra por ambas partes. Además, porque un juez justo no adjudicaría ni entregaría todo a ninguno de los dos en litigio.

29. TERCERA PROPOSICIÓN: «El que duda de su derecho, aun cuando esté en pacífica posesión, está obligado a examinar diligentemente la causa y a escuchar pacíficamente las razones de la parte contraria, por si puede llegar a esclarecer el asunto, bien sea a su favor, bien a favor del otro».

Se prueba esta proposición porque no está en posesión de buena fe quien está en duda y no procura saber la verdad. Lo mismo en una causa matrimonial, si uno, siendo legítimo poseedor, empieza a dudar de si tal mujer es suya o de otro, está obligado ciertamente a examinar el asunto. Luego por la misma razón hay que hacerlo en las demás causas.

Además, los príncipes son jueces en sus propias causas porque no tienen superiores. Ahora bien, es cierto que, si alguien presenta una querella contra un legítimo poseedor, el juez está obligado a examinar la causa; luego también los príncipes en caso de duda están obligados a hacerlo.

30. CUARTA PROPOSICIÓN: «Examinada la causa, mientras haya una duda razonable, el poseedor legítimo no está obligado a ceder la posesión, por el contrario puede lícitamente retenerla».

Está claro, en primer lugar, porque el juez no podría despojarle; por consiguiente, él tampoco está obligado a ceder ni en todo ni en parte. Además, en una causa matrimonial, en caso de duda no está obligado a ceder, como consta por las *Decretales* en el capítulo *Inquisitioni*, «sobre la sentencia de excomunión»; y en el capítulo *Dominus,* «sobre las segundas nupcias» [54]. Luego tampoco en otras causas. Adriano también sostiene expresamente que el que duda puede lícitamente retener la posesión [55]. Esto baste por lo que atañe a los príncipes en caso de duda. En cuanto a los súbditos en duda de la justicia de una guerra, el mismo Adriano [56] dice que el súbdito que tiene duda de la justicia de la guerra, esto es, de si la causa que se alega es suficiente para declararla, no puede lícitamente participar en ella, aun cuando se lo mande el superior. Lo prueba porque se pone en peligro de pecado mortal. Además, porque *todo lo que no viene de la fe es pecado* [57]. Esto, según los doctores y de acuerdo con la verdad, ha de entenderse no sólo del obrar contra la conciencia cierta o contra la opinativa, sino también contra la dudosa. Lo mismo parece sostener Silvestre [58].

---

[54] *Decretales Gregorii*, IX, X 5, 39, 44; X 4, 21, 2.
[55] *Quodlibet.*, q. 2 (Lugduni, 1547, f. 31 r H).
[56] Ibíd., en la respuesta al primer argumento principal.
[57] Cf. Rom 14, 23.
[58] Silvestre Prierias, *Summa Sumarum*, I, v. «*Bellum*», 1, 9 (Lugduni, 1549, p. 88a).

31. QUINTA PROPOSICIÓN: «No hay duda, en primer lugar, de que en una guerra defensiva es lícito a los súbditos, en caso de duda, seguir a su príncipe; más aún, están obligados a ello. Pero también esto es verdad en la guerra ofensiva».

Se prueba, en primer lugar, porque el príncipe, como se ha dicho, no siempre puede ni debe dar las razones por las que hace la guerra y, si los súbditos no pudieran hacerla sino después de estar ciertos de que es justa, la república se pondría en grave peligro y quedaría expuesta a las injurias de los enemigos.

Además, en caso de duda hay que optar por lo más seguro.

Ahora bien, si los súbditos en caso de duda no siguieran a su príncipe a la guerra, se expondrían al peligro de entregar la república a los enemigos, cosa que es mucho más grave que pelear con duda contra ellos. Luego mejor es que vayan a la guerra.

Asimismo, se prueba claramente porque el verdugo está obligado a ejecutar la sentencia del juez, aun en el caso de que dude de si esto es justo, pues lo contrario sería muy peligroso.

Además, esta misma opinión parece defender Agustín cuando dice: *Puede un hombre justo, aun cuando milite a las órdenes de un rey sacrílego, pelear lícitamente bajo su mando, si está seguro de que lo que se le manda no va en contra de algún mandamiento divino, o por lo menos que no es cierto que vaya*[59]. Aquí tenemos a Agustín declarando expresamente que es lícito a un súbdito hacer la guerra si no está cierto o, lo que es lo mismo, si está en la duda de que vaya contra algún

---

[59] *Contra Faustum Manichaeum*, XXII, 75, PL, 42, 448; *Gratiani Decretum*, II, 23, 1, 4.

mandamiento de Dios. Ni Adriano[60] mismo puede desentenderse de este autorizado testimonio de Agustín, aunque lo intente por todos los medios. En efecto, nuestra conclusión es, sin duda, la tesis de Agustín.

Y no vale decir que ese tal debe salir de dudas, y formarse conciencia de que la guerra es justa, puesto que puede ser que le resulte imposible moralmente hablando, como sucede con otras dudas. Pero Adriano parece haber errado al hacer el siguiente razonamiento: si dudo acerca de si esta guerra es justa para el príncipe o si hay una causa justa para hacerla, se seguirá de inmediato que dudaré también de si me es lícito ir a la guerra. Admito, en efecto, que no es lícito de ningún modo obrar contra la duda de conciencia, y, si dudo de si me es lícito hacer esto o no y lo hago, pecaré. Pero no se sigue que, si dudo acerca de si existe causa justa de una guerra, dudo acerca de si me sea lícito hacerla. Más bien se sigue lo contrario, pues, si dudo de si la guerra es justa, se seguirá que me es lícito ir a ella, siguiendo la orden de mi príncipe. Del mismo modo que no se sigue que, si el verdugo duda de si es justa la sentencia del juez, dude también de si le es lícito ejecutar la sentencia. Es más, sabe con seguridad que está obligado a ejecutarla. Lo mismo sucede con esta otra duda: yo dudo de si esta mujer es mi mujer, luego estoy obligado a darle el débito conyugal.

32. La CUARTA DUDA es «si una guerra puede ser justa por ambas partes». Se responde con las siguientes proposiciones.

PRIMERA PROPOSICIÓN: «Está claro que esto no puede darse fuera del caso de ignorancia».

---

[60] Ver nota 56.

Porque, si consta del derecho y la justicia de ambas partes, no es lícito hacer la guerra al contrario, ni ofensiva ni defensiva.

SEGUNDA PROPOSICIÓN: «Supuesta la ignorancia probable del hecho o del derecho, la guerra puede ser justa de suyo para aquella parte que tiene de hecho de su lado la justicia; y para la otra puede también ser justa, en cuanto está excusada de pecado por la buena fe».

Porque la ignorancia invencible excusa totalmente. Además, esto puede suceder con frecuencia, al menos de parte de los súbditos. En efecto, aunque el príncipe que hace una guerra injusta tenga conciencia de la injusticia de esa guerra, sus súbditos pueden, sin embargo, seguirle de buena fe, como se ha dicho; y así los súbditos luchan lícitamente por ambas partes.

33. De aquí se sigue la QUINTA DUDA: «Si aquel que por ignorancia ha intervenido en una guerra injusta está obligado a restituir, en el caso de que después le constara de la injusticia de la guerra, bien sea que se trate de un príncipe o de un súbdito».

PRIMERA PROPOSICIÓN: «Si ciertamente tenía constancia de la probabilidad de la injusticia de la guerra, al cerciorarse de tal injusticia está obligado a restituir las cosas de las que se apoderó y todavía no ha consumido, es decir, todo aquello con lo que se ha enriquecido; pero no aquellas cosas que ya ha consumido».

En efecto, es una regla de derecho que el que no participa en la culpa no debe sufrir el daño. Del mismo modo que aquel que asiste a un opíparo banquete ofrecido por un ladrón, en el que se consumen cosas robadas, no estaría obligado a restituir, a no ser quizá lo que hubiese consumido en su casa. Pero, si dudó de la injusticia de la guerra y siguió la autoridad del príncipe, dice

Silvestre [61] que está obligado a restituirlo todo, puesto que fue a la guerra de mala fe.

Pero, de acuerdo con lo dicho antes, establezcamos una SEGUNDA PROPOSICIÓN: «Tampoco éste está obligado a restituir de lo ya consumido, como decíamos del otro». Porque, como queda dicho, hizo la guerra lícitamente y de buena fe. Sería cierto lo que dice Silvestre si realmente hubiera tenido duda de si le era lícito ir a la guerra, porque en este caso ya obraría contra conciencia.

Pero hay que tener muy en cuenta que puede suceder que una guerra sea justa y lícita en sí misma y que sea ilícita por alguna circunstancia. En efecto, puede darse el caso de que uno tenga derecho a recuperar una ciudad o una provincia y que por razón del escándalo sea absolutamente ilícito el hacerlo. Porque, como se ha dicho antes, las guerras deben hacerse para el bien común; si para recuperar una ciudad es necesario que se sigan males mayores para la república, como la devastación de otras muchas ciudades, una gran matanza de personas, la provocación de otros príncipes, ocasión de nuevas guerras con daños para la Iglesia, y además que se dé la oportunidad a los paganos de invadir y ocupar las tierras de los cristianos, no cabe duda de que en este caso el príncipe está obligado ante todo a ceder de su derecho y a abstenerse de hacer la guerra. Es evidente que si el rey de Francia, por ejemplo, tuviera derecho a recobrar Milán, pero si por esa guerra el reino de Francia y la misma provincia de Milán tuvieran que soportar males intolerables y graves calamidades, no le sería lícito intentar recobrarlo, porque esa guerra debería hacerse o para el bien de Francia o para el bien de Milán. Cuando, por el contrario, han de seguirse graves males para las dos partes, esa guerra no puede ser justa.

---

[61] Silvestre Prierias, *op. cit.*, I, 1, 10, v. «*bellum*».

CUARTA CUESTIÓN
(SEGUNDA PARTE)

En cuanto a la otra cuestión: «hasta donde es lícito llegar en la guerra justa, surgen también muchas dudas».

34. PRIMERA DUDA: «Si es lícito en la guerra matar a los inocentes».

Parece que sí. Porque, en primer lugar, los hijos de Israel dieron muerte a niños en Jericó, como consta en el Libro de Josué[62], y también Saúl[63] hizo lo mismo en Amalec, ambos por autoridad y mandato del Señor. Ahora bien, *todo cuanto está escrito, para nuestra enseñanza fue escrito,* como aparece claro en la Carta a los Romanos[64]. Luego ahora también será lícito matar a los inocentes, si la guerra es justa.

35. Acerca de esta duda sea ésta la PRIMERA PROPOSICIÓN: «Nunca es lícito matar directa e intencionadamente a un inocente».

---

[62] 6, 21.
[63] I Re, 15, 3.
[64] 15, 4.

Se prueba:

1.º Por las palabras del Éxodo: *No hagas morir al inocente y al justo*[65].

2.º Porque el fundamento de la guerra justa es la injuria, como queda demostrado antes. Ahora bien, la injuria no procede de un inocente. Luego no es lícito valerse de la guerra contra un inocente.

3.º En una república no es lícito castigar a los inocentes por los delitos de los culpables. Luego tampoco es lícito castigar a los inocentes de los enemigos por la injuria cometida por los culpables.

4.º De lo contrario, la guerra sería justa por ambas partes, fuera del caso de ignorancia, pero esto no es posible, como se ha demostrado. La consecuencia es evidente porque es cierto que los inocentes pueden defenderse de cualquiera que intente darles muerte.

Se confirma todo esto con la autoridad del Deuteronomio[66] donde se dice que mandó Dios a los hijos de Israel que cuando tomaran por la fuerza una ciudad perdonaran a las mujeres y niños, pero que dieran muerte a los demás habitantes.

36. De esto se sigue que «ni siquiera en la guerra contra los turcos es lícito dar muerte a los niños». Esto es evidente, puesto que son inocentes. Más aún, tampoco es lícito matar a las mujeres, porque se presume que también son inocentes en cuanto se refiere a la guerra, a no ser que conste que alguna de ellas ha incurrido en culpa. Lo mismo hay que decir de los campesinos inofensivos, cuando se trata de cristianos; y lo mismo de

---

[65] 23, 7.
[66] 20, 14.

la demás gente instruida y pacífica, porque todos se presumen inocentes, mientras no se demuestre lo contrario. Por esta razón se sigue también que no es lícito matar a peregrinos y huéspedes que puedan encontrarse entre los enemigos, pues también se presumen inocentes, y en realidad no son enemigos. Por la misma razón tampoco se puede matar a los clérigos, ni a los religiosos, porque éstos en la guerra se presumen inocentes, a no ser que conste lo contrario, como sucede cuando en un momento determinado intervienen activamente en la lucha.

37. SEGUNDA PROPOSICIÓN: «En algún caso es lícito matar a inocentes, incluso a sabiendas, sin intención directa de hacerlo, por ejemplo, cuando se ataca justamente una fortaleza o una ciudad, en la que se sabe que hay muchos inocentes, y no pueden usarse máquinas de guerra ni armas arrojadizas ni puede ponerse fuego a los edificios sin que sufran tanto los inocentes como los culpables».

Se prueba porque de otro modo no podría hacerse la guerra contra los culpables, y quedaría frustrada la justicia de los que en la lucha la tuvieran de su parte. Como también, al contrario, si una ciudad es sitiada injustamente y justamente defendida, es lícito emplear máquinas de guerra y otras armas arrojadizas contra los sitiadores y contra el campamento enemigo, aun cuando haya entre ellos algunos niños o personas inocentes. Es preciso, sin embargo, tener en cuenta lo que se ha dicho antes, que hay que procurar que de la guerra misma no se sigan males mayores que los que con ella se trata de evitar. En efecto, si, para conseguir una victoria total en una guerra, se le da poca importancia al hecho de atacar una fortaleza o una ciudad donde está la guarnición enemiga y hay allí muchos inocentes, no parece que sea lícito dar muerte a muchos de éstos para someter a unos pocos culpables, prendiendo fuego, empleando máquinas de guerra, o de cualquier otro modo, porque perecerían indiscriminadamente los inocentes con los culpables.

Y, por último, no parece que sea lícito nunca matar a inocentes aun excepcionalmente sin intención directa, a no ser cuando una guerra justa no puede hacerse de otro modo, según las palabras de Mateo: *¿Quieres que vayamos y la arranquemos? Y les dijo: «No, no sea que, al querer arrancar la cizaña, arranquéis con ella el trigo»* [67].

38. Pero acerca de esto puede darse la siguiente DUDA: «Si es lícito matar a inocentes que en el futuro puedan constituir un peligro». Por ejemplo, los hijos de los sarracenos son inocentes, pero razonablemente hay que temer que, una vez que lleguen a mayores, pondrán en peligro a los cristianos haciendo la guerra contra ellos. También hay que presumir que la población civil adulta entre los enemigos, cuando no se trata de soldados, son inocentes, pero hay que suponer que después tomarán las armas y se constituirán en un peligro; la pregunta es si es lícito darles muerte.

Parece que sí, por la misma razón por la que es lícito matar a otros inocentes, sin intención directa. Además, en el Deuteronomio [68] se manda a los hijos de Israel que cuando tomen una ciudad maten a todos los adultos. Sin embargo, no es presumible que todos sean culpables.

A esto se responde que, aun cuando quizá pudiera sostenerse la opinión de que en ese caso se les podría dar muerte, creo, sin embargo, que en manera alguna es

---

[67] 13, 28-29.
[68] 20, 13.

lícito, porque no se puede hacer un mal para evitar otro mayor. Y es intolerable que se dé muerte a alguien por un pecado futuro. Además hay otros recursos para defenderse de ellos en el futuro, como son la cautividad, el destierro, etc., como enseguida diremos. De aquí se sigue que tanto después de conseguida la victoria, como mientras se hace la guerra, si consta de la inocencia de algún soldado, sus enemigos están obligados a ponerlo en libertad, si pueden hacerlo.

Al argumento en contra respondo que aquello del Deuteronomio se hizo por un especial mandato de Dios, que, airado e indignado contra aquellos pueblos, quiso aniquilarlos, como cuando envió fuego contra Sodoma y Gomorra para que devorase tanto a inocentes como a culpables. Pero Él es el Señor de todas las cosas, y esta licencia no la concedió por medio de una ley común. A las palabras del Deuteronomio podría responderse del mismo modo. Pero, puesto que en ese lugar se dio una ley común de guerra para todo tiempo futuro, parece, más bien, que el Señor dijo aquello porque en realidad en una ciudad enemiga todos los adultos se consideran culpables, y no se puede distinguir a los inocentes de los culpables. Por consiguiente, puede dárseles muerte a todos.

39. La SEGUNDA DUDA de importancia es «si es lícito en una guerra justa despojar a los inocentes».

Sea la PRIMERA PROPOSICIÓN sobre este problema. «Es lícito despojar a los inocentes de aquellos bienes y de aquellos medios que los enemigos habrían de emplear contra nosotros, como son las armas, las naves, las máquinas de guerra».

Esto es evidente porque de otro modo no podríamos conseguir la victoria, que es el objetivo de la guerra. Es más, también es lícito quitar el dinero a los inocentes, y quemar y arrasar los sembrados y matarles los caballos, si esto es necesario para debilitar las fuerzas del enemigo.

De esto se sigue el siguiente COROLARIO: que si la guerra es continua, es lícito despojar a todos los enemigos indistintamente, tanto a los inocentes como a los culpables, porque los enemigos se valen de las riquezas de todos los suyos para sostener y alimentar la guerra injusta, y, al contrario, sus fuerzas quedarán debilitadas si los ciudadanos son despojados de sus bienes.

40. SEGUNDA PROPOSICIÓN: «Si la guerra puede hacerse fácilmente sin despojar a los agricultores y a otros inocentes, parece que no será lícito hacerlo».

Esto es lo que sostiene Silvestre[69], porque la guerra se funda en una injuria. Luego no es lícito, según el derecho de guerra, valerse de ella contra los inocentes, si se puede reparar la injuria de otro modo. Más aún, añade Silvestre que, aunque haya habido una causa justa para despojar a los inocentes, una vez terminada la guerra el vencedor está obligado a devolverles todo lo que a él le sobra.

Pero yo creo que esto no es necesario porque, como luego diremos, si se ha actuado de acuerdo con el derecho de guerra, todo está a favor y en justo derecho de los que hacen una guerra justa. Por lo que, si esas cosas han sido tomadas lícitamente, creo que no son materia susceptible de restitución. Si bien lo que dice Silvestre es piadoso y no improbable. Pero no es lícito en manera alguna despojar a los peregrinos y huéspedes que se encuentren en territorio enemigo, a no ser que conste de su culpa, porque ellos no pertenecen al número de los enemigos.

---

[69] Silvestre Prierias, *op. cit.*, I, v. «*Bellum*», 1, 11.

41. TERCERA PROPOSICIÓN: «Si los enemigos se niegan a restituir los bienes arrebatados injustamente y el perjudicado no pudiera recuperarlos con facilidad de otro modo, puede resarcirse de donde sea, bien de los culpables, bien de los inocentes».

Así, por ejemplo, si unos ladrones franceses robaran en territorio español y el rey francés no quisiera obligarlos a restituir, pudiendo hacerlo, pueden los españoles con la autoridad de su príncipe despojar a los mercaderes y agricultores franceses, aun inocentes. Pues, si bien en un principio la república o el príncipe francés quizá no tuvieran culpa, la tienen desde el momento en que no procuran reparar el mal que los suyos han causado, como dice Agustín [70], y el príncipe perjudicado puede resarcirse de cualquier miembro o parte de la república. De donde las «patentes de corso» o «de represalias», que conceden los príncipes en estos casos, no son injustas de suyo, porque, por la negligencia e injuria del otro príncipe, el propio concede al ofendido el poder recuperar sus bienes quitándoselos incluso a los inocentes. Sin embargo, esto es peligroso y es ocasión de rapiñas.

42. TERCERA DUDA: «Supuesto que no es lícito dar muerte a niños e inocentes, se pregunta si al menos sea lícito reducirlos a cautividad y servidumbre».

Para la aclaración de esta duda propongo esta única PROPOSICIÓN: «Del mismo modo que es lícito despojar a los inocentes de sus bienes, es lícito reducirlos a cautividad». Porque la libertad y la cautividad se encuentran entre los bienes de fortuna.

Por eso, cuando la guerra es de tal condición que es lícito expoliar indiscriminadamente a todos los enemi-

---

[70] Cf. *Quaestiones in Heptateucum*, IV, 10, PL, 34, 720-721.

gos y apoderarse de todos sus bienes, también es lícito reducirlos a cautividad, tanto a los culpables como a los inocente. Y siendo de este género la guerra contra los paganos, porque es una guerra continua y nunca podrían satisfacer por las injurias y daños causados, no hay duda de que es lícito hacer cautivos y someter a servidumbre a los niños y las mujeres de los sarracenos. Pero, como por derecho de gentes parece admitido entre cristianos el que no se hagan esclavos cristianos, no es lícito ciertamente hacerlos en la guerra entre cristianos. Sin embargo, si fuera necesario para el fin de la guerra, sería lícito hacer prisioneros incluso a los inocentes, como son los niños y las mujeres, no ciertamente para hacerlos esclavos, sino para exigir rescate por su liberación. Esto, sin embargo, no debe extenderse más allá de lo que exige la necesidad de la guerra y de lo que está admitido por la costumbre legítima de los beligerantes.

43. CUARTA DUDA: «Si al menos puede darse muerte a los rehenes cogidos a los enemigos bien sea en tiempo de tregua, o bien una vez terminada la guerra, en el caso de que éstos faltaran a su palabra o no cumplieron los pactos».

Respondo con una sola CONCLUSIÓN: «Si los rehenes pertenecieran al número de los culpables, por ejemplo por haber tomado las armas en contra, en este caso pueden lícitamente ser condenados a muerte. Pero si son inocentes, según lo dicho, no se les puede dar muerte, como cuando se trata de niños, mujeres y otras personas inocentes».

44. QUINTA DUDA: «Si al menos en guerra justa es lícito matar a todos los culpables».

Para responder a esto hay que advertir que, como consta por lo dicho, la guerra se hace en primer lugar para defendernos a nosotros mismos y nuestras cosas; segundo, para recuperar los bienes que nos han arrebatado; tercero, para vengar una injuria recibida; y, cuarto, para procurar la paz y la seguridad.

45. Esto supuesto, sea la PRIMERA PROPOSICIÓN: «En el momento mismo del combate, o en un asedio, o en la defensa de una ciudad, es lícito dar muerte indiscriminadamente a todos los que luchan en contra. Dicho brevemente, siempre y cuando haya peligro».

Esto es evidente, porque de otra manera los guerreros no podrían llevar a buen término la batalla, si no es quitando de en medio a todos los que son un obstáculo y luchan en contra.

Pero el problema fundamental es si, una vez conseguida la victoria y cuando ya no hay peligro de parte de los enemigos, es lícito dar muerte a todos los que tomaron las armas en contra. Y parece claro que sí, porque, como se ha dicho antes, entre los preceptos militares que el Señor dio en el Deuteronomio uno fue que, una vez conquistada una ciudad enemiga, se diese muerte a todos sus habitantes. Éstas son las palabras del texto: *Cuando te acerques a una ciudad para atacarla, le brindarás la paz. Si la acepta y te abre sus puertas, la gente de ella será hecha tributaria y te servirá. Si en vez de hacer la paz contigo quiere la guerra, la sitiarás; y cuando Yahvé, tu Dios, la pusiere en tus manos, pasarás a todos los varones al filo de la espada, pero no a las mujeres y los niños*[71].

46. SEGUNDA PROPOSICIÓN: «Obtenida la victoria y alejada la situación de peligro, es lícito dar muerte a los culpables».

---

[71] 20, 10.

Se prueba porque, como se ha dicho, la guerra no sólo se ordena a recuperar los bienes, sino también a vengar la injuria. Por consiguiente, será lícito dar muerte a los que la cometieron. Además, esto se puede hacer con los propios ciudadanos que sean malhechores; luego también se podrá con los extraños, porque, como se ha dicho, el príncipe que hace la guerra tiene autoridad sobre sus enemigos por derecho de guerra, como legítimo juez y príncipe. Además, porque, aunque por el momento no hubiese peligro de parte de los enemigos, no quedaría, sin embargo, garantizada la tranquilidad para el futuro.

47. TERCERA PROPOSICIÓN: «No siempre es lícito dar muerte a todos los culpables sólo para vengar la injuria».

Se prueba porque tampoco sería lícito matar a todos los delincuentes entre los propios súbditos, aunque el delito fuese de toda una ciudad o provincia; ni en una rebelión generalizada tampoco sería lícito matar y aniquilar a todo un pueblo. Por eso, por un hecho similar, San Ambrosio prohibió a Teodosio la entrada en la Iglesia[72]; en efecto, eso iría contra el bien público que es la finalidad de la guerra y de la paz. Por consiguiente, tampoco es lícito matar a todos los enemigos culpables. Conviene, pues, tener en cuenta la injuria de ellos recibida y los perjuicios causados y demás delitos, y de esta consideración proceder a la reparación y al escarmiento evitando las atrocidades y la inhumanidad. A este propósito dice Cicerón que *hay que escarmentar a los que nos han causado algún daño, en cuanto lo permita la equidad y la humanidad*[73]. Y también Salustio dice: *Nuestros mayores, los más religiosos de los mortales, no arre-*

---

[72] Cf. Ambrosio, *Epist.*, LI, PL, 16, 1160-1164.
[73] *Sobre los deberes*, II, 5.

bataban cosa alguna a los vencidos, fuera de lo que permitía la injuria[74].

48. CUARTA PROPOSICIÓN: «Algunas veces es lícito y conveniente dar muerte a todos los culpables».

Se prueba porque la guerra se hace también para conseguir la paz y la seguridad, y a veces la seguridad no puede conseguirse si no es eliminando a todos los enemigos. Esto se ve, sobre todo, con los infieles, de quienes nunca se puede esperar una paz justa con ninguna clase de condiciones. Por consiguiente, no queda otro remedio que eliminar a todos los que puedan tomar las armas en contra, con tal que hubieran sido culpables. Así hay que entender aquel precepto del Deuteronomio[75].

Pero por otra parte pienso que en la guerra entre cristianos esto no es lícito. Pero como no puede menos de haber escándalos[76] y guerras entre los príncipes, si el vencedor siempre diera muerte a todos los enemigos, los príncipes estarían puestos para la perdición del género humano y de la religión cristiana, y pronto el mundo quedaría reducido a un desierto. Y así las guerras no se harían para el bien público, sino que se convertirían en una calamidad pública. Es necesario, por consiguiente, que el rigor de los castigos esté de acuerdo con la gravedad del delito, y que la reparación no vaya más allá de lo permitido. Y en esto, además, se ha de tener en cuenta que, como se ha dicho antes, los súbditos ni están obligados ni deben examinar las causas de la guerra, sino que pueden secundar a su príncipe en la guerra, confiados en su autoridad y en la del consejo público. De donde se sigue que, aunque se trate de una guerra injusta por

---

[74] *La conjuración de Catilina*, 12, 3-4.
[75] Cf. 20, 10.
[76] Cf. Mt. 18, 7.

una de las dos partes contendientes, sin embargo en la mayoría de los casos los soldados que van a la guerra y en ella pelean, o defienden o atacan las ciudades por una y otra parte, son inocentes. Por eso, cuando ya han sido vencidos y no hay ningún peligro por parte de ellos, creo que no puede dárseles muerte, no ya a todos, pero ni siquiera a uno de ellos, si se presume que fueron a la guerra de buena fe.

49. SEXTA DUDA: «Si es lícito dar muerte a los que se han entregado y a los prisioneros, en el supuesto de que también fueran culpables».

Se responde que de suyo nada se opone a que se pueda dar muerte a los prisioneros o a los que se han entregado en una guerra justa, en el caso de que fueran culpables, guardando siempre la equidad. Pero, como en la guerra hay muchas cosas establecidas por el derecho de gentes, parece admitido por la costumbre y los usos de la guerra que, una vez obtenida la victoria y pasado el peligro, no se dé muerte a los prisioneros (a no ser quizá que sean prófugos). Y debe observarse el derecho de gentes como acostumbra a hacerse entre gente buena. Respecto a los que se entregan no he leído ni oído nunca que se dé esta costumbre. Más bien sucede que en la rendición de ciudades fortificadas los que se entregan suelen poner condiciones para poder salvar sus vidas y ponerse a salvo, temerosos sin duda de que se les dé muerte si se entregan sin más, sin ninguna garantía. Hemos leído que esto ha sucedido a veces. Por lo cual no parece inicuo que si una ciudad se entrega sin condiciones puedan ser ejecutados los que hayan sido más culpables, por mandato del príncipe o del juez.

50. SÉPTIMA DUDA: «Si todas las cosas que han sido capturadas en una guerra justa pasan a ser de los ocupantes, que se han apoderado de ellas».

PRIMERA PROPOSICIÓN: «No hay duda de que todas las cosas capturadas en una guerra justa pasan a ser de los ocupantes, hasta que los enemigos paguen suficientemente por lo que ellos han arrebatado injustamente y también por los gastos de la guerra».

Esta proposición no necesita prueba porque ése es el fin de la guerra. Pero dejando a un lado el considerar tanto la restitución como la satisfacción, y ateniéndonos al derecho de guerra, hay que hacer una distinción, puesto que las cosas cogidas en la guerra pueden ser bienes muebles, como dinero, vestidos, plata y oro, o bienes inmuebles, como campos, ciudades, fortalezas.

51. Esto supuesto, enunciemos la SEGUNDA PROPOSICIÓN: «Los bienes muebles por derecho de gentes pasan todos a ser del ocupante, aun cuando excedan la compensación de los daños».

Esto consta por la ley *Si quod in bello*[77], y por la ley *Hostes ff. De captivis*[78] y en el capítulo *Ius Gentium*[79]. Y más expresamente por las *Instituciones*[80].

Aquí se dice que por derecho de gentes pasan a ser nuestras sin más las cosas tomadas al enemigo, de tal modo que incluso los hombres libres quedan reducidos a nuestra servidumbre. Y Ambrosio[81] dice que, cuando Abraham dio muerte a los cuatro reyes, el botín le pertenecía porque era el vencedor, aunque no quiso aceptarlo[82]. Y se confirma esto por la autoridad del Señor en el Deuteronomio, donde dice refiriéndose a una ciudad

---

[77] *Digesto*, 49, 15, 28.
[78] *Digesto*, 49, 15, 24.
[79] *Gratiani Decretum*, 1, 9.
[80] *Institutiones*, 2, 17, *De rerum divisione, Item ea quae ab hostibus*.
[81] *De patriarchis, De Abraham*, lib. I, cap. 3, PL, 14, 448.
[82] Cf. Gén 14, 15 y 24.

que va a ser tomada: *todo su botín lo tomarás para ti y podrás comer los despojos de tus enemigos*[83]. Ésta es la sentencia que sostiene Adriano en la cuestión *De restitutione*, en concreto en la conclusión *De bello*[84]. Y también Silvestre[85], cuando dice que el que pelea en guerra justa no está obligado a restituir el botín[86]. De lo cual deduce que lo tomado en una guerra justa no se computa como compensación de la deuda principal, como sostiene también el Archidiácono[87]. Lo mismo sostiene Bartolo glosando la citada ley *Si quid in bello*[88]. Y esto hay que entenderlo aunque el enemigo esté dispuesto a dar satisfacción por el daño y por las injurias. Silvestre, con razón, limita esto muy bien hasta que se haya dado satisfacción por el daño y la ofensa[89]. En efecto, no hay que entenderlo en el sentido de que, si los franceses hubieran destruido una aldea o una ciudad sin importancia de España, ya por eso sería lícito a los españoles saquear, en el caso de que les fuera posible, toda Francia, sino hacerlo según la importancia y características de la ofensa a juicio de algún hombre probo.

52. Pero de esta explicación se sigue una DUDA: «Si es lícito permitir a lo soldados saquear una ciudad».

Se responde con la TERCERA PROPOSICIÓN: «No es ilícito de suyo permitir el saqueo si es necesario para hacer la guerra o para atemorizar a los enemigos o para enardecer los ánimos de los soldados».

---

[83] 20, 14.
[84] En IV Sent., *De bello* (Lugduni, 1546, f. 100v).
[85] Silvestre Prierias, *Summa*, v. *Bellum*, 1, 1 y 10.
[86] *Gratiani Decretum*, 23, 7, 2, *Si de rebus*.
[87] Guido de Baysio, *Rosarium seu in Decretorum volumine Commentaria*, 23, 2, 2, *Dominus noster*.
[88] Bartolus de Saxoferrato, *In secundam Digesti Novi Partem, Dig.*, 49, 15, 28.
[89] Ibíd., 1, 10.

Así lo afirma Silvestre[90]. Como también se puede prender fuego a una ciudad por una causa razonable. Sin embargo, como de estas licencias se siguen muchas atrocidades y crueldades en contra de todos los sentimientos de humanidad, que cometen soldados salvajes sin conciencia, como son la muerte y el tormento de seres inocentes, el rapto de doncellas, la violación de esposas, el expolio de templos, por eso es, sin duda, inicuo en absoluto entregar al saqueo sin grave causa y necesidad, sobre todo a una ciudad cristiana. No obstante, si fuere necesario por las exigencias de la guerra, no es ilícito, aun cuando sea previsible que los soldados cometan algunas de esas atrocidades e injusticias, que los jefes, sin embargo, están obligados a evitar y prohibir, en cuanto les sea posible.

53. CUARTA PROPOSICIÓN: «No obstante todo esto, no es lícito a los soldados saquear ni incendiar sin la autorización del príncipe o de su jefe, porque ellos no son jueces sino ejecutores, y si obrasen de otro modo quedarían obligados a restituir».

54. Pero mayor dificultad ofrece la cuestión de los bienes inmuebles. Propongamos pues la QUINTA PROPOSICIÓN: «No hay duda de que es lícito ocupar y retener los campos y las ciudades de los enemigos cuanto sea necesario para resarcirse de los perjuicios recibidos».

Si, por ejemplo, los enemigos han destruido una fortaleza nuestra o nos han incendiado una ciudad o unos bosques, o viñas, u olivares, podemos por nuestra parte ocupar y retener los campos del enemigo, o una fortaleza o ciudad.

Pues, si es lícito resarcirse con los bienes del enemi-

---

[90] Ibíd., 1, 11.

go por lo que nos han arrebatado, por derecho divino y natural tan lícito es compensarse con bienes muebles como con inmuebles.

55. SEXTA PROPOSICIÓN: «Para conseguir la seguridad y evitar peligros de parte de los enemigos, es lícito también ocupar y retener alguna fortaleza, o alguna ciudad enemiga que sea necesaria para nuestra defensa o para quitarles la oportunidad de inferir posibles daños».

56. SÉPTIMA PROPOSICIÓN: «Asimismo, con carácter de pena, es decir, en castigo por la injuria inferida, es lícito, según la gravedad de la ofensa recibida, castigar a los enemigos privándolos de parte de su territorio, o también, por la misma razón, ocupar alguna de sus fortalezas o ciudades».

Pero esto, como hemos dicho, debe hacerse con moderación y no ocupar o tomar todo lo que se pueda por la fuerza y poder de las armas. Y, si la necesidad y las razones de guerra exigen que se ocupe la mayor parte del territorio enemigo y que se tomen muchas ciudades, es necesario que se restituyan en cuanto se restablezca la paz, una vez terminadas las hostilidades, reteniendo solamente lo que sea justo para resarcirse de los daños y los gastos, y para castigar la injuria, observando las normas de equidad y humanidad. Pues la pena debe ser proporcionada a la culpa. Sería intolerable, por ejemplo, que, si los franceses se llevasen como botín los ganados de los españoles o incendiasen alguna aldea, les fuera lícito a estos ocupar todo el reino de Francia.

Pero consta por las palabras del Deuteronomio, ya citadas, donde se da licencia para ocupar en la guerra una ciudad que se resista a aceptar la paz, que por este título es lícito ocupar parte del territorio, o alguna ciudad del enemigo. Además, es lícito castigar de este modo, es decir, privando a los malhechores del propio territorio, de sus casas, campos o castillos, de acuerdo con la gravedad del delito cometido. Luego también es lícito hacerlo con los extranjeros.

Asimismo, un juez superior puede con justicia multar al que ha cometido una ofensa quitándole, por ejemplo, una ciudad o una fortaleza. Luego un príncipe que ha sido perjudicado podrá hacer lo mismo, porque por derecho de guerra viene a ser como un juez.

Además, de este modo y por este título el Imperio romano se engrandeció y se extendió, esto es, ocupando por derecho de guerra las ciudades y provincias de los enemigos, de quienes había recibido alguna ofensa. Y, sin embargo, el Imperio romano fue defendido como justo y legítimo por Agustín, Jerónimo, Ambrosio, Tomás y otros santos doctores. Más aún, podría parecer que era aprobado por el Señor cuando dijo: *Dad al César lo que es del César* [91]. Y por Pablo, que apeló al César, y en la Carta a los Romanos [92] aconseja someterse y pagar tributos a los poderes constituidos y a los príncipes, que en aquel tiempo tenían todos la autoridad recibida del Imperio romano.

57. OCTAVA DUDA: «Si es lícito imponer tributos a los enemigos vencidos».

Se responde que sin lugar a dudas es lícito, no sólo para resarcirse de los daños sufridos, sino también en razón de pena y como castigo. Está suficientemente claro por lo dicho y por aquel texto citado del Deuteronomio [93], donde se dice que, una vez que se ha llegado a atacar una ciudad por causa justa, si los recibiese y abriese sus

---

[91] Mc 11, 17; Mt 22, 21; Lc 20, 25.
[92] Cf. Rom 13, 1; Act 25, 10.
[93] 20, 11.

puertas toda la población se salvará y quedará sometida mediante el pago de un tributo; esto es lo que ha quedado establecido por el uso y la costumbre de la guerra.

58. Novena duda: «Si es lícito deponer a los príncipes enemigos y poner a otros en su lugar o apoderarse del gobierno».

Primera proposición: «No es lícito hacer esto en todos los casos y por cualquier causa de guerra justa», como queda claro por lo dicho antes. En efecto, la pena debe ser proporcionada y no exceder la gravedad de la injuria. Es más, deben aminorarse las penas y ampliarse los favores, lo cual es no sólo regla del derecho humano, sino también del derecho natural y divino. Por consiguiente, aun suponiendo que la ofensa hecha por el enemigo sea causa suficiente de guerra, no siempre será causa suficiente para derrocar el gobierno del enemigo y para deponer a los príncipes naturales y legítimos, pues esto sería demasiado cruel e inhumano.

59. Segunda proposición: «No puede negarse que algunas veces pueden darse suficientes y legítimas causas, bien sea para cambiar a los príncipes o bien para apoderarse del gobierno. Estas causas puede ser la gran cantidad de atrocidades y perjuicios y ofensas cometidas por ellos, y sobre todo cuando o se puede conseguir de los enemigos la seguridad y la paz de otra manera, y, si no se hiciera esto, amenazase de su parte un grave peligro para la república».

Esto es claro, pues si es lícito, como queda dicho, ocupar una ciudad, cuando hay una causa, también lo será deponer al príncipe de esta ciudad. Y lo mismo hay que decir acerca de una provincia y su soberano, si se da una causa mayor. Pero hay que observar, acerca de las dudas sexta, séptima, octava y novena, que algunas veces, más aún frecuentemente, no sólo los súbditos sino también los mismos príncipes, que de hecho no tienen una causa justa, hacen la guerra de buena fe, digo de tan buena fe, que pueden ser excusados de toda culpa; por ejemplo, cuando se hace la guerra después de un examen diligente y un veredicto afirmativo de doctos y probos varones. Y como nadie debe ser castigado sin culpa, aunque en tal caso sea lícito al vencedor recuperar las cosas que le han sido arrebatadas y aun resarcirse de los gastos de guerra, sin embargo, así como no es lícito matar a nadie, una vez conseguida la victoria, tampoco lo es ocupar más territorio ni exigir más bienes temporales que los suficientes para una justa compensación. Porque todo lo demás sólo puede hacerse a título de pena, y ésta no debe ser impuesta a los inocentes.

De todo lo dicho pueden establecerse algunos cánones o reglas para hacer la guerra.

60. PRIMERA REGLA: «Supuesto que el príncipe tiene autoridad para hacer la guerra, ante todo no debe buscar ocasiones y pretextos para hacerla, sino que debe vivir en paz con todos los hombres siempre que sea posible, como manda Pablo a los romanos» [94]. En efecto, debe considerar que los demás son prójimos a quienes debemos amar como a nosotros mismos, y que todos tenemos un único y común Señor, ante cuyo tribunal tenemos que rendir cuentas. Pues es el colmo de la crueldad el buscar motivos y alegrarse de encontrarlos para matar y aniquilar a los hombres que Dios ha creado y por los que Cristo ha muerto. Es necesario, por el con-

---

[94] 12, 10. Aquí se dice: «... amándoos los unos a los otros con amor fraternal, honrándoos a porfía unos a otros». También en 12, 18, se dice: «A ser posible y cuanto de vosotros depende, tened paz con todos.»

trario, que se llegue a la guerra por obligación sólo en caso de necesidad, y contra la propia voluntad.

SEGUNDA REGLA: «Una vez declarada la guerra por causas justas, no debe hacerse con el fin de arruinar la nación contra la que hay que luchar, sino para el resarcimiento del propio derecho y para defensa de la propia patria y república y con el fin de conseguir con aquella guerra la paz y la seguridad».

TERCERA REGLA: «Una vez conseguida la victoria y terminada la guerra, conviene usar del triunfo con moderación y modestia cristiana y conviene también que el vencedor se considere a sí mismo como juez que tiene que ser árbitro entre dos repúblicas, una que ha sido ofendida, otra que cometió la ofensa, para que de esa manera, no como acusador sino como juez, dicte una sentencia con la que pueda satisfacer a la república perjudicada». Pero con el menor daño y perjuicio posible de la república culpable, si bien, castigando a los culpables lo que sea debido, sobre todo porque en la mayor parte de los casos, entre los cristianos, toda la culpa la tienen los príncipes, pues los súbditos pelean de buena fe por sus príncipes. Y es una gran iniquidad que, como dice el poeta, *paguen los aqueos los delirios de sus reyes*[95].

---

[95] Horacio, *Epistulae*, I, 2, 14.